《社区治理蓝皮书》丛书

丛书主编　张　雷　陈日发

中国农村社区治理报告（2019）

续慧杰　孙宏伟　主编

中国社会出版社
国家一级出版社·全国百佳图书出版单位

图书在版编目（CIP）数据

中国农村社区治理报告 . 2019 / 续慧杰，孙宏伟主编 .
—北京：中国社会出版社，2019. 5
（《社区治理蓝皮书》丛书 / 张雷，陈日发主编）
ISBN 978-7-5087-6173-2
Ⅰ. ①中…　Ⅱ. ①续…　②孙…　Ⅲ. ①农村社区—
社区管理—研究报告—中国—2019　Ⅳ. ①D669. 3

中国版本图书馆 CIP 数据核字（2019）第 110956 号

丛　书　名：社区治理蓝皮书
丛书主编：张　雷　陈日发
书　　　名：中国农村社区治理报告（2019）
主　　　编：续慧杰　孙宏伟

出　版　人：浦善新
终　审　人：尤永弘
责任编辑：张耀文

出版发行：中国社会出版社　**邮政编码**：100032
通联方式：北京市西城区二龙路甲 33 号
电　　　话：编辑室：（010）58124823
销售部：（010）58124848
传　真：（010）58124824
网　　　址：www. shcbs. com. cn
shcbs. mca. gov. cn
经　　　销：各地新华书店

中国社会出版社天猫旗舰店

印刷装订：河北鸿祥信彩印刷有限公司
开　　　本：170mm×240mm　1/16
印　　　张：17. 25
字　　　数：260 千字
版　　　次：2019 年 7 月第 1 版
印　　　次：2019 年 7 月第 1 次印刷
定　　　价：80. 00 元

中国社会出版社微信公众号

《中国农村社区治理（2019）》

编委会

总　序

习近平总书记指出，社会治理的重心必须落到城乡社区，社区服务和管理能力强了，社会治理的基础就实了。党的十九大报告中进一步明确提出要“加强社区治理体系建设，推动社会治理重心向基层下移，发挥社会组织作用，实现政府治理和社会调节、居民自治良性互动”。直接指明了城乡社区治理的发展和创新之路。

民政部研究基地——东北大学城乡社区建设研究院与民政部乡镇论坛杂志社2018年联合推出了《社区治理蓝皮书》丛书，并于7月在山东泰安召开了蓝皮书的发布会。国家部委有关领导和来自全国16个省份、21个市、26个区县的民政系统相关负责同志，以及8所高校相关专家学者，8家相关机构负责人参加了发布会。民政部基层政权建设和社区治理司司长陈越良同志出席发布会并讲话，充分肯定了《社区治理蓝皮书》中收录的省市在社区治理领域的典型工作经验，并就进一步做好全国城乡社区治理工作提出了工作要求。该套丛书的发布，得到媒体、社会和政府职能部门的广泛关注。人民网、光明网、搜狐网等网络媒体、《中国社区报》等纸质媒体以及民政部网站和部分地方政府网站都进行了报道或转载，一些地方还组织了专门的学习和研讨。社会反响良好，认可度较高。这也成为我们延续此项工作的重要动力。

2019年，东北大学城乡社区建设研究院和乡镇论坛杂志社，延续2018年《社区治理蓝皮书》丛书的编写方式和编写体例，整合两家机构的研究人员，在各地民政部门的大力支持下，完成了《社区治理蓝皮书（2019）》的编撰工作。丛书力图完整展示2018年我国城乡社区治理的整体图景和最新进展，并揭示社区治理未来发展的基本趋势和实践路径。

2018年2月颁布的《中共中央 国务院关于实施乡村振兴战略的意见》提出“坚持城乡融合发展”“逐步建立健全全民覆盖、普惠共享、城乡一体的基本公共服务体系，推进城乡基本公共服务均等化”；9月中共中央 国务院印发的《乡村振兴战略规划（2018—2022年）》中，强调“乡村振兴，治理有效是基础”。这两个重要文件对农村社区治理提出新要求，也谱写了城乡社区统筹发展和融合发展新篇章。

综观2018年，全国城乡社区治理稳步推进，在科学的顶层设计和积极的地方实践的双向推动下，我国社区治理在政策、体制、机制、手段等方面都实现了不同程度的创新发展。表现为中央和地方层面的城乡社区治理政策的系统性、关联性、耦合性日益增强，初步建立了上下贯通、城乡联动、务实有效的社区治理政策体系；围绕社区思想政治建设，构建以党组织为核心、多方参与的同心圆式社区治理格局，以基层党建创新引领“一核多能”社区服务创新的局面基本形成；围绕以人民为中心的发展思想，以居民需求为导向，以服务居民为目标的社区治理有序开展，鼓励居民自主表达、协商对话，建立繁荣活跃而又和谐有序的公共空间；围绕强化社区服务职能，减少社区工作负担，充分释放社区活力，各地进行了充分的体制创新，政府和社区组织间的治理权限划分进一步清晰；社区社会组织服务社会、服务群众的作用日益凸显；围绕“三社联动”机制的构建，以政府购买服务为牵引，以社区为平台，以社会组织为载体，以社会工作者为骨干，以满足居民需求为导向的多元服务供给机制正在成为一种新型社会治理模式和全新社会动员机制，并开始向农村社区推广；围绕社区公共服务信息系统建设，社区公共服务信息资源整合、平台布局、运行管理等更加完善，在民生服务新模式、新途径、新方法的探索上不断进步，特别是2018年以来民政部启动了全国农村社区治理实验区建设，首批48个实验区围绕实验主题，落实实验任务，起到了良好的示范作用。

《社区治理蓝皮书（2019）》作为专业研究机构和权威媒体在城乡社区治理领域的经验梳理、成果展示、问题探究、趋势探索的通力合作成果，我们希望，这部书能直观反映2018年城乡社区治理的实践进展，为广大实务工作者提供经验借鉴和启示，为广大科研工作者提供研究资料和案例，从而推动我国城乡社区治理领域的实践创新和理论创新。

由于编撰者水平和视野所限，书中一定还存在着诸多不足和有待完善之处，敬请广大读者批评指正。

谨此为序。

编　者

2019年6月

序

农村社区治理主要是社区建设和管理领域，加强和改进社区公共服务、建设农村社会生活共同体就成为社区治理的工作重点，这就涵盖了农村社区公共服务基础设施建设、农村社区公共服务供给能力建设以及自治、法治、德治相结合的乡村治理体系建设等内容。一般而言，农村社区治理主要是基于农村地区建制村的地域范围，在地方党委和政府的领导以及民政部门的协调指导下，村级党组织和村民委员会直接组织，辖区内各类社会组织和广大村民积极参与，通过自我管理、自我服务、自我监督等形式，汇集农村社区建设资源，强化农村社会管理和公共服务，不断提高农村社区居民物质文化生活水平，构建农村社会生活共同体的过程。社会建设视角下的农村社区治理具有和城市社区治理相似的目标，即在农村社区建设基础设施完备、生活环境优美、社会保障体系完善、居民关系和谐、社会风气良善、居民参与有序、基层民主发展、公共服务健全的社会生活共同体，实现农村和城市的融合发展。

当前，我国广大农村地区正经历着深刻的社会变化，社会分化逐渐加速，人口流动性不断增强。作为承载我国多数人口的广阔地域，农村社区的治理状况不但关系着农民的基本生活和农业生产，而且也关系着国家行政管理和社会治理的过程以及改进；特别是各种基本公共服务的开展，国家各种惠农政策的实施，都离不开农村社区这一重要的平台和组织形式。因此，在新形势下完善农村社区治理具有重要的时代意义。

党的十九大报告中提出，农业农村农民问题是关系国计民生的根本性问题，必须始终把解决好“三农”问题作为全党工作重中之重，实施乡村振兴战略。2018年中央一号文件《中共中央 国务院关于实施乡村振兴战略的意见》中强调“乡村振兴，治理有效是基础”，从提升农业发展质量、推进乡村绿色发展、繁荣兴盛农村文化、构建乡村治理新体系、提高农村民生保障水平、打好精准脱贫攻坚战、强化乡村振兴制度性供给、强化乡村振兴人才支撑、强化乡村振兴投入保障、坚持和完善党对“三农”工作的领导等方面进行安排部署。中共中央、国务院印发的《乡村振兴战略规划（2018—2022年）》，对实施乡村振兴战略作出了阶段性谋划。在乡村振兴战略的带动下，农村社区治理在2018年进入了一个全面和快速发展的新阶段，取得了丰硕的治理成果和治理经验。

由东北大学城乡社区建设研究院和乡镇论坛杂志社合作出版的《中国农村社区治理报告（2019）》，试图全景展示2018年我国农村社区治理的实践过程。全书由总报告、分报告、经验报告和附录四部分构成。总报告从总体上描述分析了2018年中国农村社区治理的整体概况、年度特征、主要经验、实践短板以及未来的发展定位；分报告分别对2018年农村社区党建、村民自治、生产性服务进展、生活性服务进展、文化建设、法治建设、工作者队伍建设进行了总结分析，还专门增加了学术界关于农村社区治理研究的现状描述以及专业媒体对农村社区治理关注度的比较分析；经验总结选取了8个2018年有代表性的农村社区治理经验，涵盖了农村社区治理的市、区（县）、乡（镇）、村（社区）四个层级的经验做法。

《中国农村社区治理报告（2019）》力图全面准确介绍2018年中国农村社区治理的整体状况和主要领域的治理状况，并对治理的最新进展进行深入分析，同时也试图通过有代表性的经验分析生动展示2018年中国农村社区治理的具体实践。但是，由于中国农村社区治理涉及的领域和内容十分广泛，受编写者的研究能力、写作时间和资料收集等方面的限制，本书中的一些观点和内容等存在着一定的不完善以及有待商榷和补充之处，敬请各位专家学者和广大社区工作者批评指正。

编　者

2019年2月

目　录

第一部分　总报告

第二部分　分报告

第三部分　经验总结

第一部分

总报告

2018年中国农村社区治理分析

摘要：2018年，总体上我国的农村社区治理进展显著，治理成效表现为农村社区治理的组织架构趋于完善、村民自治获得持续和良性发展、农村社区服务的内容和领域不断拓展、社区文化建设得到普遍重视和加强、社会协同助力社区治理和服务更加提升，体现出顶层设计不断推进、公共服务更加凸显、社区协商发展迅速、治理手段更加多样、法治建设长足进步的特征。结合治理成效的取得可以总结出以下经验，实现“政经”分开是前提条件、公共服务均等化是重要抓手、厘清“乡-村”关系是良性互动前提、加强环境治理是重要突破口、促进社会协同是重要载体、体制和机制创新是基本保障、信息技术手段是重要支撑、实现地域均衡是关键节点、多样化特色发展是进取之路。面向未来，我国农村社区治理要补齐实践短板、科学定位，实现可持续发展。

关键词：农村社区；社区治理；社区服务；社区文化；村民自治；社区民主

通过完善农村社区治理，农民可以获得更高质量和更多内容的服务，国家更容易实现对基层社会的有效治理，农民的民主自治权利更能得到保障，政府和社会的良性互动关系更容易达成。2018年，总体上我国的农村社区治理进展显著，为乡村振兴战略的实施、脱贫攻坚工作的开展，提供了良好的组织形式和基础平台，同时乡村振兴战略的实施和脱贫攻坚工作的开展也为农村社区治理发展提供了新的机遇。

一、我国农村社区治理维度概况

（一）农村社区治理的组织架构趋于完善

组织架构的完善是完善农村社区治理的关键环节。农村社区治理体系和能力建设的提升很大程度上取决于组织架构的科学和合理配置。农村社区治理较之以往的村庄治理的一个很大的不同点在于，其是一种开放式的治理形态，原有的村庄界线被打破，虽然社区是有地域范围的，但是在人员以及治理和服务的对象上具有明显的开放性，这就需要有新型的组织结构与之相对应。目前的农村社区治理的组织类型包括农村社区党组织、村民自治组织、社会组织、村集体经济组织、村务监督组织等多种类型，这些组织围绕党组织开展工作，在党组织的领导下形成功能分化、协调配合的治理架构，这是完善农村社区治理的重要组织保证。

2018 年，全国各地农村基层党组织的领导核心地位不断加强，社区党组织和自治组织的关系、社区党组织和村集体经济组织的关系、社区党组织和社区工作站之间的关系都日益规范，确保了党组织有效实现对各类组织的领导。农村地区服务型党组织建设进展明显，基层党组织建设和社区治理与服务过程开始形成良好的协同关系。

村民自治制度是农村社区治理的基本形式，在这一基本的制度框架下社区治理的组织架构不断完善。村民委员会在农村社区治理开展之前一直是集多重角色于一体，既是村民自治组织又是集体经济组织，同时承担了大量的行政性事务。从村组制到社区制的转变，不只是从村委会到居委会的名称变化，而是管理体制和管理方式的转变。这就需要落实村民委员会自治组织的单一身份，剥离村民委员会的经济职能和行政性职能。村集体财产和经济事务的管理在确权之后可以通过股份制等方式由独立的经济组织承担，行政性事务可以由社区服务站承担，村委会只负责村民自治事务。

2018 年，全国有 10 个省份开展了村（居）民委员会换届选举工作。

随着换届选举工作的开展，组织结构也随之进行了相应的调整。山东省惠民县由于村庄规模小、数量多、党员少、村级资源资产分散、公共服务少，一直面临着村“两委”选拔难、干事难、监管难的问题；同时，由于延伸到村的公共服务较少，群众办事不方便的问题也比较突出。为了解决这些问题，2017 年 10 月，惠民县结合村“两委”换届选举，开始在全县探索以“多村一社区”为主要内容的社区治理体制改革。惠民县将辖区内的 1118 个建制村调整合并为 109 个农村社区，依法撤销合并农村社区内原建制村，选举产生新的村委会班子，实现了“小村变大村”。同时，惠民县还以农村社区服务中心为平台，为群众提供就近服务[1]。

全国其他地方也都积极开展了农村社区治理的组织机构和机制的调整。浙江省湖州市构建了社区、社会组织、社会工作“三社联动”机制，搭建政府购买服务、公益创投、幸福邻里中心等联动平台，实现社区服务水平、社会组织功能、社工实务能力“三提升”；湖州市“三重两轮票决制”“民主决策七步法”“乡贤参事会”等创新实践，引导村民有序参与、依法自治，有效推进乡村治理。辽宁省新民市立足本地经济社会实际，推出了乡村振兴规划纲要。新民市纲要以村屯发展为出发点，破解在哪儿振兴难题；以组织协同为切入点，破解靠谁振兴难题；以资源聚合为关键点，破解以何振兴难题；以理念牵引为着力点，破解如何振兴难题。山东省滨州市不断加强完善以农村基层党组织为领导，村民自治为基础，多方参与、民主议政为特色的基层治理机制，实现政府治理、社会调节和居民自治的良性互动，有力推动了乡村振兴战略的实施。滨州市以土地流转为契机打造农村幸福社区，以多村一社区体制改革为抓手，构建农村治理新体制，以“民主议政日”为载体，构建多层次基层协商新格局[2]。

（二）村民自治获得持续和良性发展

农村社区治理不仅没有改变农村基层民主自治的制度体系，并且为村民自治的发展提供了新的空间，除了以民主的方式选举产生村（居）民委员会组织之外，还加强了对村庄事务全程管理的监督和参与，村民的自我监督、自我管理、自我服务的能力得到提高。重庆市丰都县 30 个乡镇

（街道）充分发挥村务监督委员会的“防护墙”作用，要求村务监督员认真行使村务监督权，积极参与村（社区）“两委”重大决策和村级财务的审查活动，及时制止和纠正党员干部的不规范行为，有效遏制了“群众身边的腐败”发生[3]。浙江省安吉县天子湖镇高禹村2017年村“两委”换届时在原有村务监督委员会基础上成立了民主监督理事会，每次理财都会邀请5名不同的民主监督理事会成员参与，对村务、财务、党务进行“双监督”，取得了明显成效[4]。

农村社区的自组织过程得到推进，与村民自治的发展一同对农村社区治理起到了积极的作用。特别是通过成立一些社会性、文体性以及经济性的社会组织和进行新的制度设计，村民参与的渠道被进一步打通，在农村社区的文化建设、纠纷调解、环境卫生、生产服务等方面发挥着积极的作用。浙江省宁波市北仑区自2017年实行“村民说事”制度以来，取得了很多实效。“村民说事”是指以村党组织为领导核心，以全体村民为说事主体，以“说出发展、说出民主、说出文明、说出和谐、说出廉政”为目标，组织发动村民制度化参与村级事务管理、决策和监督的新型农村治理模式，是农村民主协商制度的深化和完善[5]。山东省博兴县湖滨镇寨卢村将每月5日确定为民主议政日，定期召开村民代表会议研究村内事务，重大工作实行投票制，临时突发事务随时研究。针对多年来集体资源资产流失和疏于管理的局面，寨卢村村“两委”成员和村民代表分片对村民进行走访征求意见，然后召开全体党员、村民代表会议，通过讨论后进行表决，一致同意彻底清理整顿违规建设和欠缴承包费等遗留问题，由村务监督委员会全程监督，为集体挽回了300多万元的经济损失[6]。江苏省连云港市海州区浦南镇为规范村级事务民主决策行为，强化对村“两委”权力的制约和监督，推动“四个一律”制度向基层延伸。“四个一律”即要求村级“重大决策”“重要人事”“重点项目”“大额支出”一律商议表决。“重大决策”包括村级经济社会发展方面的规划编制、民生工作等；“重要人事”包括村“两委”班子成员的工作分工、村后备干部人员选拔培养等；“重点项目”包括重大建设项目、重大投资项目的安排等；“大额支出”是指单笔超过2000元的资金使用由村班子成员集体会审后方能支付。

浦南镇出台《村干部应知应守手册》，手册以条目清单的方式对村“两委”成员权力进行梳理，形成“主体责任、六大纪律、八项规定、议事决策、三资管理”等操作规定，使得村“两委”成员权力规范运行一目了然[7]。

村民自治发展中表现突出的是社区协商的发展。农村社区协商的发展既是居民自治的表现形式，也在实践中扩大了居民自治的范围，新的协商形式不断出现，为多主体参与社区治理、协调利益关系提供了平台和形式；这也是乡村权力关系重新组织和运行的一种表现，克服了治理过程中权力关系单一化带来的垄断性风险，推动了治理的科学化和民主化进程。福建省福州市长乐区漳港街道百户村把农村社区协商作为民主决策的前置条件，凡村“两委”提交村民代表会议决策的事项，都必须进行民主协商并形成协商记录，在村民代表会议上必须介绍相关事项的协商情况。围绕发展规划，按照“四议两公开”和“六要”群众工作法，百户村建立健全了村务监督制度和村务监督委员会工作规程。村务监督委员会定期召开会议，研判和梳理村务财务等情况，探索建立村务监督情况通报分析制度；设立村务监督工作通报栏，每季度通报开展监督的具体工作。

（三）农村社区服务的内容和领域不断拓展

我国农村社区治理一直都是以强化服务为目的的。农村社区服务按照领域划分，主要有两大类，即生产性服务和生活性服务。生产性服务包括为农业生产和相关产业发展开展的服务；生活性服务是农村社区治理的重点，包括社区文化服务、医疗卫生服务、安全服务以及各种类型的志愿性和互助性服务等。

2018 年，全国各地在推进农村社区公共服务方面的主要方式是通过农村社区服务中心的建设和其他服务设施的建设，延伸政府的服务职能到社区。据民政部 2018 年 8 月公布的《2017 年社会服务发展统计公报》显示，截至 2017 年底，全国共有农村社区服务指导中心 16 个，农村社区服务中心 1.0 万个，农村社区服务站 7.5 万个，农村社区服务中心（站）覆盖率 15.3%。全国大部分的农村社区都具有了计划生育、低保救助、法律援助等多项和群众生活息息相关的公共服务，基本建立起“县—乡（镇）—社区”的三级服务网络，从而为实现城乡社区服务均等化提供了基本的条件。

江苏省沭阳县马厂镇采取“集中受理、归口办理、统一协调、部门联动、限时办结、及时反馈”的方式，有效化解群众各类诉求，打通服务群众“最后一公里”[8]。马厂镇立足实际、创新方式，将“12345”政府服务热线作为经济社会发展的“晴雨表”，倾听群众呼声，了解群众诉求，合理解决与群众生活相关的热点、难点问题；科学整合利用各类资源，方便群众咨询、求助，同时建立 24 小时人工接听、录音质检和工单预审等管理制度，确保在线解答、3 小时内派单，实现群众“最多跑一次”。在福建省浦城县富岭镇，“农民书苑”是一个从原先不到 50 平方米的文化站发展起来的。随着富岭逐渐富裕起来，人们开始注重精神文化世界的丰盈，求知欲也越来越强。基于此，富岭镇以改善民生、发展文化事业为目的，投入大量资金扩大文化站规模，将一座建筑面积近 2500 平方米的大楼买下，修建成“农民书苑”。如今这个书苑已成为农民廉德教育、获取知识、科技致富和休闲娱乐的好去处[9]。

各种社会组织包括专业的社会工作者队伍也积极投入农村社区服务的过程中，虽然从全国来看，还没有形成政府、社会组织和专业社工队伍等多元主体构成的多层次网络，但是在一些地区，多层次的服务网络和多元主体开展的工作已经初见成效。在政府服务能力提升的同时，农村社区的自我服务能力和社会化服务能力都有所提升，特别是农村社区组织在提供公共服务的过程中，透明度不断提高，群众的参与度不断增强。

（四）社区文化建设得到普遍重视和加强

乡土文化是农村重要的特色文化，建设农村社区的一项重要任务就是传承和发扬优秀乡土文化，特别是要摒弃消极文化和弘扬积极文化，按照现代化的要求赋予乡土文化以现代意义，达到文化育人的效果。从各地实践中不难看出，优秀的传统文化、现代的特色文化、完善的农村公共文化服务体系以及乡村文化产业的发展都迸发出新的活力。

广东省惠州市在农村开展了道德讲堂、传统文化巡讲、博仁文化学堂、道德模范评选等一系列道德文化活动，议家风、立家训、传家礼、评家庭，让村民重温家规家训，将道德植根家风建设。浙江省嘉兴市油车港镇将农村文化礼堂建设与农耕文化、民俗文化、红色文化等当地特色文化有机结合，通过改建、管理和助育三步骤，把文化礼堂建设成为当地农村思想文化传播的主阵地。陕西省渭南市等中西部国家公共文化服务体系示范区城市按照“需求导向、合理布局、查漏补缺”的原则，财政投入不搞大水“漫灌”，通过“财政拨一点、群众筹集一点、企业赞助一点”等精准施策，实现了乡镇—村基本公共文化服务全覆盖。山东等地着力于非物质文化遗产等传统文化的系统性提炼和创造性转化，将当地文化、风物融合在一起，构建了符合现代审美消费需求的乡情文化体验带[10]。青海省为玉树市、乌兰县、玛沁县等20个藏区基层县市文化馆各配发一辆流动文化车，县级文化馆立足基层、奉献社会、服务群众，深入农村牧区、工地、部队、学校、企业等地和单位，广泛开展文化下乡活动，把一批优秀的文艺作品送到了基层，丰富活跃了基层群众的精神文化生活，受到了基层群众的好评[11]。安徽省深入开展“送戏进万村”活动，截至2018年10月底，送戏进村共20009场，完成全年任务量的129.58%。安徽省各地结合本地特点和群众实际需求，制订了采购招标工作方案，开展信息发布，以方便农民群众按需求“点单”看戏。演出剧目中，有紧密结合乡村振兴、脱贫攻坚内容的现代戏、小品、相声和歌舞等，扶志又扶智；也有传统戏曲经典大戏、小戏、折子戏等，满足群众喜好。同时，为保证演出质量，各地文化部门事先做好演艺团体资质审查、演出节目审看、招标及采购合同签订等工作。这些措施有力保证了送戏进村的演出质量，保证了每村4400元的农村文化活动补助资金用足、用好[12]。新疆维吾尔自治区在公共文化基础设施建设上坚持重心下移，并向深度贫困地区倾斜。据统计，自2015年以来，仅南疆四地州基本文化设施设备投入就已近1亿元。此外，通过实施“村级文化室专项设备”和“贫困地区公共文化数字服务提质升级”项目，新疆为贫困地区配备了一大批文化设施设备，公共图书馆、农家书屋等场所如雨后春笋出现在广大社区、农村，丰富了城乡居民的精神文化生活。目前，新疆建有各级各类公共图书馆、文化馆、博物馆、美术馆、乡镇（街道）综合文化站等公共文化服务机构 9430 个，从业人员 3.7 万多人，覆盖区、地、县、乡、村五级的公共文化服务体系已基本形成[13]。

（五）社会协同助力社区治理和服务更加提升

2018 年，农村社区治理中社会协同进展明显。在构建“党委领导、政府负责、社会协同、公众参与、法治保障”的农村社区治理格局的过程中，传统的单一治理主体的局面开始发生变化，治理格局更加社会化。从全国的情况看，多数农村地区都在积极培育和壮大社会力量参与社区治理，尤其是注重发挥社区社会组织在服务居民过程中的功能优势，各地探索的乡贤理事会、村民议事会等治理形式以及一些志愿服务队伍在参与治理中的作用发挥越来越大。有的地区还开始引入专业的社会工作者提供专业化的社会服务，有效推进了基层社会治理体制的创新。社会协同的趋势开始显现，成为一种重要的发展趋势。浙江省慈溪市崇寿镇傅家路村按照“有事多商量、有事好商量、有事会商量”的“众家兴村”思维，构建了全民参与的乡村治理体系，探索走出了一条“共建共治共享”精细化自治新路径，成为基层善治的有益实践[14]。

农村社区社会组织在农村社区治理中的作用正日益增强。随着我国社会组织登记管理制度的改革，农村社区社会组织的数量不断增长，和社区组织以及社区服务中心等组织和机构一道成为加强社区治理的有效主体，其中各种农村社区理事会和志愿者协会等发挥了积极的作用。农村社区社会组织不但在社区服务的提供上成为社区组织的有益补充，而且在引导社区居民协商、组织社区参与、社区管理和社区监督等方面也发挥着不可替代的功能。在一些地区社区社会组织成为农村社区治理和服务创新的重要平台和形式。福建省福州市长乐区漳港街道百户村充分发挥共青团、妇联、社工组织等群团组织和民间组织在农村社区治理中的作用，组织和动员各种社会组织和个人投身到农村社区治理中。村级设立党代表、人大代表工作室，定期召集辖区企业、学校负责人开展共商共驻共建工作。实施“双培双带”工程，一方面抓党员干部培训，围绕提高致富本领，加强村办企业人才技术培训，使大多数党员掌握一技之长，解决了村办企业缺少专业人才的问题；另一方面抓非党员致富能手的培养，引导他们在带领群众共同致富的同时，积极向党组织靠拢，并将其作为后备干部培养。

二、我国农村社区治理的年度特征

（一）顶层设计不断推进

我国农村社区治理起步于一些地域的实践创新，但是农村社区治理的逐渐推广则是国家政策引领和推动的结果。在这一过程中，全国各地按照国家政策的要求，结合地域实际情况，制定和出台了一系列的文件和政策，对本地农村社区治理进行了制度设计和实践安排，成为推进农村社区治理的主要动力，因此注重顶层设计并不断推进成为2018年农村社区治理的重要特征之一。

浙江省安吉县发布了全国首个乡村治理工作地方标准规范——《乡村治理工作规范》。“谁来治理、怎么治理、治理什么、治理效果如何检验”这些模糊的概念在规范中全部得到了形象而生动的量化体现；同时在标准中首次导入了动力和静态学模型，使得标准化繁为简，具有较强的可操作性。《乡村治理工作规范》以乡村治理“余村经验”为蓝本，从当前安吉农村发展治理经验中吸纳总结提出了具体的规范措施，内容涵盖了“支部带村”“发展强村”“民主管村”“依法治村”“道德润村”“生态美村”“平安护村”和“清廉正村”等十一节的正文部分和六个单元的附录部分；囊括了组织架构、工作方法、运行流程和负面指标等具体的工作要求。其中，“安吉乡村治理的系统动力学模型”“安吉乡村治理的静态结构模型”成为亮点，在全国乡村治理经验总结方面均为首例、首创[15]。

总体来看，这些顶层设计的推进工作也呈现出了一些具体的特征：一是体现了城乡协调发展的思路，把农村社区治理过程作为一种实现城乡一体化协调发展的重要途径；二是加强了地方与中央政策的对接，针对中央出台的各种政策文件，地方政府都有具体的落实政策；三是地方的制度体系正逐渐完备，居民自治、社区服务、社区协商、社区参与、社区监督等领域的制度规定正成为一种体系化和完备化的制度体系；四是制度设计具有明显的地方特色，诸如山东、湖北、江西等地的农村社区发展模式和发展规划，都是各有侧重。

（二）公共服务更加凸显

农村社区治理始终把发展社区服务放在第一位，这也是农村社区治理的重要目标。围绕这一目标，农村社区的公共服务设施得到了明显的改进，社区组织服务社区居民的能力不断得到提升。河南省邓州市桑庄镇以“四化双评”为载体践行乡村有效治理新模式，打通了服务群众“最后一公里”[16]。“四化”是指社会治理网格化、服务群众信息化、为民服务全程化、服务效能公开化，“双评”是指基层组织评星晋级、党员评星争优。桑庄镇还把互联网融入基层组织建设和社会治理中，全镇高标准建设 1 个镇级服务中心、19 个村级服务站、划分出 211 个治理网格，先后梳理出 87 个服务项目，构建了以网格化为基础、信息化为手段、全程化为方向、公开化为保证的社会治理新模式。一些城市社区工作的机制也开始在农村社区推广，如通过社区协商的方式进行服务需求的收集和吸引居民的参与等。农村社区公共服务的开展尤为重视村民力量的发挥，互助和公益合作的方式不断在实践中取得积极的效果，一些理事会等社区组织的功能不断凸显。

（三）社区协商发展迅速

我国的农村社区治理是一个多方参与的过程，除了作为领导核心的基层党组织外，还包括社区居民自治组织、社区社会组织、社区居民、市场组织等主体。多种主体参与的过程中，也同样存在彼此间利益协调和矛盾处理的要求，由此也就产生了社区协商的必要。社区协商包括两个方面的内容，一是社区内外的协商，二是社区内部的协商。在推进社区居民自治的过程中，完善社区内部的协商显得至关重要。社区协商的开展要突出民生导向，要积极引导居民参与，以此体现民意和民情，特别是要建立完善的协商程序，以程序的科学性保障协商的规范性。

村民自治的基础框架下，农村的协商民主得到了快速发展，协商的主体更加多元化，一些农村的社会组织也开始参与社区协商，协商的内容更加丰富，各种与村民利益关联密切的事项一般都纳入了协商的范畴，社区协商成为农村社区治理的一项重要的机制创新。为村民直接参与社区治理提供了制度化平台，推动了民主选举、民主监督、民主决策和民主管理的发展，村民的知情权、参与权等得到了进一步的保障。社区协商的开展也有效地实现了农村社会治理方式的转变，村民与集体，村组织与乡镇，村民与村“两委”，村与村的关系都在协商的制度框架下拥有重构的机会。

这方面比较有代表性的是山东省滨州市。自2004年以来，滨州市每月5日在村级开展“党员集中活动、村民协商议事、村务定期公开”三位一体的“民主议政日”活动，以党员集中活动、村民协商议事、村务定期公开为主要内容，采取时间、人员、议题、解决问题“四集中”形式，进行集中民主议政。近年来，以“民主议政日”“主题党日”为载体，滨州市进一步丰富民主协商形式和内容，先后出台了《滨州市村级组织规范化运行管理办法（试行）》《滨州市村级组织规范化运行管理议事清单》《滨州市村级组织规范化运行管理责任追究清单》，明确16项须经村民审议的事项、7项违反民主议政规定进行责任追究事项，印发了《关于加强城乡社区协商的实施意见》《关于加快推进城乡社区协商工作的通知》等文件，积极培育基层协商示范点，实现每个乡镇（街道）都有示范点，每个县区都有3—4个县级示范点，建立市级示范点9个，在全省率先出台市级城乡社区协商指导目录，各县区也结合各自实际出台指导目录，实现基层协商指导目录全覆盖。经过14年的运行，“民主议政日”活动已经成为滨州市城乡基层协商的重要特色和形式，开展“民主议政日”的过程，变成了村务、财务定期公开的过程，变成了尊重党员主体地位、了解群众需求、体现群众意愿的过程，真正做到了村财民理、村事民管、公开透明[17]。

（四）治理手段更加多样

信息化手段在农村社区治理中的使用更加普遍，除了在农业生产和销售领域中加以应用之外，信息化手段也开始在服务领域得到应用，一些地区充分利用信息化平台，实现服务资源的共享，配合社区治理的服务导向，发挥了重要的功能。村务公开也开始借助信息化手段，变得更加便捷和透明化。山东省博兴县湖滨镇寨卢村，2016 年以来，为有效提高村级组织规范化运行水平，丰富为民服务载体，该村先后投资 150 万元建成寨卢村党群服务中心，对群众诉求实施全天候、全方位“一站式”服务。在全镇率先建成“3D”农村智慧党建服务平台和手机 App“清湖 e 家亲”智能软件，让群众足不出户就能看到村级事务决策全过程，享受便捷高效的公共服务，探索出“互联网+党建”新模式[18]。山东省莱西市日庄镇健全“镇、社区、村庄、党员干部”四级网格化垂直服务管理模式，研发启用网格化服务管理平台及移动端 App，设立镇综合管理监督指挥中心。上级网格员通过网格化信息管理平台，查看网格员行动轨迹、工作日志、上报事件及处理结果、突发事件预警及处置等情况，分别作出工作安排，有效提升了网格化服务管理的水平[19]。

各地也特别重视村规民约的功能。一些地区结合村庄实际，制定和执行反映村庄特性和要求的村庄规范体系，并使之成为法规制度的有效补充，各地通过实施村规民约，夯实了基层治理基础，优化了基层党组织的工作环境，提高了村民自我管理的能力与水平[20]。村规民约成为创新基层治理的“新动力”。陕西省宝鸡市在实施乡村振兴战略，落实好省、市深度贫困地区脱贫攻坚推进会要求工作中，重视发挥村规民约在健全自治、法治、德治相结合的乡村治理中的作用，彰显村史馆记述历史、弘扬艰苦创业精神的作用，激励深度贫困村、贫困群众励志脱贫，发扬扶贫济困、守望相助的中华传统美德，助推脱贫攻坚，实现在追求美好生活道路上无一人掉队的目标[21]。广东省佛山市禅城区南庄镇龙津村积极创新村庄治理方式，将村内无出租屋制度写入村规民约，打造平安村居。龙津村对村庄外来务工人员由村集体统一新建公寓进行安置，实行规范化管理，增强了外来务工人员的归属感。四川省平昌县江口镇临江村的村规民约，经过了走访调查、征求意见、草拟、讨论、修正、公示到具体实施的过程，实现了村民自治有章有据。浙江省龙游县根据农村新情况及时修订村规民约，修订中严把修订关、措辞关、监督关、考核关，修订后的村规民约彰显了地方特色。村规民约实施后，村民自律意识明显增强，农村环境整治成效明显，有效促进了村务公开，夯实了基层治理基础[22]。

（五）法治建设长足进步

农村社区治理中除了要发挥传统的习俗文化的约束作用外，还要重视法治建设。党的十八届四中全会指出："全面推进依法治国，基础在基层，工作重点在基层。"农村社区的法治建设不但关系农村社区治理的成效，也关系依法治国的深入开展。

2018 年，法治手段在农村社区治理中更加健全和完善，治理过程更加重视法治思维和法治方式的运用，社区治理的制度法规政策不断完善。为加强和提高农村法治建设水平，浙江省龙游县坚持普法内容"接地气"，以面向农村、发生在农村生活中的真实案例为题材，以贴近农村法治社会现实需求为出发点，传播普及法律法规知识；传播方式"近民心"，通过编排富于法治精神的文艺节目、拍摄播放法治微电影、开展法治知识有奖竞猜等活动，人民法院定期进村审理涉及婚姻、继承、民事合同等方面的案件，通过"群众说事、法官说法""以案说法、以法办案"的方式，与群众进行"一对一""面对面"的互动交流；同时，坚持重心下移、关口前移，构建以人民调解为基础的社会矛盾纠纷"大调解"工作体系，提倡第一时间、第一地点调解，做到应调尽调、能调则调。全县共产生村级人民调解委员会 269 个，819 名调解员；并建立 11 个行业性调解委员会，负责指导并协调医疗纠纷、劳动争议、交通损害赔偿等事务调解 ；挂牌成立 6 个知名调解员工作室，组建 32 人法律咨询团和调解专家组，加大调解工作法律介入力度[23]。四川省华蓥市老年志愿者法治宣讲团利用早晚时段，带着法律图书和挂图等资料，走村串户宣讲宪法、婚姻法、继承法和土地法等法律法规，并现场接受法律咨询，给山区群众送去"法治清凉"。华蓥市老年志愿者法治宣讲团成立于 2009 年，主要由退休政法工作者和退休教师、干部组成，目前成员已发展到 120 多人。他们以普法、法律咨询和纠纷调解为已任，进校园入社区、走乡村到农家，近 10 年来共开展各种普法活动510多次，服务群众达10万多人次[24]。

总体来说，2018年农村社区的法治建设有以下三个特点：一是社区治理的相关法律法规建设更加完善，使农村社区治理有法可依；二是农村地区的法治宣传和教育不断加强，在增强居民法治观念的同时，也增加了农村社区工作者的法治观念，包括学法知法用法的工作习惯，加强了对社区治理中的法律法规的应用能力；三是农村社区的法律服务体系逐渐完善，城市社区治理中的好的经验开始在农村社区复制，如推动律师等法律工作者进入农村社区等，更加注重发挥农村地区人民调解员的作用。

三、我国农村社区治理的主要经验

（一）实现“政经”分开是前提条件

2015年，中共中央办公厅、国务院办公厅公布的《深化农村改革综合性实施方案》中明确提出：“在进行农村集体产权制度改革、组建农村股份合作经济组织的地区，探索剥离村‘两委’对集体资产经营管理的职能，开展实行‘政经分开’试验，完善农村基层党组织领导的村民自治组织和集体经济组织运行机制。”全国农村集体产权制度改革已经取得良好开局，目前已有超过13万个村组完成改革，确认集体成员超过1亿人。截至2016年底，全国农村集体账面资产总额达3.1万亿元，村均555.4万元。目前各地正按照中央部署全面推进清产核资各项工作，计划到2019年底完成这项改革任务[25]。江苏省盐城市在对农村承包地确权登记颁证的同时，完善农村承包地“三权分置”制度，探索宅基地“三权分置”办法，用活农村承包地权能，盘活农村宅基地使用权，既强化了乡村振兴制度性供给，又促进了农民财产性增收。截至2017年底，盐城市全市承包地流转面积达589.64万亩，占承包地总面积的71.7%[26]。2018年以来，安徽省铜陵市义安区把农村集体资产股份合作制改革作为农村综合改革的重点和亮点，因地制宜、分步推进，形成了农村集体资产股份合作制改革的“三三”工作法[27]。

（二）公共服务均等化是重要抓手

农村社区治理的重要目标之一是完善农村地区的公共服务，这既是改善农村地区生产条件的要求，更是提高农村居民生活质量的要求，也体现着构建农村社区生活共同体的内在本质。从各地的实践来看，农村社区的公共服务已经成为各地农村社区治理的重要抓手和首要工作。贵州省黄平县翁坪乡坚持把推进危房改造作为精准扶贫工作的着力点和突破口，多措并举有效改善贫困家庭居住环境，让困难群众得到真正实惠，早日住上“惠民新居”[28]。甘肃省玉门市赤金镇不断整合窗口部门集中办公，切实精简民政、社会保障、卫健等部门的办事程序，不断强化便民服务大厅窗口工作作风建设，最大限度减少办事环节，缩短办理时限，力促便民服务再上新台阶[29]。

综合来看，各地一般都是以集中的区域性的社区服务中心建设为核心开展农村社区治理，并逐步配套各种服务设施和服务网点。各种医疗卫生、社会保障、社会救助、劳动就业、文体活动、环境卫生、人民调解、技能培训等基本公共服务开始延伸到农村社区。这一方面使村民及时体验到社区治理的优越性，增加了参与的积极性和热情；另一方面在服务供给的过程中，也推进了新的机制和体制创新，如政府购买服务机制也开始在农村社区服务的供给中不断实施，推动了基层自治组织职能的转变和供给水平的提高。

（三）厘清“乡-村”关系是良性互动前提

“推进农村基层社会治理现代化中，一个关键问题是如何科学厘清乡（镇）村（居）权责边界，进而构建有效促进基层行政管理与群众自治的有机衔接和良性互动的现代乡村治理体系。”[30]农村社区的建设过程也是乡镇政府和村庄关系的重塑过程，虽然村民自治的大框架作为一种基本的制度没有发生变化，但是双方间交往和互动的方式已经开始发生变化。农村社区组织在提升自身能力的前提下，要更多地依靠村庄自身力量实现发展和村庄治理，形成自治、法治、德治相结合的治理体系。

之前，基层政府主要是和村委会之间互动较多，现在的情况是社区社会组织开始大量进入村庄，基层政府面对村庄时的互动主体增加，互动方式也随之多样化了。在公共服务领域，政府不再作为唯一的公共服务的提供者而存在，更多的是作为资金的提供者和监管者角色而存在，社会组织在承担公共服务方面发挥着越来越大的作用。一些地方优化乡镇政府机构设置，对机构进行整合调整、综合设置，形成科学合理、精干高效的管理和服务体系；一些地方深化乡镇政府权力清单制度，明确乡镇政府的职责范围，明确县乡职责关系和乡村职责关系。黑龙江省桦南县将试点乡镇原有“二办五中心”优化调整设置为“三办三中心”（综合办公室、基层组织办公室、综合执法办公室、经济发展服务中心、农业农村服务中心、社会事务管理服务中心）。江西省万载县把“执行政策、推动发展、服务群众、促进和谐”作为乡镇政府的职能定位，突出公共服务职能，将原属行政机构的综合性办公室整合为“一办三中心”（党政办公室、经济发展服务中心、社会事业服务中心、平安建设服务中心）。各乡镇根据资源优势和产业重点，将原来的乡镇事业站所整合为 5—7 个服务队，分别归口服务中心管理[31]。

（四）加强环境治理是重要突破口

2013 年的中央一号文件正式提出了“美丽乡村建设”的奋斗目标，2008 年《村庄整治技术规范》和 2015 年《美丽乡村建设指南》等文件和政策的出台为村庄环境治理提供了政策保障和依据。环境与农村社区居民的生活质量密切相关，成为社区治理的重要内容。一些农村社区的环境整治工作得到持续推进，取得了良好的实践效果，成为推进农村社区治理的重要突破口。

湖北省襄阳市襄州区黄龙镇刘岗村聘请襄阳市规划设计院，按照“农村社区、城市标准、全省一流”的高标准规划设计，项目总投资 9800 万元。水、路、强电、弱电等社区基础设施全部入地，垃圾集中清运，污水集中处理排放，社区绿化、亮化同步推进[32]。黄龙镇党委、政府按照上级清洁家园、美化乡村、开展“百日攻坚战”的精神和要求，采取多项措施，全力推动“清洁家园百日攻坚行动”[33]。河南省商水县在全县开展农村人居环境整治“百日行动”活动，重点治理生活垃圾污染、街道清障、乱搭乱建、公路清洁等问题。县政府成立了乡村环境治理领导组，出台了《商水县关于乡村环境治理实施意见》，制定了乡村环境治理目标责任制度，县委、县政府与各乡镇党委、政府签订了目标管理责任书，各乡镇党委书记、乡（镇）长立下了军令状。县委、县政府直接把乡村环境治理工作与各乡镇年度目标考核、领导组织考核挂起钩来，并实行一票否决制度。各乡镇也成立了相应领导小组，制定各项目标责任和奖惩制度[34]。山东省郯城县杨集镇结合乡村文明行动，深入推进城乡环卫一体化建设，加大投入，综合整治乡村环境，打造美丽家园，创新环卫保洁管理机制，整合管理资源，改变以往由环卫保洁公司单打独斗、力量薄弱的状况，实行保洁公司、环卫所、美丽办合署办公，按照一把扫帚扫到底、一支队伍管到底、一把尺子量到底的环卫保洁要求，实现垃圾分类入箱、日产日清，极大地提升了村（居）环境卫生水平[35]。

2018 年，全国有更多的农村社区开始尝试垃圾分类。白马镇是四川省眉山市东坡区 2017 年启动实施农村垃圾治理提升工程的首批试点乡镇之一。该镇在市、区有关部门的精心指导下，从镇情民情实际出发，以提升垃圾分类处置水平为重点，聚焦“分类投放、分类收集、分类运输、分类处理”的实效性和可操作性，着力建设“干净乡村、美丽乡村”，走出了一条“全民参与、科学分类、资源再生、考核保障”的垃圾分类有效处理之路[36]。

（五）促进社会协同是重要载体

农村社区治理中，政府更加重视社会组织的功能和作用，一些地区积极建立社会组织的孵化基地、出台推动社会组织发展的优惠政策，为农村社会组织的发展提供相应的资源保障。各地社会组织在这样的背景下获得了良好的发展机遇，特别是一些本土化的社会组织，充分发挥本土化优势，开展了卓有成效的工作。社会组织的快速发展也为农村精英参与村庄治理提供了平台，一些农村“能人”或组织或直接参与到社会组织发展中，通过个人的带动作用，推动了农村地区诸如经济发展、互助服务等事业的进步。

陕西助老汇社会工作发展中心自 2016 年以来，在深入调研中萌生了开展农村养老服务试点的想法，并联合泾阳县老龄办、基层老年协会在泾阳县王桥镇东街村、太平镇孙家堡村、太平镇权杨村、泾干镇瑞凝村、永乐镇亢营村、桥底镇沟而上村 6 个村，推行“邻里互助”居家养老服务项目。项目主要依托村级老年协会，发挥邻里互助的传统美德，动员社区志愿者成为社区养老协管员。目前，6 个项目村已动员和培训 34 名养老协管员，为 180 名失能半失能老年人提供养老照料服务。安徽省铜陵市义安区村级老年协会建成率近 100%，并同时构建了区、乡镇、村三级老年工作组织网络，基本构建了党委领导、政府主导、老龄委组织协调、相关部门各司其职的工作体制和运行机制，尤其是基层老年协会广泛开展老年人维权、为老服务、文体活动等工作，成为联系政府和老年人的桥梁纽带，奠定了整个组织网络的基石。

（六）体制和机制创新是基本保障

农村社区治理虽然已经开始了较长时间，在全国范围内都开展了丰富的实践活动，但是在经济和社会发展的大背景下，依然处于不断的探索和完善之中。特别是基层社会从管理向治理的实践理念的转变，需要在机制上不断创新，不能沿用传统的村庄管理模式，参与协商等方式应该被更多地引入治理过程中。社区服务要越来越围绕村民的需求展开，新的服务理念和服务方式，如“三社联动”机制等也要在农村社区实践中推广。这些都有利于推动农村社区治理与服务的实践过程。

体制机制创新中尤其需要重视和完善保障机制建设。农村社区治理的重要目标是向村庄提供更多的、更优质的服务和其他资源。受制于城乡二元结构，农村地区的发展滞后于城市，要实现城乡均衡发展就需要发挥农村社区治理与城市社区治理速度上的比较优势，这就需要在各方面对农村社区治理给予必要的保障。相对于资源的供给，有效的机制更为重要。黑龙江省坚持把农村社区治理作为加强农村社会治理、推进农村社会发展的重要举措，强化政策保障机制统筹引领农村社区治理，强化工作保障机制全力助推农村社区发展，强化人才保障机制着力优化社区人才队伍，开创了具有黑龙江特色的农村社区发展建设新局面。这种保障机制的建立不是单向的，农村社区不是单一的资源接纳方，要积极参与社区治理，变被动接纳为有效对接，这也是实现村庄参与的有效方式。还要注意限制资本下乡，保持农村社区的多样性。农村地区的发展要实现一种均衡，要时刻防止各种风险对均衡的打破。有限的资源和利益也是留住农村精英的一种手段，资本下乡和市场化的方式对于农村地区的一些小生产者难免造成打击，使得本来就不多的资源和利益被分割。第一产业在我国经济发展中的占比总体较小，但是农业人口众多。限制资本下乡不仅是考虑资本和市场的风险对农村地区可能造成的冲击，也是为了防止农业领域本就不多的利益和资源被侵蚀和剥离，从而损害农村利益。

（七）信息技术手段是重要支撑

信息技术在城市社区治理中得到了较为广泛的应用并取得良好效果，这些技术也开始逐渐应用到农村社区治理中并逐渐扩大范围。一些地区开始尝试建设信息化资源平台，构建了政府、社区组织、社会组织和村民个人之间的便利的联系和信息沟通机制，为实现农村社区治理的精细化、更高效迎合居民需求方面发挥了重要作用。

黑龙江省铁力市立足农村社区办公场所充裕、“两委”班子凝聚力强、农村党员带动致富能力强的基础，在全省中北部地区率先引进农村淘宝项目，在44个村建立了村级服务站，引导扶持电子商务产业与农村社区互融互促、共享发展。福建省福州市长乐区漳港街道百户村在网格化社会服务管理工作机制基础上，整合提升社区综合信息网络服务平台，设立社区民情收集处理点，将群众诉求实时录入“互联网+民情直通车”软件系统，有效提高了民情诉求办结率。农村社区正以其独特的方式，进行着社区信息化的探索和创新[37]。山东省博兴县寨卢村将信息技术手段引入党建和村务监督领域，取得良好的实践效果[38]。安徽省淮南市田家庵区充分运用互联网，探索实施“阳光村务”网上监督平台[39]，坚持多部门联动，统筹财政所、经管站、民政所等部门，将村级经济发展、基层组织建设、维稳综治、安全生产、农业生产与土地管理等与农村工作相关的内容纳入村务公开范围，尤其是涉及农民群众利益的党务、村（居）务、财务等重大事项，全部在网上公开。

（八）实现地域均衡是关键节点

作为一个正在高速发展中的大国，我国东西南北地区的发展差距仍然很大，即使在同一个省份乃至同一个县市区，经济社会文化发展状况也有着比较大的差别，农村发展的不平衡程度更为显著，呈现出多样性分化发展形态。城市社区治理的过程中存在着发展不均衡的问题，这种不均衡是在比较均衡的发展起点上逐渐出现和加大的。一些城市的社区治理，原初条件差异不大，但随着社区治理过程的发展差异逐渐变大。而农村地区本来就发展不均衡，社区治理的起始条件差别很大，这种差别不仅仅表现在经济发展水平上，就农村社区治理而言，地域差别基础上的文化差别的影响更大。农村社区治理往往更加强调实现城乡之间的均衡发展，就容易在这个背景下，忽视农村社区治理可能带来的农村社区间的发展失衡，使得原本就差异很大的农村地域发展差异更大。农村社区治理是一种解决农村地域差异的重要机会，要借助农村社区治理的实践过程，加大对相对落后地区的投入和资源配给，在发展新型农村社区的同时更加关注落后地区发展，既要“锦上添花”更要“雪中送炭”。也就是说在农村社区治理的过程中要更加注意政策的公正性。

（九）多样化特色发展是进取之路

我国农村地区地域广大，发展条件和资源禀赋千差万别，需要解决的问题也不尽相同，只有结合自身实际选择发展道路才能实现有效发展。多样化和特色化发展在实践中重点表现在以下两个方面：一是文化建设上，二是发展方式上。在文化建设上，要传承特色的传统文化，保护好村庄特色。陕西省眉县横渠镇横渠村是北宋“关学”创始人张载故里，横渠村从2016 年开始，坚持把弘扬优秀传统、家规家训作为增强文化自信的重要元素，践行社会主义核心价值观的重要载体，强化措施，狠抓落实[40]。在发展方式上，要结合自身实际，选择发展方式和发展道路。不因社区治理而打断原有的风俗风貌，而是在建设中加以传承和发展。云南省文山壮族苗族自治州丘北县双龙营镇仙人洞村打好民俗风情、环境规划等“差异化特色牌”，提升地方文化力及经济实力，在脱贫攻坚这条道路上走出了一条有效可持续的发展路径，闯出一条“美丽乡村+旅游+文化+扶贫”的路子，从“口袋村”成为当地的首富村。2017 年，仙人洞村集体收入 3000 多万元，人均纯收入达 3 万余元[41]。

在《乡村振兴战略规划（2018—2022 年）》中十分明确地针对四种典型的乡村类型提出了相应的振兴方略：对于集聚提升类乡村要在原有规模基础上有序推进改造提升，激活产业、优化环境、提振人气、增添活力；对于城郊融合类乡村要综合考虑工业化、城镇化和村庄自身发展需要，加快城乡产业融合发展，实现城乡之间基础设施的互联互通、公共服务的共建共享；对于特色保护类乡村要统筹保护、利用与发展的关系，努力保持文化的完整性、真实性和延续性；对于搬迁撤并类乡村要统筹解决好村民生计、生态保护等问题，坚持村庄搬迁撤并与新型城镇化、农业现代化相结合。农村社区建设必须顺应我国农村社会的发展规律和演变趋势，根据不同地区的发展现状、区位条件、资源禀赋等，按照集聚提升、融入城镇、特色保护、搬迁撤并的思路分类施策推进。

四、我国农村社区治理的实践短板

（一）发展水平地域差异较大

我国农村地区地域广大，发展本来就存在失衡的现象。农村社区治理同样始于农村地区发展不平衡的状况下，而且一定程度上扩大了这种不平衡在公共服务供给上的差距。一些地域因为经济社会发展水平较高，社区治理具有良好的基础条件，在社区治理的过程中，基层政府的投入较大以及村庄吸引资源投入的能力较强，这样的村庄发展迅速。尤其是一些城市边缘地域的农村社区，更容易获得城乡一体化发展的政策优势，从而获得较快发展。而一些原本相对落后地区的农村社区，在社区治理过程中，资源投入更加不足，原有的问题不断积累，逐渐在社区治理过程中处于落后状态。从而形成新老社区间的巨大差异。

（二）成本和收益的均衡问题

农村社区治理的起步主要是源于政府政策支持和推动，主要是以政府为主的财力支持实现农村地区的公共服务状态的改善。这种方式发挥了集中力量的优势，迅速展现出社区治理效果，但是也内含着成本和效益匹配的问题。随着政府资源的投入，政府介入农村社区治理的程度更加持续和深化，一定程度上强化了政府主导的治理结构，这虽然在改善农村基本公共服务领域取得了良好的实践效果，但是却制约了农村社区治理中的自治力量的成长。也就是说收益主要是公共服务领域的，对农村社区治理的整体效果而言存在着成本收益不匹配的问题。如果大量引入市场力量进入农村社区，又有可能引发农民利益上的一些风险。如何在实现多元投入和多元收益上实现一种均衡并有效化解风险，实现社区治理的优化，仍然是一个需要认真对待的问题。

（三）村庄乡土特色发掘不够

农村社区治理要从本地实际出发选择适合的发展模式，体现自身特点，建设的初始条件和面临的问题不同，决定了不同社区不能采用统一的模式和机制。特别是不同地区的风俗习惯不同，文化氛围差异很大，这些物质上和精神上的资源是进行农村社区治理的基础和前提。农村社区治理不是要与原有的村庄发展模式相割裂，而是要在文化特色、乡情风貌上保持继承和发展，要彰显乡土特色。现在的农村社区治理在模式上有趋同的趋势，一般都是从农村社区服务中心出发进行基础设施改造，但是与原有的文化结合发展不足。农村社区治理多是在比照城市社区治理的模式进行，这虽然在一定程度上有效地推进了农村服务设施和服务水平的完善和发展，但是缺乏村庄长远发展的内在推动力。

（四）现代治理手段运用有限

虽然一些城市社区治理的有效手段和技术已经开始在农村社区应用，但是在范围和程度上都需要扩展和提升。以信息技术为例，信息技术可以有效缩短农村社区因地域广大带来的交往不便，但是目前信息技术还只是运用在农产品推广和销售上，与社区治理直接相关的社区服务的开展上应用不够广泛。受制于基础设施条件和村民技术能力，一些建立在网络平台上的服务方式难以在农村社区普遍使用。

一些农村地区在快速发展以及城市化过程中，各种矛盾问题凸显，原有的治理方式难以应对，这时，一些被实践证明行之有效的社区治理手段和方式，如社区协商等，在农村社区的推广和应用就显得极为必要。社区协商对日益复杂化的利益问题，具有很好的适用性。再如城市社区的网格化管理模式也可以与村庄中的村民小组等制度相衔接。在社区治理与服务的机制和手段上，还有大量工作需要完成。

（五）社区环境治理压力巨大

环境问题是农村社区治理面临的一项重要挑战。农村社区与城市社区不同，城市社区主要是居民的生活区域，而农村社区既是居民生活区域也是生产区域，两个方面的问题交织造成严重的环境治理问题。就生产区域而言，农村生产中的化肥农药问题，以及小作坊和私营企业的环境污染问题，变得日益严重。就生活区域而言，农村社区的环保设施本来就不够完善，在生活垃圾处理上的水平有限。这两方面的因素叠加，使农村社区环境治理的压力比城市社区更大。

（六）社区服务需要进一步扩展

完善农村社区公共服务是农村社区治理的重要内容，目前全国各地的农村社区治理中基本上都把公共服务设施建设放在重要位置，有效地推动了城乡公共服务均等化。但是农村社区服务开展在领域、内容上与城市社区服务相比仍然存在较大差距。特别是农村社区治理在一定范围内还存在着封闭性特征，受集体产权关系的影响，社区服务的受惠范围多是以本村庄的村民为主，在乡村人口流动快速发展的今天，服务范围的狭小限制了社区服务的开展效果，也造成社会不公。由基层政府提供的服务也存在着和居民实际需求不对应的问题，体现政府意志的服务供给不能与村民多样化的需求相适应，由于缺少有效的途径和载体，农村社区居民还不能通过有效渠道表达服务需求，这就存在着服务资源利用效率低的问题。

（七）法规和制度体系需要更加完善

法治方式和法治思维的运用是农村社区治理的重要保障。我国农村社区治理过程中一些重要的实践问题主要是通过政策和文件形式进行规定，但是专门针对农村社区治理的具体的、可操作的规定还不够完善。一些地区甚至还没有全面了解农村社区治理的本质内涵就开始了社区治理进程，以为农村社区治理无非是把村委会改名为居委会而已。缺少明确的制度化规定，使得农村社区治理在一定程度上存在盲目性和无序性。《中华人民共和国村民委员会组织法》等法律法规成为社区治理的重要依据，但也造成了用原有的制度和思路进行社区治理的弊端，使得社区治理的理念和实践脱节。

（八）社会参与和协同仍需加强

农村社区治理是社会建设的重要组成部分，与国家治理体系和治理能力现代化密切相关。目前农村社区治理中较为重视社会力量的参与和发挥居民自治功能，但是，社会力量的参与还只是处在政府的推动之下，农村基层社会之中缺少直接的推动力，农村社区居民也缺少参与的动力，参与缺少自发性变成一种基层政府的“邀请式”参与，社会参与中的政府的主导性太强，实际上还是传统的管理思维和方式在主导。而且，农村社区社会组织不发达，不能有效承担起较大范围和较复杂事务的管理。因此实现政府治理和居民自治有效衔接这一治理方向和目标还有相当距离。

（九）治理的社会基础仍显薄弱

农村社区治理与服务体制的更新，包括推动社会力量的参与和社区组织化过程，离不开良好的社会基础。农村社区治理中存在分散性和封闭性共存的特征，分散性是指村民个体之间的关系日益疏远，原有的连接方式和纽带逐渐失效，封闭性是指在既有集体产权关系的限制下，产权边界事实上成为农村社区的边界。这两种因素使得社区治理与服务开展过程中，缺少增加交往互动和主动参与的社会基础。政府转移到基层的一些公共服务职能缺少有效的承接主体，政府既不能不管又不能代管，从而陷入两难境地。如何重构一种农村社区居民间的有效连接方式，形成个体间的有效互动和沟通，这是推进社区治理面临的一个重大难题。

（十）行政化倾向需及时预防

农村社区治理出现行政化倾向与以下几种因素相关。一是村庄精英流失，村民自治缺少有领导力的带头人；二是村庄建设筹集资金能力不足，经济薄弱的村几乎完全依靠政府投入；三是以社区服务为主要内容的社区治理主要是基层政府进行资源投入和规划，村庄缺少主动性。在这样的状况下，农村社区治理中的行政性的力量在逐渐强化，虽然村民自治也在不断发展，村庄自组织能力也在不断提升，但是这只是进行纵向比较中的结果，如果横向上与政府的行政化力量比较，就会发现在社区治理中，社区居民自治的功能还有很大的发展空间，行政化的趋势有加强的势头。即使是一些村民的互助组织和协商议事组织的发展，也离不开基层政府的引导和支持。

五、我国农村社区治理的政策建议

（一）完善农村社会的治理结构

实现农村社会个体的再组织化，是农村社会治理的重要方面，也是国家治理的重要内容。这一过程与农村社会治理结构密不可分。治理的结构和方式在各个时期可能不同，但是达到农村社会的秩序形态的目标是相同的。近代以来，我国农村社会先后经历了社会建构（宗族政治）、行政建构（人民公社）、集体管理（村民自治）。当前的形势是，人口流动使农村的封闭性被打破、社会链接的伦理纽带失效，特别是利益关联弱化等，使原有模式依托的有效方式，即身份固化、资源控制等开始失效。这和城市社会中的单位制的解体过程是相似的。

村民委员会是村民自治制度的主要组织形式。村民委员会实际代行了村集体经济的管理职能，或者是混同或者是替代，导致村社合一。自治组织和经济组织的关系并没有理顺。村民委员会实际上承担着两种角色：一种是以集体经济为基础的集体经济组织，一种是以村民自治为基础的社会组织，并且后者是以前者为依托和联系的纽带。集体土地所有制决定了农村封闭式的管理模式。集体经济的存在和乡村社会的封闭的背景下，村委会能够承担起基本的社会管理的职能，但是在集体经济式微和农村人口的流动性大大增强的背景下，这种封闭性被打破，而带有封闭性特征的组织形态又无法实现开放式的管理，因此需要新的组织形式。新的组织形式能够包容超越集体经济边界和村庄边界乃至于户籍边界，需要能够吸纳各类主体的参与，共享社会成果和社会资源，提供公共物品和解决公共事务。

因为上述原因，原有的村民自治制度及其村民委员会的组织形式需要补充和完善，但也不能完全抛弃。集体土地所有制以及土地流转的普遍发展带来的农村地权关系的变化，仍然需要村委会这种组织进行管理和协调，发挥其经济组织的功能。但是其作为社会组织的功能却不可避免地要被逐渐弱化了，因为其无法完成开放式的管理和开放式的参与以及开放式的公共服务供给。在村民参与不再以土地关系为先决条件的前提下，农村的民主自治面临着调整。这种调整的过程是农村社会组织管理过程，从原来的经济组织和社会组织一体化的状态向社会组织和经济组织分离的状态转化。农村社区治理的重点是从原有的生产和生活共同体向现在的生活共同体转化，并以此带动新的农村基层社会秩序的生成，实现农村社会的再组织化。

（二）实现政经分离的优化治理

人民公社时期农村地区长期实行的是一种政治、经济、社会高度统一的社会管理模式；改革开放之后的村民自治制度也是以集体经济和集体土地所有制为基础的，是一种社会组织和经济管理合一的组织架构，作为民选产生的村委会直接掌握着集体经济收益的分配权和村庄公共事务的管理权。

加强农村社会治理面临的一个首要的问题就是领域分化，村民的经济生活和社会生活正在逐渐分开，按照传统的领域合一的治理方式通常会有失效的风险。处置村庄公共事务追求的是公益目标，处理经济事务追求的是利益目标，这种不同的目标导向难以通过一个组织实现。面对领域分化的现实，不能对应实现领域分化的治理，这是制约农村社区治理的难题之一，逐渐暴露出弊端。

农村社会治理政经不分的现状制约了社会流动。村民委员会虽然在提供公共服务上能力不足，但是毕竟拥有村庄集体资源分配的职责和权力，这使得村民即使是离乡之后仍可以从集体经济中获得利益分配，而不能不关注村集体经济。村民个体承包经营的土地、房产、宅基地等财产，村民个人无法自行处置，不能完全脱离集体组织的管理，农民甚至不能放弃自己的农民身份，因为一旦离开，各项经济权益随时消失。虽然从另一种意义上说是对农民的一种保护和保障，也是农村社会治理的弹性机制。但是在这种模式下，村民和村庄的连接不是积极的主动的，而是被动的消极的，无助于村民自治的发展和村民参与的完善。

农村社会治理政经不分的现状制约了集体经济的发展。目前从全国范围看，村庄集体经济本来发展就较差，还要关联较多的公共服务供给等职能，而且集体内部成员与集体经济组织间的关系是一种类似大锅饭的状态，这使得集体经济发展缺少动力。

农村社会治理政经不分的状况制约了村民自治的发展。村民自治实际上与集体土地所有制和集体经济是相联系的，因而导致村民自治存在明显的局限性和封闭性。大量已经不在村庄生产和生活的村民依然因为各种原因参与选举等事务，而外来村民因为地权关系等因素影响，难以全方位融入村庄生活，限制了村民自治的实践效果。而且外来村民和本地村民的区分还极容易导致双方的矛盾和冲突，加剧了治理的风险。因为外来村民不但不能行使民主权利，也无法享有相应的福利待遇，各种权益容易受到侵害时不能得到及时有效的维护，影响了基层治理的公正性。

农村社会领域和经济领域的治理基于领域分离的要求而逐渐分离，关键在于集体经济组织的逐步独立，这其中有一个核心环节就是村庄集体产权的股份制改革。只有对集体产权进行股份制改革，才能清晰划分经济管理和社会管理的边界。村民因其成员身份获得股权，村庄集体经济按照市场经济规律发展和完善。这时社会领域的治理就需要有新的制度载体来容纳，也就有了重建村庄管理方式的必要。这种村庄组织管理不涉及经济管理和集体利益分配的过程，是面向区域所有成员的社会事务进行管理的平台，有利于打破原有方式的封闭性实现治理过程的开放，进而有利于扩大居民交往和参与，共建和谐的社会生活共同体，也有利于推进人口流动和城乡融合发展。

（三）满足居民的公共服务需求

在城乡关系从城乡分离走向城乡融合发展和改变城乡二元结构实现城乡一体化发展的背景下，农村社区治理的一个重要的切入点就是实现城乡公共服务均等化。

村委会在土地关系变革的背景下，其职能更加倾向于集体经济分配和监管，公共服务供给方面的职能没有得到发展。在缺少集体经济的农村，村委会的地位和领导能力被弱化，更是无法承担起公共服务供给的职能。

要实现这一过程，就要从原有的村委会主导的农民自我服务向社会公共服务转变。原有的农村服务主要是基于“三提五统”的制度外筹资机制，完成基本的公共服务供给或者是在国家政策支持下实现某些特定的公共产品供给。目前国家加大了向农村地区的资源投入，这些过程需要新的载体和制度框架承接，因此完善农村社区公共服务供给就成为农村社区治理一项重要的工作。

农村社区治理以提高农村地区的公共服务水平为重要目标，农村社区服务的供给要努力实现多元化，政府要转换角色，前提是厘清农村社区服务的主体责任，将属于政府供给的内容明确由政府直接供给或以政府购买服务的方式进行供给；将属于农村社区组织的供给范畴的服务交还给社区组织，政府给予必要的支持。要引导社区组织围绕社区服务开展自治工作，将工作重点放在服务社区成员、提高服务质量上。

对于政府职能范畴内的公共服务，政府要强化供给，要培育农村社会组织，引导社会组织参与公共服务供给，要积极吸纳农村社区精英参与服务供给，发挥其个人能力和作用，加强农村社区相关人员的培训和指导，继续有效发挥大学生村官等外来力量的作用。农村社区服务过程中除了要着眼于打破城乡分治之外，更要打破村庄的封闭性，把村庄内的流动人口纳入服务对象的范畴，使农村社区所有居民都能享受到均等化的服务。

（四）实现农村社区内部的社会融合

居住环境的改变包括身份的改变都是外在的，市民化的过程离不开对新的身份的自我认同和对新的居住环境的适应。当农民不适应或不能很好地适应新的居住环境乃至产生缺乏归属感和对新的身份缺少认同时，这种身份的转化就是不彻底的，生活空间的城市化和心理上的乡村化的对立更容易引发矛盾。

村民对集体组织的认同主要是基于集体所有制下的利益联系，其实质是建立在利益依附关系的被动认同，不是主动选择的结果，甚至也无法选择。因此村民和集体组织的联系看似是紧密的，实际上是脆弱的。村民之间的联系也是建立在这种基础上的，甚至他们彼此间还缺少密切的经济联系，是一种纵向集体认同为主，横向个体认同为辅的链接机制。受集体经济的限制，这种关系认同具有极大的排他性和封闭性。当村民的利益关系突破村庄限制的时候，这种脆弱的认同很容易被打破。

经济关系单一背景下的农村社会利益关系很容易协调。受到村庄边界的分割，这种利益关系的矛盾状态被掩盖在村庄范围内，其后果和社会影响会被缩小。而且利益冲突和矛盾的根本在于村庄集体经济基础，这也限制了矛盾的升级和外化。但是随着农村产权关系的变化，农民经济来源更加多元，以及集体经济的变迁等因素，使农民个体间的利益关系更加复杂和多样，呈现出明显的异质性特点。农村个体间利益关系的不相容表现得愈加明显。村民委员会的机制容易协调的是基于集体土地关系上的利益关系，而对其他形式的利益矛盾缺少有效的对策。因此需要寻找新的制度平台，发现村庄内的共融利益，对利益差异进行协调，对利益冲突进行化解。

农村社区应该建设成为一种新的农村社会的融合机制，着眼于解决农民身份转换的认同问题、农民和集体组织关系与个体间关系问题、利益关系协调等问题。第一，农村社区应该成为推动农民身份转换、实现村民到市民变迁的推进平台，以其新的集体生活方式带动农民对新身份的认同。第二，农村社区应该积极增加村民间以及村民和社区组织之间的联系，以合作参与等方式增加村民的归属感和向心力。第三，要积极协调利益冲突和利益矛盾，在发展中缩小利益差距，实现利益关系的和谐。农村社区要成为农民利益表达的新载体，建设制度化、经常化的利益表达和沟通的通道。

（五）重构农村社会的公共性格局

农村社区具有社区的天然属性，成员间的地域联系和经济联系比较紧密，比城市社区具有更加强烈的认同感和归属感。但是随着时代的发展，这种属性也在逐渐消失，这个过程同时也伴随着村民公私意识的变迁和公共性格局的转换。农村社区治理是由村民共同体转向市民共同体、村落共同体转向社区共同体的过程。村落的消解过程也是有限公共性的瓦解过程，所以不仅仅是一个更新的过程也是一个重建的过程。这种转换是集体公共性向社会公共性的转换、封闭公共性向开放公共性的转换。

农村社区治理实际上顺应了社会共同体变迁的过程，这个过程是公共性扩展和转换的过程。农村传统的联结方式主要是基于血缘和地缘关系，集体经济的建立和发展主要也是基于这一关系而且强化了地域关系的封闭性特征，因此在集体组织的范围内呈现出一种依据村落成员身份的公共性格局，但是这种公共性格局的范围是有限的。随着农村社会经济的发展，村民的生产和生活方式发生了极大的变化，原有的社会联结方式被打破，使得这种有限的公共性形态也面临解体的风险。因此社区治理有一项重要的职能就是实现开放性重建。建设公共空间，突出公共性建设，因此才有公共投入和公共服务开展的合理性，才能建设共享的农村社会。

原有村庄范围内的成员利益划分和权利展现需要以成员身份为依据，这种身份的作用使得不具有该身份的村庄成员难以真正融入村庄和享受应有的福利资源，所以农村社区治理过程中要努力实现社区范围内人人都能平等共享发展成果，实现公平对待。这就要求在社区治理的过程中要逐步改革户籍制度、产权制度，使同一农村社区范围内的居民不因身份和户籍的不同而在权利上受到不同对待，使每个成员都享有参与社区治理的机会。

村民的经济理性替代了集体理性，村民行为越来越受到经济理性的影响。受到利益关系变化的影响，村级组织的权威性受到挑战，原来的集体用工制度瓦解，村民更多考虑个人利益，公共事务越来越没有人关心。这个过程就是社区公共性的变革和扩展的过程。社区公共性有三种实践维度：团体公共性、伦理公共性、参与公共性。治理理论在实践上依赖公共性实现方式的转型，从政府主导的团体和道德公共性转向参与公共性。农村社区治理在团体公共性上的互助和公助方式得到回归（互助社和公共服务），但是社区结构的个体化与社会价值的个体化，在公共意识和公共参与上，还是不足的。这将成为未来治理的重点。

（六）推进农村社区的文化建设

传统农村社会具有典型的熟人社会的特征。熟人社会中的伦理宗法关系具有调节人际关系的实际权力，而且是较为单一的方式。熟人社会的好处是易于形成公共舆论，发挥导向和约束作用，并且这种乡村内部的公共舆论对个体的生存产生直接的影响。但是现代社会中，传统农村社会维系人际关系的伦理因素在经过市场经济的解构后，越来越难以支撑社区治理的实践需求，社区治理急需的社会资本因素缺乏。

在市场意识和权利意识的结合下，人们的思维方式容易走向另一种极端，即个体主义和本位主义盛行，过度的个体化的思维不利于生活共同体的构建。这种情况下，加上传统伦理道德约束功能的失效和集体组织约束的失灵，村庄社会不断走向原子化、分散化。

因此文化重建就成为农村社区一项重要的治理内容。文化重建包括两个方面：一是糟粕文化的摒弃，二是优秀文化的张扬。传统乡村文化中，重视人治的因素，而缺少现代法治意识；敬畏权力的作用而缺少主体意识；遵循本位的原则而缺少平等观念。这些观念非常不利于村民自治的发展和社区治理的深入。

社区治理要解决文化基础问题。文化因素是一种重要的非正式制度，积极的社区文化对社区治理有着重要的促进、规范和引导作用。在社区治理中要重视价值观念、伦理规范、风俗习惯等的作用。这些文化因素反映着社区居民共同的价值观念、行为取向，对社区居民的行为具有普遍的规制作用，同时也是社区内聚力形成的重要因素，集体行动需要统一的规则，这些因素就起到了这样的作用；文化因素也是增进社区交往的重要条件，共同的文化基础有利于熟人社会的生成和信赖关系的实现，进而不断扩大人际关系网络的范围。

社区治理过程中要重视把文化因素的合理成分升华为显性的制度规范，这其中的重要方式就是对村规民约的重视。社区治理的发展以社区居民自治的深入为基础。村规民约是社区居民自治中自我管理、自我教育、自我服务、自我监督的重要依据，是治理社区的基本制度之一。

在乡土文化建设过程中要注意做好这些工作：一是要重视发挥农村精英的引导作用和示范作用，农村精英是农村文化建设的生力军，在农村社区治理中发挥着重要作用，而且农村精英本身就是农村文化的彰显者和体现者；二是要注重发挥文化的治理功能，乡村文化作用于社区治理的全过程，包括社区参与、居民自治等环节，特别是村规民约的制定和发挥作用等方面，要把文化建设和村庄管理的个体化内化相结合，发挥文化的引导的功能；三是要保护乡村文化的多样性，村庄的所处地域不同、历史传承不同、发展阶段不同，所呈现的文化特色具有很大差别，农村社区治理要结合实际、彰显特色，文化上的特色是重要的方面，不能抹杀和忽视文化特色。

（执笔人：孙宏伟）

参考文献：

[1] 杨炳珑，李有杰．“小村变大村”：一项改革解决了四个问题［J］．乡镇论坛，2018（09中）：18-19.

[2]［19］［22］［31］张竞．乡村治理之2018回眸［J］．乡镇论坛，2018（12上）：6-8.

[3] 熊波．村务监督遏制“群众身边的腐败”［J］．乡镇论坛，2018（09上）：17.

[4] 胡慧．高禹村：监理会发挥大作用［J］．乡镇论坛，2018（09上）：27.

[5] 邵远平．村民说事说通社情民意［J］．乡镇论坛，2018（09中）：21.

[6] 王玮，黎宁．寨卢村：积极探索村民自治的新路径［J］．乡镇论坛，2018（10上）：18.

[7] 万民浦．浦南镇打出“组合拳”规范村级权力运行［J］．乡镇论坛，2018（12上）：18.

[8] 张园．一条热线连千家［J］．乡镇论坛，2018（09上）：13.

[9] 左军．“农民书苑”乐农家［J］．乡镇论坛，2018（09下）：16.

[10] 杜丽丽．乡村文化焕发新气象［J］．乡镇论坛，2018（12下）：卷首．

[11] 参见乡镇论坛，2018（08下）：4.

[12]［13］参见乡镇论坛文化资讯，2018（12下）：5.

[14] 陈佳佳．群众参与走精细化自治之路［J］．乡镇论坛，2018（12上）：11.

[15] 施璐．浙江安吉发布全国首个乡村治理地方标准规范［J］．乡镇论坛，2018（10上）：27.

[16] 史英，王占新．“四化双评”提升服务效能［J］．乡镇论坛，2018（09上）：11.

[17] 吕德祥．乡村振兴的滨州实践［J］．乡镇论坛，2018（08上）：9-10.

[18] 杨炳珑，李有杰．博兴县：村民足不出户就能看村务［J］．乡镇论坛，2018（08上）：14.

［20］陈兴荣．村规民约成基层治理新动力［J］．乡镇论坛，2018（08 上）：14-20

［21］张碧宇．村史村规驱动助推脱贫攻坚［J］．乡镇论坛，2018（08 下）：6-7.

［23］袁旭辉．三治结合的龙游实践［J］．乡镇论坛，2018（09 上）：26.

［24］邱海鹰，邓艳．法治宣讲团盛夏送清凉［J］．乡镇论坛，2018（08 中）：33.

［25］参见“三农”数字回眸［J］．乡镇论坛，2018（12 中）：7.

［26］杨群义．激活土地资源助力乡村振兴［J］．乡镇论坛，2018（08 中）：22-23.

［27］鲍宝盆．“三三”工作法探索农村集体资产股份合作制改革［J］．乡镇论坛，2018（09 中）：22.

［28］潘忠勤．翁坪乡五措施推进危房改造工作［J］．乡镇论坛，2018（08 中）：28.

［29］王丽君．便民服务中心助力“一处跑　跑一次”［J］．乡镇论坛，2018（10 上）：21.

［30］刘义强．厘清乡（镇）村（居）权责边界　促进基层行政管理与群众自治的有机衔接和良性互动［J］．乡镇论坛，2018（12 上）：11-12.

［32］杨涛，吴韶栋．建设农村都市花园　打造宜居幸福刘岗［J］．乡镇论坛，2018（12 下）：12-13.

［33］杨涛，陶亚茹．黄龙镇开展清洁家园美化乡村活动［J］．乡镇论坛，2018（08 中）：28.

［34］乔连军．乡村环境治理的百日行动［J］．乡镇论坛，2018（10 中）：25.

［35］李井水．城乡环卫一体化带来乡村新貌［J］．乡镇论坛，2018（10 中）：26.

［36］杨晓东，李勇军．打好垃圾分类的“组合拳”［J］．乡镇论坛，2018（08 中）：26-27.

［37］张宝珠．“互联网+”让社区更美好［J］．乡镇论坛，2018（08 中）：1.

［38］王玮，黎宁．寨卢村：积极探索村民自治的新路径［J］．乡镇论坛，2018（10 上）：18.

［39］陈帅南，李军．网上监督让群众吃上“定心丸”［J］．乡镇论坛，2018（12

上）：11.

［40］李亚明．民风清家风正政风明［J］．乡镇论坛，2018（08下）：10-11.

［41］朱桢．口袋村嬗变首富村［J］．乡镇论坛，2018（10下）：6-9.

第二部分

分报告

农村社区党建分析

摘要：2018 年是全面贯彻落实党的十九大精神及实施乡村振兴战略的开局之年，我国农村社区党建工作取得了较大进展，党建创新引领作用进一步发挥，党建规范化、标准化、精准化加强，党员干部队伍建设日益强化。同时，农村社区党建实践独具特色，以党的组织力提升为重点，村“两委”换届选举与“村霸”治理相结合，党建服务更加精细化、精准化。然而，我国农村社区党建发展并不均衡，一些农村社区仍然存在着党组织建设薄弱，党建规范化、标准化、精准化程度不高，合作互动有限等问题。因此，要充分发挥农村社区党建引领作用，推进乡村振兴战略的有效实施及农村社区治理能力的提升，还需进一步加强党的组织、制度、平台、机制建设，提升党的组织力，推进党建规范化、标准化、常态化发展。

关键词：农村社区；社区党建；规范化；精准化

一、引言

随着农村社区治理实验区工作的逐步推进及乡村振兴战略的贯彻实施，农村社区亟须进一步加强党的建设，充分发挥党组织的领导核心作用及党员干部队伍的先锋模范作用，推进乡村振兴战略的有效实施及农村社区治理能力的提升。党的十九大报告提出，坚持党对一切工作的领导。在农村社区治理中，坚持党对一切工作的领导，就要突出农村社区党建的核心引领作用。然而，当前我国一些农村社区党建仍然存在党组织涣散、软弱、虚化、边缘化的现象，农村社区党建规范化、标准化、精准化及党建合作程度均有待提升。2018 年是全面贯彻党的十九大精神及实施乡村振兴战略的开局之年，农村社区党建要着力提升党建引领作用，加强党建规范化、标准化、精准化、常态化，推进乡村振兴及农村社区治理的提档升级。

二、实践进展

（一）农村社区党建创新引领作用逐渐加强

当前我国处于决胜全面建成小康社会的关键时期，一些农村社区的脱贫攻坚任务依然艰巨，而一些农村社区也需要继续探索社区治理的创新与转型。2018 年，我国多地农村社区党建的创新引领作用逐渐加强，积极推进田园综合体及脱贫攻坚工作的开展。浙江省台州市路桥区以党建阵地引领打造田园综合体，以团属阵地全面激发田园综合体的生机活力，在党建引领田园综合体建设的过程中融入团的力量，吸引青年人才回归乡村，从而带动农村社区产业振兴、文化振兴和生态振兴。路桥区目前已经建成 50 个农村党建示范点，党建引领已初具规模[1]。农村社区党建扶贫工作开展中，为破解农村无职党员管理难题，重庆市开州区为农村无职党员设岗定责，探索创新出“设岗定责+量化考核+结果激励”工作链，充分发挥农村无职党员在党建扶贫中的先锋模范作用，目前已有 534 个行政村（社区）16375 名无职党员积极参与其中[2]。贵州省盘州市淤泥彝族乡岩博村联村党委坚持以抓党建引领产业发展为核心，发挥村企联建联村党委的组织优势，创新党员管理“双向进入”机制；整合各村资源，推进村级产业发展；动员群众入股，抱团发展，让贫困村蜕变为富裕村[3]。

（二）农村社区党建呈现规范化标准化趋势

随着全面从严治党向农村基层党组织延伸，为进一步贯彻落实全面从严治党要求，农村社区党建日趋规范化、严格化、标准化。浙江省湖州市规范提升村级党群服务中心，制定出台《党群服务中心建设市级标准》，以标准化推动农村党建阵地建设规范化。同时，深入实施“领头雁工程”，推动村党组织书记综合素质能力提升，成为美丽乡村带头人。全面实行村干部集中办公、坐班值班制度，为群众提供便捷服务[4]。河南省焦作市城乡一体化示范区以“六个过硬”（党建标识过硬、服务阵地过硬、功能场所过硬、村容村貌过硬、特色场所过硬、文明创建过硬）为标准，打造基层党建精品工程，通过10个党建品牌村的建设，让群众对基层党建评价有了“最硬标准”。并通过逐村观摩，促进基层党建特色规范；强化绩效考核，发挥基层党建堡垒作用；提升基层党组织的公信力、影响力，让乡村治理逐渐强化[5]。陕西省长武县农村社区党建引领脱贫攻坚中，通过队伍建设“列标”，组织生活“定标”，阵地打造“立标”，集体经济“对标”，明确党建工作的各项标准，使农村社区党建明确建设方向，有步骤、有目标地推进农村社区党建工作。同时，制定了《长武县村级党组织标准化建设考核评价指标》，明确了“七个标准化”110条具体指标，以清单形式列出组织生活考核标准、评价方式和具体分值，为基层党组织开展组织生活提供明确的指标[6]。

（三）农村社区党员干部队伍建设日益加强

农村社区党员干部是农村社区治理的“领头雁”，党员干部队伍建设的好坏，直接关系到党在群众中的威信和地位，也影响着乡村振兴战略的实施和推进。各地农村社区党建中，都重视加强党员干部队伍建设，涉及村“两委”换届、村级后备干部选拔及村党员干部培训等。湖北省广水市为进一步优化村干部队伍结构，充实村级后备干部人才库，奠定村“两委”换届的坚实基础，积极探索公开招考村级后备干部模式。通过考试，公开公平公正地确定村级后备干部，从制度上解决村“两委”素质不高、青黄不接及“裙带”关系、“暗箱”操作等问题[7]。湖北省咸宁市2018年从复转军人、外出务工经商人员、回乡大中专毕业生、机关事业单位干部四个领域中，择优选聘1000人到村（社区）工作[8]。河南省洛阳市2018年“定制”村党组织书记培训计划，不断提升优化村党组织书记队伍整体素质；建立一批务实管用的村干部示范教育基地，提升村干部综合素质和致富带富能力[9]。四川省仁寿县针对部分村（社区）党组织书记信息技术运用能力不能适应工作需要的实际，依托农民夜校场所、设备、师资等资源，集中利用一段时间，对全县村（社区）党组织书记进行信息技术“扫盲”，着力打造一支“能打字会制表、能拍照会上网、能聊 QQ 会用微信、能传文件会下资料”的“四能四会”型队伍[10]。

三、实践特色

（一）以农村社区党的组织力提升为重点

党的十九大报告提出，着力解决一些基层党组织弱化、虚化、边缘化问题。2018 年我国各地农村社区党建着力加强党组织建设，积极发挥党组织的领导核心作用，加强农村社区党组织建设，以提升组织力为重点，开展了形式多样的党组织建设模式。山东省邹城市在农村社区党建中，强化基层组织建设，实施“融入式党建”创新工程，党建融入发展，推行村级党组织和党员星级化管理；组织融入区域，建立了跨村居的区域性党组织，创新“红色共建圈”“区域党建联盟”等工作模式；党员融入群众，扎实推进“党建示范片区”建设[11]。贵州省黔西县为创新新时代党的农村基层组织建设工作，提升基层党组织的组织力，探索构建“党建+感恩讲习”“党建+能人治村”“党建+村办企业”“党建+创业带富”“党建+乡村振兴”“党建+群团建设”“党建+主题社区”和“党建+分类管理”的“党建 8+”体系，切实发挥基层党组织的统揽作用，推动新时代党的基层组织建设[12]。浙江省杭州市余杭区着力加强村级党组织建设，将农村二级党支部直接建在网格上，全区 183 个建制村共建立网格支部 1557 个，形成“纵向到底、横向到边”的基层党组织体系，推进了党建全覆盖[13]。

（二）村“两委”换届选举与“村霸”治理相结合

2018 年，我国多地农村社区进行了村“两委”换届选举工作，在强调村换届选举工作规范性、程序性、纪律性的同时，结合扫黑除恶专项斗争，更加重视对“村霸”问题的治理。西藏自治区农村社区党建把整治“村霸”“蝇贪”等问题作为开展换届选举工作的前置程序，坚持先整顿再换届、整顿不好不换届。研究制定《全区村（居）组织换届选举工作意见》，明确人选条件标准，列出“负面清单”，明确告诉党员群众选什么样的人、不选什么样的人，坚决防止“村霸”等不符合条件的人进入村“两委”班子。制订工作预案，对参与或指使他人以暴力、威胁、欺骗、贿赂等手段，以及利用宗族宗教势力等妨碍换届选举的，发现一起、查处一起、通报一起；对黑恶势力、敌对势力干扰破坏选举的，坚决依法打击，绝不手软[14]。安徽省怀宁县村（社区）在“两委”换届选举准备工作中，严把资格审查关，结合开展扫黑除恶专项斗争，深入开展“村霸”问题专项治理，防止“村霸”等不符合条件的人进入村“两委”班子[15]。

（三）农村社区党建服务更加精细化、精准化

随着农村社区经济的发展及居民生活水平的不断提高，农村社区居民阶层分化日益明显，社区居民的服务需求逐渐多样化、层次化、个性化。同时，当前我国农村社区的治理环境发生了重大变化，如农村青壮年人口大量外流，农村“三留守”群体日益增多，这就要求农村社区服务供给更加精细化、精准化，更加贴合农村社区居民的实际需求。2018 年，各地农村社区在党建服务中，更加重视党建服务的精细化、精准化。浙江省长兴县虹星桥镇港口村实施党员“1+2+X”网格化管理，每名党员帮扶 2 名重点人员（残疾人、低保户或者重病者），联系 1 片农户（10—15 户），明确划分党员责任的同时，也使党建服务更加精细化，更加贴合农村社区居民的实际需求[16]。为做好社区老年人、少年儿童、困难群众的服务工作，山东省招远市玲珑镇吕格庄社区成立了以党员、团员、社区工作人员为主体的金色童年、白衣天使、夕阳红等 7 支社区志愿者队伍，经常性地开展社区老年人、少年儿童、困难群众志愿服务工作[17]。为实现精准“一对一”关护，凤山村以“党建带关建”为抓手，联合开展“大手拉小手”活动、“太阳花”帮扶行动，动员退休党员教师参与“1+1、N+1”结对帮

教活动。同时，鼓励多名爱心志愿者担任“代理家长”，使留守儿童找到家的温暖[18]。

四、实践短板

改革开放40年来，我国农村社区的整体面貌发生了巨大变化，农村社区政治、经济、文化、社会、生态环境都有了较大改善，取得了较大成就。但由于我国地域辽阔，区域之间发展不均衡的问题日渐突出。农村社区党建面临的实际情况存在较大差异，一些农村社区党建工作日渐完善，已然走在不断探索创新的道路，而一些农村社区党建的工作重点依然是脱贫攻坚。因而，就整体而言，尽管2018年我国农村社区党建取得了一定成效，但一些农村社区党建仍然存在党组织建设薄弱、规范化标准化不够、服务精准度不高、合作互动不足等问题。

（一）农村社区党组织建设仍显薄弱

党的十九大报告指出，着力解决一些基层党组织弱化、虚化、边缘化问题。随着现代化、工业化、城市化的不断发展，农村青壮年人口大量流入城市，从而造成一些农村社区出现严重的“空心化”现象，这些农村社区的党组织建设弱化、虚化、边缘化问题尤为突出。首先，农村社区党组织领导核心作用发挥不充分。党的十九大报告强调，坚持党对一切工作的领导，农村社区党组织作为农村社区治理的领导核心，对社区政治、经济、文化、社会、生态环境等各项事务具有领导作用。但在实践中，一些农村社区党组织或缺乏党建引领意识，或没有强有力的领导班子成员，或资源整合、链接能力不足，党组织在农村社区治理中的领导核心作用发挥不充分，甚至逐渐被虚化、边缘化。其次，农村社区党员干部队伍建设不足。“空心化”的农村社区面临着青壮年党员外流，农村社区“三留守”群体增多的问题。村党组织领导干部多由年龄较大的老党员担任，知识文化水平、专业技能及眼界视野有限，不能充分发挥农村社区党组织的战斗堡垒作用。加之，农村社区青壮年大量外流，农村社区村级后备人才缺乏，导致农村社区党组织建设缺乏人才支撑，严重弱化了农村社区党组织的党员发展。最后，流动党员教育管理难。农村社区青壮年党员大量外流，给农村社区党组织的党员教育管理工作带来了较大难度，党员组织生活参与、投票选举、党员先锋模范作用发挥都受到了较大影响。尽管一些农村社区借助 QQ、微信、智慧党建平台等新技术新媒体对流动党员进行教育管理，但仍然存在流动党员监督不到位、先锋模范作用发挥有限等问题，流动党员教育管理落实难，加重了农村社区党组织建设的虚化现象。

（二）农村社区党建规范化还需加强

2018 年，一些农村社区党建逐渐规范化、严格化、标准化，明确了党组织建设规章制度和各项工作标准，严格设立考核指标，并按指标进行严格考评，激发了农村社区党建创先争优的热情，进一步推进了农村社区全面从严治党的贯彻落实。但也应看到，一些农村社区党建仍然存在党组织涣散、党员纪律性不强、党建标准模糊等问题。首先，党组织制度落实难。如对“三会一课”“支部主题党日”等制度的贯彻落实重视不够，一些农村社区党组织或开展活动次数达不到要求，或不注重活动效果，“走过场”等，未起到教育管理的示范引领作用。同时，在党组织对党员的考核和党员对支委的民主评议方面，由于农村社区是乡土社会、熟人社会，基于宗族、亲戚、熟人等人情、面子关系，考核、评议往往较为宽松，甚至流于形式。其次，党建活动开展难。一些农村社区党员干部多为兼职，除担任社区党组织职务之外，往往有自己的主业，对党组织活动开展重视不够。同时，由于流动党员多在外务工或经商，而留在社区的只有少数年龄较大的老党员，组织党员开展活动难。最后，党建标准化落实难。农村社区党建标准化需要制定党建的各项实施细则，并明确了相关标准及相应考核评估指标，有利于推进农村社区党建的规范化。但各地农村社区实际情况差异较大，很难用统一的标准进行管理，如果按照统一标准进行管理，一些基础条件较差的农村社区达不到要求，而基础条件较好的农村社区则存在一定程度的资源浪费。如一些农村社区党建工作中要求实行干部坐班制，的确为村民办事提供了一定便利，但事实上，来办事的村民并不多，一定程度上造成了资源的浪费。因此，尽管农村社区党建标准化是推进党建规范化、贯彻落实全面从严治党的重要举措，但也要根据农村社区的实际情况，制定合理标准。

（三）农村社区党建服务精准化有待提高

随着农村社区居民生活水平的不断提高，农村阶层分化现象也日渐凸显，处于不同阶层的农村社区居民对社区服务的内容、质量、方式的要求也不尽相同，农村社区居民社区服务需求呈现多样化、层次化、个性化的趋势。然而，我国一些农村社区党建服务存在供需脱节，同质性较强，个性化、精准化程度不高的问题。首先，农村社区“三留守”群体关爱服务较少。长期以来，农村社区党建服务对象多为生活困难群体、高龄老人、孤寡老人等，而较少关注农村“三留守”群体，没有为其提供长期性、精准化的服务。自党的十九大报告提出健全农村留守儿童和妇女、老年人关爱服务体系后，农村社区党建逐渐重视为农村“三留守”群体提供关爱服务。其次，党建服务供需脱节。农村社区居民的服务需求日益多样化、层次化、个性化，但农村社区居民往往存在“搭便车”心理，大多不会主动向社区党组织表达自己的服务需求。农村社区党组织难以精准把握社区居民的服务需求，农村社区党组织通常根据乡镇政府的工作安排和社区的资源情况确定党建服务内容，从而一定程度上影响了党建服务精准化的实现。最后，党建服务精准化能力有待提升。农村社区居民的服务需求是多样化、差异化、个性化的，而农村社区党建服务的经费、人员、场所等资源却是有限的。农村社区党建服务要精准覆盖全体社区居民需要充足的人力、物力、财力的支撑。因此在农村社区集体经济普遍不景气的情况下，多数农村社区党建只能为“三留守”、鳏寡孤独、残疾人、低保困难户等特殊群体提供服务，或为全体社区居民提供短期性、基础性党建服务。

（四）农村社区党建合作互动相对不足

我国农村社区党建水平参差不齐，区域、城乡之间发展并不均衡，且合作互动相对不足。首先，区域之间党建互动合作不足。由于经济发展水平的差异，东部一些农村社区党建水平相对高于中西部一些农村社区，城市略高于农村。区域之间由于分属不同行政区划，政策环境差异和空间距离的存在增加了不同区域间农村社区党建合作互动的成本，而对口支援的农村社区党建相对有限，整体而言，我国区域间农村社区党建的合作互动相对不足。其次，城乡之间党建合作有限。由于长期存在的城乡二元社会体制，农村社区党建和城市社区党建分属不同的治理体系，城乡社区党建面对的治理环境不同，工作任务差异较大，交叉较少，缺乏合作互动的内在动力机制，使城乡社区党建的合作互动较少。最后，农村社区党建的合作能力有限。农村社区党组织作为农村社区的领导核心，需要进一步加强与多方主体的合作互动，凝聚内部力量、链接外部资源，推进农村社区党建合作能力的提升。然而一些农村社区党组织由于自身组织软弱涣散，不能充分凝聚农村社区经济组织、驻村单位、党员、返乡创业人员、退伍军人、退休教师、留守妇女等社区内生力量参与社区治理。在与政府、企事业单位、社会组织、志愿者等社区外部力量互动合作方面，由于农村社区党建相对封闭，缺乏积极对外合作的意识及链接外部资源的途径。

五、对策建议

进入中国特色社会主义新时代，继续推进脱贫攻坚，贯彻落实乡村振兴战略，夺取全面建成小康社会的胜利，还需进一步加强农村社区党建的引领作用，发挥党组织的战斗堡垒作用及党员的先锋模范作用。为此，要加强党的组织建设、制度建设、平台建设及机制建设，提升党的组织力，推进党建规范化、标准化、精准化、常态化。

（一）加强党的组织建设，着力提升党建组织力

农村社区党组织是农村社区治理的领导核心，对农村社区治理及乡村振兴战略的实施起着关键的领导作用。农村社区党建中，坚持党对一切工作的领导，必须进一步加强农村社区党组织建设，着力解决一些党组织弱化、虚化、边缘化的问题，提升党组织的组织力。首先，加强村级党组织

干部队伍建设。村级党员干部是农村社区的“领头雁”，其素质能力对农村社区治理起着举足轻重的作用，要以提升村级党员干部的综合素质能力为抓手，推进党组织的组织力提升。因此，在村级党组织换届选举中要优先将综合素质高、德才兼备的优秀人才选入村级党组织，有条件的农村社区还可通过公开招考的方式面向社会招考村级党员干部。同时要进一步强化农村社区党组织成员综合素质能力的教育培训，增强其党性修养、服务意识、管理能力。其次，创新党员教育管理。农村社区流动党员及无职党员的教育管理难题一定程度上造成了农村社区党组织的虚化现象。因此，要创新流动党员及无职党员的教育管理，进一步借助QQ、微信、智慧党建云平台等新媒体，加强流动党员的教育管理。对农村社区无职党员的管理，可以借鉴推广重庆市开州区无职党员“设岗定责+量化考核+结果激励”的管理方式，发挥农村社区无职党员的先锋模范作用。最后，充分发挥党组织的领导核心作用。农村社区党组织是农村社区的领导核心，坚持党对一切工作的领导，就要在农村社区各项事务治理中突出党组织的党建引领作用，改变一些农村社区党组织边缘化的问题。因此，农村社区党组织要积极发挥在农村社区治理及乡村振兴中的引领作用，如党团融合共建“田园综合体”，党建与脱贫攻坚深度融合，党建引领乡村振兴等。

（二）健全党的制度建设，推进党建制度规范化

无规矩不成方圆，进入法治社会，任何组织和个人的行为都离不开规章制度的约束和规范。贯彻落实全面从严治党的要求，解决农村社区党建中存在的党组织涣散、党员纪律性不强、党建标准模糊等问题，还需进一步健全完善党的制度建设，并严格予以贯彻落实。首先，严格落实党组织制度。贯彻落实“三会一课”制度，充分发挥“三会一课”对农村社区党组织的制度规范及党员教育管理作用，并做好相关台账工作，在制度允许的范围内予以公开，接受广大党员和群众的监督。党员干部考核评估方面，要严格相关纪律，开展党组织内部监督与群众监督相结合的方式，并积极同其他农村社区党组织进行交叉互评，减少人情面子等因素的影响。其次，创新党组织活动形式。开展党组织活动是推动党组织制度贯彻落

实、促进党员学习教育、提升素质能力的重要方式。一些党组织活动之所以干部组织及党员参与积极性较低，是因为活动内容、形式僵化，实用性差，对党员吸引力不大。因此，要创新形式开展贴合党员群众实际需要的活动。如利用互联网、智能手机 App、智慧党建云平台向党员群众开展就业技能培训、健康养生保健、文化娱乐服务等活动。最后，推进党建制度标准化。农村社区党组织制度的有效贯彻落实需要制定明确的实施细则及操作标准，并制定相应的考核指标，使农村社区党建明确方向目标，进而助推党建规范化建设。如河南省焦作市农村党建的“六个过硬”及陕西省咸阳市长武县村级党组织标准化建设考核中的“七个标准化”110 条具体指标。

（三）完善智慧党建平台，推进党建服务精准化

随着农村社区互联网、智能手机等信息技术的逐渐普及，物联网、大数据、云计算等信息技术产品的推广运用及农村社区光纤、宽带等信息化设施的发展为推进农村社区党建服务信息化、便利化、精准化奠定了基础。一些农村社区已经建立智慧党建平台，社区党员及群众足不出户便能通过智慧党建平台开展党组织活动、学习党建知识、享受党建服务，社区外出经商务工的流动党员也可以通过智慧党建平台进行教育管理。首先，要进一步加大资金投入，加强农村社区智慧党建平台的建设，扩大智慧党建平台的覆盖范围，使更多的农村社区党员和群众共享智慧党建平台的便捷服务。其次，摸清农村社区居民的服务需求，推进党建服务精准化。农村社区党员干部要深入调查走访，了解社区居民的服务需求，将社区居民的多样化服务需求分门别类予以量化统计，整合社区内外供给资源，将服务供给需求信息一并录入智慧党建平台，使党建服务供给和需求实现有效对接，促进党建服务的精准化。最后，加强农村社区党员干部及居民平台使用的教育培训。农村社区党员干部及村民大多文化知识水平较低，尤其是一些年龄较大的党员和村民，对信息化、智能化设备的使用不熟练，因此有必要积极组织村民专门开展智慧党建平台使用技巧的相关培训。同时，大学生村官、退休教师及社区年轻人可以积极充当志愿者，传授村民

掌握智慧党建平台的使用技巧，使其能熟练使用，精准表达自己的服务需求，共享社区党建便利化、精准化的服务。

（四）构建长效合作机制，促进党建合作常态化

农村社区党建工作的有效开展，不能仅仅依靠农村社区党组织自身的力量，还需要加强与不同地区农村社区、城市社区及企业、高校、社会组织、志愿者等社会力量的合作互动，凝聚社会力量，推进农村社区党建的纵深发展。首先，加强城乡社区党建的合作互动。在当前大力提倡城乡融合发展的背景下，需要进一步健全城乡社区党建合作共建机制，推进农村社区党建水平的提升。如内蒙古自治区呼和浩特市赛罕区委在城市基层党建党员干部“带头人”队伍建设中，组织一批农村社区党组织书记到城市社区挂职学习，建立“一对一”长期共建机制，开展学习联做、活动联办、服务联搞“三联活动”，推进城乡党建互动[19]。其次，加强区域之间农村社区党建的对口合作。与我国农村社区区域经济发展水平不均衡相对应，东部农村社区党建基础条件相对较好，党建发展水平相对较高，而中西部相对较弱。以建立对口合作关系的省市为依托，深化农村社区党建的合作互动，推进对口合作地区农村社区党建的创新升级。同时，积极开展跨区域的农村社区党建论坛，加强不同地区农村社区党建领域的经验交流，推进农村社区党建水平的提升。最后，加强农村社区党建与社会的合作互动。推进农村社区治理的全面升级，需要农村社区党建重视合作互动能力的提升。对内积极调动党员、返乡创业人员、退休教师、留守妇女等群体的积极性，整合社区内部资源，凝聚乡村振兴内生力量；对外积极开展与政府、企业、高校、城市社区的合作互动，链接外部资源，增进常态化合作互动。如安徽财经大学与凤阳县小岗村共建社区治理创新实验基地，安徽财经大学利用人才优势，为小岗村农村社区服务型党组织建设提供培训服务[20]。

（执笔人：何其芳）

参考文献：

[1] 陈静林．乡村振兴且看路桥青年担当［N］．中国社区报，2018-6-11（1）．

[2] 陆睿．设岗定责，聚合党建扶贫的无职党员“力量流”［J］．当代党员，2018（11）：34.

[3] 司顺来．昔日贫困村今朝换新颜［N］．中国社区报，2018-6-15（4）．

[4] 张竞．湖州：乡村振兴战略引领基层治理创新［J］．乡镇论坛，2018（06）：10.

[5] 郭树勋．“六个过硬”提升基层党建公信力［N］．焦作日报，2018-8-27（5）．

[6] 李亚斌．长武“四标协同”抓党建助力脱贫“摘帽”［N］．咸阳日报，2018-4-2（2）．

[7] 广水市公开招考村级后备干部［J］．乡镇论坛，2018（07）：19.

[8] 咸宁市出台“村（社区）干部培养选聘千人计划”［N］．中国社区报，2018-5-4（2）．

[9] 李梦龙．我市出台加强农村基层党建“二十条”［N］．洛阳日报，2018-3-2（1）．

[10] 潘建勇．田间地头学技术脱贫增收添动能［N］．中国社区报，2018-5-25（1）．

[11] 孙超．农村社区治理的邹城实践［N］．中国社区报，2018-5-10（3）．

[12] 熊礼富．“党建8+”完成新时代基层组织建设全覆盖［N］．中国社区报，2018-6-1（3）．

[13] 顾颖振．“四共”促民生倾力打造幸福农村社区［N］．中国社区报，2018-5-4（3）．

[14] 索朗洛果．西藏自治区：健全制度提升社区治理能力［N］．中国社区报，2018-5-11（3）．

[15] 杨结宝．怀宁县做好村（社区）“两委”换届准备工作［J］．乡镇论坛，2018（06）：23.

[16] 林健．四个抓好将农村党员管理落到实处［N］．中国社区报，2018-4-13（3）．

[17] 曹传柳．建设“四型社区”打造村民满意的幸福家园［N］．中国社区报，2018-5-3（3）．

［18］张贵才．留守儿童找到了“家”［N］．中国社区报，2018-6-1（3）．

［19］李岚，李有杰．赛罕区：打造新时代“红色头雁”队伍［N］．中国社区报，2018-6-1（4）．

［20］韩延龙．安徽财经大学与凤阳县小岗村共建社区治理创新实验基地［N］．中国社区报，2018-6-21（2）．

农村社区村民自治分析

摘要：2018 年是我国村民自治制度建立的“而立之年”。党的十九大以来，在坚定不移地坚持和推进村民自治制度不动摇，全面实现依法管理、民主治村的理念指导下，我国农村社区村民自治领域呈现出一系列新趋势、新动向。主要包括：基层党组织发挥了引领农村社区村民自治的核心作用，农村基层民主发展进一步夯实了我国民主政治的基础，农村基层自治的法治性增强，农村基层治理效率进一步提升。

关键词：村民自治；基层民主；民主政治；治理效率

一、引言

2018 年，作为中国特色社会主义基本制度之一的村民自治制度已“三十而立”。1987 年，全国人大常委会颁布了《中华人民共和国村民委员会组织法（试行）》，在村委会组织法的规范和指导下，30 年来我国农村基层民主政治蓬勃发展。特别是党的十九大以来，在坚定不移地坚持和推进村民自治制度不动摇，全面实现依法管理、民主治村的理念指导下，我国农村社区村民自治领域呈现出一系列新趋势、新动向。地方改革实践与创新经验的不断涌现把我国村民自治推向一个新的发展阶段，造就和培养了一代又一代懂民主、懂法治、依法管理、依法治村的新型农民。

民政部《2017 年社会服务发展统计公报》显示，截至 2017 年底，基层群众性自治组织共计 66.1 万个。其中村委会 55.4 万个，比上年下降 0.9%；村民小组 439.7 万个，村委会成员 224.3 万人，比上年下降 0.5%；

居委会10.6万个，比上年增长3.1%；居民小组137.1万个，居委会成员56.5万人，比上年增长4.7%。全年共有18.2万个村（居）委会完成选举，参与选举的村（居）民登记数为2.4亿人，参与投票人数为2.1亿人[1]。

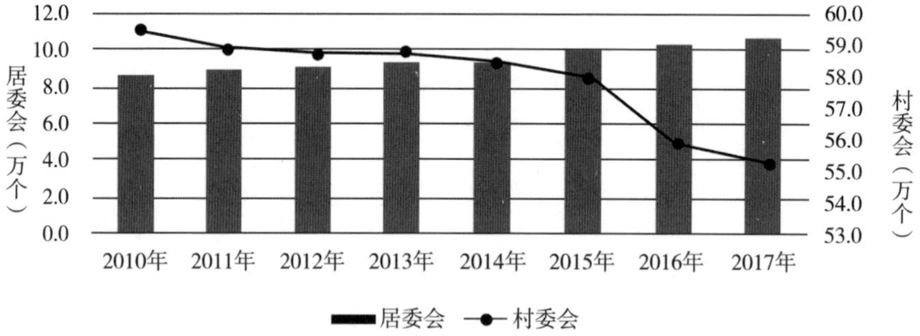

图1　我国农村基层自治组织整体情况

资料来源：民政部《2017年社会服务发展统计公报》。

表1　农村基层自治组织数量

单位：万个

指　标	2010年	2011年	2012年	2013年	2014年	2015年	2016年	2017年
居委会	8.7	8.9	9.1	9.5	9.7	10.0	10.3	10.6
村委会	59.5	59.0	58.8	58.9	58.5	58.1	55.9	55.4

资料来源：民政部《2017年社会服务发展统计公报》。

2018年中央一号文件《关于实施乡村振兴战略的意见》明确提出，“乡村振兴，治理有效是基础”。村民自治是将村民委员会建设纳入法制化、制度化轨道，坚持“村民自治、直接民主、由民做主、党的领导”四个原则；按照“民主选举、民主决策、民主管理、民主监督”的要求，达到“自我管理、自我教育、自我服务”的目标。当下，中国农村村民自治具有下移、回归和扩展三个特点，表明村民自治正以新的方式、新的内容、新的载体在发展。与此同时，“互联网+”、新农村建设、农村产权改革、精准扶贫等政策的实施多层次拓展了村民自治的内容，全面推动村民自治进入新阶段。

回顾2018年我国村民自治取得的成效，主要可以归纳为四个方面：一是基层党组织在引领村民自治方面起到了核心作用；二是推动了农村基层民主发展，夯实了我国民主政治的基础；三是增强了农村基层自治的法治性；四是提高了农村基层治理的效率，解决了很多村庄治理的难题。此外，村民自治也有效推动了农村物质文明、精神文明和政治文明的稳步发展，促进农村社会和谐稳定，改善了农村基层的政治生态。

二、实践进展

村民自治组织发展的整体情况如下。

（一）基层党组织引领村民自治发展

基层党组织是联系党和群众的纽带，担负着基层社会治理的重要任务。在基层治理中，充分发挥基层党组织作用，提升基层治理效率，是全面建成小康社会的重要举措。新时代推动基层治理进一步发展，要构筑以基层党组织为核心，人民群众广泛参与的现代化治理格局。2018 年 5 月，习近平总书记在中央全面深化改革委员会第三次会议上提出："基层党组织作为基层治理的主体，必须勇于承担责任，直面时代挑战，强化基层治理创新，提升基层治理效率与质量。"因此，新时代必须正确认识基层党组织在农村基层治理中的地位与作用[2]。

2018 年，村民自治在基层党组织的引领下取得了发展和进步。安徽省全椒县为解决农村基层党建队伍不强、村民组作用弱化、治理能力薄弱等问题，在石沛镇大季村开展以村民小组或自然村为基本单元的村民自治试点工作，组建村民理事会，重新划定党小组，形成村党总支领导、村民委员会指导、村民理事会搭台、村民广泛参与的农村基层治理新格局。在组建村民理事会时，同步成立理事会党小组，11 个理事会中设立党小组 14 个，覆盖 33 个村民组。通过"理事会成员与党小组交叉任职，党员进入理事会"等方式，全面加强党对村民理事会的领导[3]。

（二）农村基层协商民主进一步发展

习近平总书记指出，坚持把国家层面的民主制度同基层民主制度有机结合起来，符合我国国情，集中体现了中国特色社会主义的特点和优势，是中国发展进步的根本保障。党的十九大报告强调要坚持和完善基层群众自治制度，健全民主制度，丰富民主形式，拓宽民主渠道，保证人民当家做主落实到国家政治生活和社会生活之中。以村民自治为主要载体的农村基层民主，是中国特色社会主义民主政治的重要组成部分。十九大报告同时指出，要发挥社会主义协商民主的重要作用。有事好商量，众人的事情由众人商量，是人民民主的真谛。

2018 年，我国农村社区基层协商民主取得了一定程度的新进展。山东省济宁市经济开发区选择疃里镇大王庄村为第一批城乡社区协商工作试点村。大王庄村充分发挥民主协商议事会和乡贤参事会的作用，不断推进农村社区协商制度化、规范化和程序化进程，取得了良好效果。在原有村务监督委员会、党员代表会议、村民代表会议等传统组织机构的基础上，相继成立了民主协商议事会、乡贤参事会等，建立村级重大事项社区协商制度，畅通了与村民的沟通渠道规范机制；村党支部还根据年度工作重点，将协商内容分为“三类”，即表决类、恳谈类、通报类，促使民主协商体系不断完善；为了提升农村社区服务水平，注重树立乡贤形象，创新和发展乡贤文化，大王庄村还成立了 7 人组成的民主协商议事会和 20 人组成的乡贤参事会，让乡贤助力社区协商工作[4]。

华中师范大学中国农村问题研究中心在 2018 年开展的第三期村治社会实验“南农实验”的结果也表明，把传统宗族理事会和村民议事会结合起来，建立村民理事会，讨论、商议、参与村庄公共事务，有助于农村社区基层协商民主。广东省蕉岭县广福镇广育村把村民理事会制度下移至村民小组，建立了 17 个村民理事会。在村党支部的领导下，村民理事会多渠道筹资、组织召开乡贤座谈会、动员群众投工投劳参与村庄各项建设，在村庄治理和公共设施建设中发挥了突出的作用。结合党的十九大精神，广育村尝试把理事会、监事会、议事会等制度整合为协商议事会制度，制定了协商议事会章程。2018 年 3 月 23 日，村“两委”班子将村民理事会成员、监事会成员和村民代表共 53 人召集起来，召开了第一届协商议事会，讨论通过了广育村的生活垃圾处理实施新方案[5]。

（三）村民自治与农村治理法治化进程更加融合

党的十九大报告提出，“加强农村基层基础工作，健全自治、法治、德治相结合的乡村治理体系”。2018 年中央一号文件《关于实施乡村振兴战略的意见》明确提出，“乡村振兴，治理有效是基础”，“坚持法治为本，树立依法治理理念”。法治建设的根基在基层、薄弱区域在乡村。建设法治乡村正是实施乡村振兴战略的有力抓手，而以法治保障乡村有效治理，正成为夯实基层基础的固本良策。

2018 年，农村治理法治化水平的提高为村民自治发展提供了重要保障。浙江省天台县白鹤镇根据当地的历史传统、风土民情、纠纷矛盾情况等因素，白鹤镇人民调解委员会建立了和合调解工作室，形成了调解须知、调解流程、工作职责等具体工作程序，通过人民调解员（评选金牌和首席调解员，充分利用各种乡村能人）建立公共法律服务工作制度（有记录本），有理有力地化解了各种矛盾纠纷。此外，有的村还建有“法律超市”，为村民提供各种法律知识；有的村还组织各种培训和评比。浙江省衢州市以法治为本，创建民主法治村（社区）。通过开展“南孔圣地，法治有礼”小故事搜集活动，衢州市将现代的基层社会治理融入更多的历史底蕴，提高群众法治文化的认同感和参与度；通过建立法治学校、法治宣传栏、法治书架、法治文化点、公共法律服务点、人民调解室、法治微信群等法治阵地，充分发挥农村文化礼堂作用，形成立体化法治文化宣传阵地。衢州市加强队伍建设，培育一批以村（社区）干部为重点的“法治带头人”，挖掘一批具有法律知识背景的党员、村（居）民代表等“法律明白人”，打造一支良好的基层法治人才队伍[6]。

（四）村民自治提高农村基层治理的效率

我国传统的大国治理总体上是简约和粗放的，自 2015 年的党的十八届五中全会提出了社会治理精细化的方向以来，意味着我国的社会治理正从简约治理或粗放治理向精细化治理转型。习近平总书记提出“城市管理要像绣花一样精细”，同理，乡村社会治理现代化也需要精细。治理效率是治理精细化的核心指标，而提升治理效率的主要路径在于基层治理能力的提高。

2018 年以来，在“互联网+”的发展背景下，互联网不仅挑战了乡村的传统权威，也对乡村的治理思维和村民自治——行使民主权利，提供了技术上的便利，从而有效提高了农村基层治理的效率。首先，互联网正在改变农民获取公共信息的途径，对农村干部的公共信息垄断地位将形成挑战。例如国家发布的政策文件，尤其是与农民直接相关的支农惠农政策和精准扶贫政策等，过去需要仰赖政府一级一级传递，最后才为农民所知晓和熟悉；但互联网技术的发展可使农民及时获取信息。其次，互联网进入乡村社会对农民实施自治、行使民主权利提供技术上的便利，实现从被动的参与者向主动的参与者角色转变。如在市场化环境下，农民的大量流动使得村民自治的民主选举、民主决策、民主管理和民主监督都缺乏主体参与：一是在村者的“失语”，二是不在村者的“缺语”，这严重影响了村民自治的效能。手机、互联网等现代通信手段改变了人与人之间的沟通方式，联结在村者与不在村者之间的信息途径日趋丰富[7]。

三、实践特色

（一）坚持重心下移，构建乡村治理新模式

2018 年以来，各地不断创新乡村“微观治理”结构，推动基层党组织重心、村民自治和公共服务重心下移。在不改变村现行行政体系的前提下，按照“因地制宜、有利发展、群众自愿、便于组织、规模适度”的原则，规范村民理事会建设，实现村民自我管理、自我教育、自我服务、自我约束。探索建立“四议两公开一监督”民主决策机制，实现党心和民意的有效连接，乡村治理有效机制逐步建立。为探索缩小自治单元，广东省

清远市按照便于群众自治、有利于经济发展和社会治理的原则，选择连州市九陂镇、英德市西牛镇、佛冈县石角镇3个试点镇，在片区下以1个或若干村民小组（自然村）为单位设立村委会，开展村民自治，把党支部、村委会、村民理事会等设置重心下移至村民小组（自然村）一级[8]。村民自治重心下移至村民小组一级，缩小了村民自治的范围和层级，使村民小组（自然村）成为乡村自治的主体，实现了乡村共同体的重构，从根本上夯实了村民自治的社会基础。一些过去需要政府大量投入、强力推动的工作，变成群众自己的事，村民参与村庄建设的热情高涨。

（二）强化服务功能，构建村民自治新机制

2018年，村民自治在强化服务功能方面不断探索，并取得了一定成效。2018年，广东省清远市在行政村（社区）一级建立了1092个公共服务站。各地村级服务站共为群众代办服务34.01万件，群众满意率99.79%。切实解决了群众“办事难”“购销难”等问题，打通了服务群众“最后一公里”。安徽省全椒县村民理事会围绕基层党建、产业发展、村庄治理、调解维权、文明创建、脱贫攻坚等开展服务，建立“两会三公开一报告”制度，即村民理事会商议、村民（代表）会议决议，决议结果、实施方案、办理结果向群众公开，重大事项向村“两委”报告，确保理事会制度完善、运行规范。采取群众测评、村委考评、支部评议等“三方考评”方式，每半年对理事会及其成员进行评议考核，评定等次，以保证服务质量。

（三）激发“村民自治”，构建共享美丽新农村

习近平总书记在党的十九大报告中提道：“要坚持农业农村优先发展，按照产业兴旺、生态宜居、乡风文明、治理有效、生活富裕的总要求，建立健全城乡融合发展体制机制和政策体系，加快推进农业农村现代化。”如何发动群众、激发群众建设新农村的内生动力？其根本是村民自治。2018年，村民自治在美丽新农村建设中也发挥了举足轻重的作用。广东省丰顺县以村民自治为核心，通过党组织推动、党员干部带头、村民理事会等方

式，全民动员，深入开展环境综合整治活动。此外，丰顺县通过落实领导挂钩联系工作责任制度，县、镇领导挂钩联系到村，实现三级联动，加强组织领导、统筹协调、督促检查。通过“政府主导，农民主体，共建共享”扎实推进美丽乡村建设工作[9]。

四、实践短板

尽管2018年我国在农村社区村民自治建设方面发展迅速，取得了一定成效，但仍存在一定的短板。这些短板有些是“遗留问题”，有些是随着社会经济建设不断发展而产生的“新挑战”。

（一）农村村民自治的“遗留短板”

从客观上来说，2018年我国农村社区村民自治仍存在如下的“遗留短板”。

第一，对于自治，部分老百姓参与热情不高。以村委会选举为例，尽管村民总体上对村委会选举持认同的态度，但在选举实践中，村民一定程度上存在漠不关心或者无所谓的态度，积极性不高。

第二，“两委”关系上，基层党组织在农村社区自治中的作用仍有待加强。依照村民委员会组织法规定：中国共产党在农村的基层组织，按照《中国共产党章程》进行工作，发挥领导核心作用；依照宪法和法律，支持和保障村民开展自治活动、直接行使民主权利。但实践中，在村民自治选举获得群众支持的村委会通常难以与上级任命的村党组织建立良好的合作关系，党组织在村民自治中发挥的核心领导作用仍需进一步加强。

第三，政社关系上，出现村委会事务多、检查评比多、会议台账多、不合理证明多等问题。

第四，自治质量上，村委会在更新治理理念、创新服务方式、拓宽服务领域、强化服务功能等方面意识有待加强，在促进政务、村务公开，推进基层民主建设方面手段缺乏。如很多村庄以公开栏作为村务公开的唯一方式，而现代信息传播媒介（如互联网）形式几乎没有采用。此外，部分地区还存在村务公开次数较少、公开内容有限等问题。

第五，“五个民主”的发展中，除了民主选举得到较好的施行外，其他的民主决策、民主管理、民主协商，尤其是民主监督滞后，导致“选时有民主，选完没民主”，引发的村“两委”腐败和村民上访现象比较突出。

（二）农村村民自治的“新挑战”

随着社会经济建设的不断发展，我国农村社区居民自治也面临着“新挑战”，具体包括以下方面。

1. 人才“空心化”的挑战

在城镇化进程的加速推进过程中，我国农村逐渐出现了“空心化”现象，这种空心化不仅包含政治、经济、文化，也体现在基层治理方面。最直接的表现是，农村大部分青壮年劳动力外流使农村丧失了大量的精英力量，村民参与自治力度不够。《中国农村发展报告（2018）》也指出，当前我国乡村人才存在总量不足、结构不合理、整体素质偏低、激励保障机制不健全、投入不足、流失严重等问题[10]。因此，如何进一步扩大村民自治平台，提高村民自治参与度，发现和培育新生力量，成为目前我国提高农村基层治理水平、提升村民自治质量的重点工作，也是难点工作。

2. “互联网+”时代的挑战

以互联网技术为核心的信息网络化发展，不仅创新了社会治理的思路与方式，为社会治理提供了便捷的渠道和广泛参与的平台，也给传统的乡村治理模式带来了挑战。在“互联网+”的时代大背景下，客观上要求传统的乡村基层治理必须引入互联网思维，对接“互联网+”的社会治理模式。但我国多数农村经济、文化发展落后的现状决定了互联网治理模式在乡村社会的实施将任重道远。一方面，囿于部分农村的硬件条件、技术条件、村民文化素质等因素——客观上存在着“信息鸿沟”，导致基层政府的社会治理并没有发挥出应有的功能和作用，增加了管理成本。另一方面，由于村民的文化水平、参与素质及民主法制意识存在差别，其参与网络活动特别是涉及公共事件及村级事务管理时，就有可能出现非理性甚至非法参与的“无序参与”。这种无序参与网络的活动和行为，会引发一些基层社会问题甚至影响到乡村社会的稳定，增加了乡村治理的复杂性[11]。

五、对策建议

要使基层政府的治理能力与农村自治力量达到更有效“配合”，应对人才空心化和“互联网+”的挑战，在实践中弱化“短板”，使自治更具可操作性、实效性，基层要着力健全“五个民主”，协调发展机制，将选举、决策、执行、监督流程落实到位，责任分工落实到位。同时，要培育村民自治素养、增强村级组织的服务功能以及优化村级组织结构，使制度、组织和人才协同配合。

（一）充分发挥村民自治的作用，调动村民自治的积极性

可按照因地制宜的原则，探索既不违背自治原则又能体现各地特点的实践方式。国家应从法律和政策上鼓励各地立足于本地具体情况，创新基层治理机制。与此同时，要进一步加强制度建设，推进村民自治的法制化、规范化。民主的推进必须与法律化、制度化相匹配。目前，以“五个民主”为基本内容的村民自治制度的主体框架已基本建立，但发展不够平衡，缺乏具体规范和实施办法的支撑和保证。必须花大力气建立完善具体的制度，细致地进行一系列技术性和程序性设计，促使整个制度相互配套衔接，发挥出最佳效应，真正使村民自治步入法制化、规范化的轨道。

（二）准确定位村民自治的职能与权责，改善村民自治的环境

从国家层面上进一步细化村民在选举过程中的选民资格问题，制定严格村民自治议事程序规则，解决村民自治过程中由谁启动决策程序、谁享有决策权、谁享有决策的执行权、事后谁享有执行的监督权等一系列问题。此外，正确处理乡镇政府与村委会、村党组织与村委会的关系，使之协调有序运转也至关重要。现阶段，我国农村社会管理体制是两种相对独立的权力，即乡镇政府的行政管理权和村民自治权并存，二者运行方式存在差别，应当进行适当、有效的整合。乡镇政府对村民委员会的工作给予

指导、支持和帮助，但不得干预属于村民自治范围内的事项、不得侵占村级集体财产。同时，村委会应引导村民学会正确使用民主权利，自觉协助乡镇政府做好应由村委会承担的工作。村党组织具有领导核心地位，应支持和保障村民开展自治活动，直接行使民主权利。村委会也应自觉接受党的领导，在党的领导下组织村民自我管理、自我教育、自我服务。

（三）优化和提升基层党组织的领导力，为乡村发展提供内生动力

第一，要维护村民委员会、农村集体经济组织和合作经济组织的特别法人地位和权利，理顺村党组织、村民委员会、村团支部、村妇代会、新社会组织和新经济组织的关系，着力破解党组织弱化、虚化、边缘化的问题。第二，要改革和创新村“两委”选人用人机制，选优配强村党组织书记，打造一支强有力的村支书队伍，使之在乡村振兴中发挥应有的作用。与此同时，完善对村“两委”成员的激励和约束机制，加快创新村党组织领导下的村民自治机制。第三，各类组织必须在党组织领导下充分发挥各自的管理和服务职能，扩大村民间的合作广度和深度。在基层党组织的领导下，坚持不懈地推动基层组织变革与创新，构建村民广泛合作机制，为乡村振兴凝聚合作动力。

（四）增强村民民主法制意识，加强村务监督

首先，明确村务监督委员会的职责，包括对村级各项管理制度情况实行监督，列席涉及群众利益的重要村务会议，对村事务、财务公开清单和报账前的凭证进行审核，对不按村务管理制度规定作出的决定或决策提出废止建议等。其次，明确监督内容，包括村干部勤政廉洁情况、村务决策和公开情况、村级财产管理情况、村工程项目建设情况、惠农政策措施落实情况、农村精神文明建设情况和其他应当监督的事项等。此外，为增强村务监督委员会履职能力，应不断促进村务公开工作经常化、制度化、规范化，提升乡村治理水平。

（五）培育“新农人”与村民自治素养，应对空心化

事实上，在我国许多乡村中还活跃着一群“能人”，他们和村“两委”主要成员共同构成了乡村的精英群体。这些地方精英多是在农村转型发展过程中成长起来的有文化、懂经营的农业生产者和经营者，可称之为“新农人”。毋庸置疑，“新农人”在现代乡村治理体系中发挥着带头作用。因而，应对人才流失的空心化问题，应立足农村现有人才，重点培育“新农人”，增强“新农人”职业荣誉感；通过分类培育乡村人才，创新人才培养方式，建立人才发展规划，重点发挥高等院校、科研院所人才培育功能，发挥人才带动作用，发挥农民主体作用。此外，在培育农村精英群体的同时，也要注重培育村民自治素养。可因地制宜设置村史陈列、非物质文化遗产等特色文化展示设施，突出乡土特色、地方特色。既从中国优秀传统文化中汲取基层社会治理养分，又将社会主义核心价值观融入村规民约，重视发挥道德教化作用，培养具有公共精神的新型村（社区）居民。

（六）建设乡村公共服务综合信息平台村，助力村民自治与智慧乡村建设

村“两委”干部要适应信息化建设与发展的形势，紧跟互联网、物联网、云计算等新一代信息技术发展的潮流，逐渐培养互联网思维。与此同时，应创新治理手段、改进治理方式，探索实施互联网治理与村级数据治理模式，提升服务能力。为实现上述目标，首要的是积极参与乡村公共服务综合信息平台建设，助推“网络问村政”机制的构建与运行。依托乡村公共服务综合信息平台建设，可以及时收集村民意见和建议、发布信息和公开村务、简化办事程序。通过信息平台的运行与维护，逐渐实现乡村社会和上级相关部门之间数据互联互通和共享共用，并能够形成、汇集起完整、准确的民生大数据，供乡镇政府及相关部门分析研判，以提供决策咨询和制定政策参考，实现基层社会治理与服务的精准化。在此基础上，进一步发展农村电子商务，推动乡村医疗、养老、公共服务等设备设施的智能化，循序渐进地推进智慧乡村建设。

综上，随着我国乡村社会城镇化进程的加快，农村的经济社会结构正

在发生深刻的变化。乡村的建设、治理与稳定直接影响着整个社会的有序运行与稳定。村民自治是当代中国一场宏大的民主实验，由社会自主产生，国家予以确认并进一步推动。然而现实的中国乡村社会远比想象的复杂，村民自治实践的推进需要在国家决策、地方治理和农民需求之间寻找平衡点。

（执笔人：满小欧）

参考文献：

［1］民政部.2017年社会服务发展统计公报［R］.http：//219.216.82.193/cache/13/03/www.mca.gov.cn/5d498012c784cd09727421bbbd6c0256/201708021607.pdf.

［2］人民论坛.基层党组织如何引领基层治理［EB/OL］.http：//mini.eastday.com/a/180930155550108.html［2018-09-30］.

［3］安徽先锋网.以党建引领村民自治新模式［EB/OL］.http：//www.sohu.com/a/244831810_391423.［2018-08-02］.

［4］山东省济宁市民政局.协商新机制激发社区活力［J］.乡镇论坛，2018（04）：12.

［5］马华.村治实验——中国农村基层民主的发展样态及逻辑［J］.中国社会科学，2018（05）.

［6］孙培军.实现基层治理的自治、法治和德治有机统一［J］.乡镇论坛，2018（04）：17-18.

［7］孙斐娟，刘义强.互联网时代的乡村治理：影响与趋势［J］.乡镇论坛，2018（04）：4-16.

［8］南方网.清远市推进“三个重心下移”，构建乡村治理有效机制“提事、议事、决事、执事”化解涉农矛盾［EB/OL］.http：//news.southcn.com/gd/content/2018-05/11/content_181826914.htm.

［9］马发洲.丰顺共建共享美丽乡村［N］.南方日报，2017-2-15.

［10］中国社会科学院农村发展研究所.中国农村发展报告（2018）［R］.https：//finance.ifeng.com/a/20180725/16405836_0.shtml.

［11］房正宏，王冲.互联网时代的乡村治理：变迁与挑战［J］.电子政务，2017（01）：24-31.

农村社区生产性服务进展分析

摘要：农村生产性服务既是开展农村其他生产性活动的基础，也是推动农业供给侧改革、实现乡村振兴的重要推动力。2018 年，我国各地农村生产性服务工作在国家的指导引领下取得了可喜的成就，在促进农民收入增加、构建现代农业体系、促进农村全面发展等方面作出了重要贡献。但是，我国农村生产性服务发展依然处于初期，在政策、人力、土地、资本、技术等方面还存在一些问题。为解决这些问题，我们必须作出针对性的调整，通过加大支持力度、不断总结经验、深化改革等方式促进农村生产性服务的发展。

关键词：农村生产性服务；服务模式；服务能力

一、引言

生产性服务业是指为生产者的生产经营活动提供中间性服务的知识或技术密集型服务部门与行业总称[1]。农村生产性服务业则是为农村生产提供的中间投入服务，旨在促进农村经济发展。具体来说，它主要是为农业生产提供一系列专业化服务，包括产前、产中和产后，贯穿农业生产的全过程。例如农村水利设施建设、道路建设、农产品市场流通服务、农村加工制造业服务、农业科技服务、农业金融服务等。发展农村生产性服务是实现农业现代化的必经之路，我国作为一个农业大国，必须通过提高农村生产性服务的质量保障农业稳定、健康发展。此外，发展农村生产性服务对农村脱贫致富也具有直接推动作用，并且它具备“造血”功能，是让农民走上可持续发展的道路而非暂时的脱贫，因此农村生产性服务应该成为精准扶贫和乡村振兴的一个重要抓手。

2017 年，农业部、国家发展改革委、财政部联合印发了《关于加快发展农业生产性服务业的指导意见》（以下简称《意见》），这是我国首个提出支持农业生产性服务的专门文件，对于加快发展农村生产性服务具有深刻的意义。《意见》指出要全面贯彻党的十八大和十八届三中、四中、五中、六中全会精神，深入贯彻习近平总书记系列重要讲话精神和治国理政新理念、新思想、新战略，牢固树立新发展理念，以服务农业农民为根本，以推进农业供给侧结构性改革为主线，以培育农业生产性服务战略性产业为目标，大力发展多元化、多层次、多类型的农业生产性服务，推动多种形式适度规模经营发展，带动更多农户进入现代农业发展轨道，全面推进现代农业建设。在此背景下，我国农村社区开始积极探索农业生产性服务的新道路，通过兴修农田水利设施、发展现代农业产业园、促进农产品升级、加大金融支持等一系列措施服务农村农业发展，对农村经济的发展和农业转型起到了重要的推动作用。但是，由于我国农村人口众多，发展状况也参差不齐，农村生产性服务在开展过程中还存在一些问题需要不断探索和改进，必须做好打“持久战”的准备，在实践中不断积累经验、不断创新。

二、实践进展

（一）农田水利设施建设力度加强，农村水利条件大大改善

一直以来，国家持续加强以农田水利为重点的农业基础设施建设力度，提高农业抵御自然灾害的能力。据水利部规划计划司统计，2018 年已安排中央预算内水利投资 869.8 亿元，其中重大水利工程 550 亿元，灾后水利薄弱环节建设（主要支流治理和重点区域排涝能力建设）118 亿元，农村饮水安全巩固提升 76.5 亿元，大型灌排泵站更新改造 7 亿元，中型水库等 63 亿元，大中型病险水库（闸）除险加固 26 亿元，水土保持及生态

修复17.7亿元，行业能力建设11.6亿元[2]。除水利设施建设外，习近平总书记近年来对水利工程管理也作出了重要指示，倡导水利工程管理标准化。对此，各地方政府纷纷贯彻习近平总书记的思想，不断探索农田水利工程管理的新模式，改变以往重建轻管的现象，切实提高水利设施利用率。对此，浙江水利系统可谓是全国农村水利工程管理的优良典范。近年来，浙江水利系统坚持建管并重的原则，通过完善标准和管理制度、厘清事权、落实责任、强化监管、推进“互联网+农村水利”等一系列措施切实推进农村水利工程标准化管理。国家对农田水利设施建设的投入是农业发展的重要保障，在提高灌溉效率、疏通河道、改造中低产田、抵御自然灾害等诸多方面都发挥着主导作用，有效弥补了地方政府在财政、技术、资源、能力等方面的匮乏问题，有利于农业活动的正常进行以及进一步实现规模经营。

（二）农村道路建设日趋完善，基础设施更加健全

基础设施建设与居民的生活息息相关，是农村发展的基本一环。各地农村的基础设施建设主要是以道路修建为核心，同时又包括住房、用水等生活基础设施的完善。我们常说：“要致富，先修路。”这句话其实表达了交通的重要性，对于农村发展来说也是十分适用的。唯有把道路铺平，农村发展才能平稳前进。目前，我国的村村通目标已基本实现，农村道路建设已经日趋完善。2018年，改建农村公路20万公里、新增5000个建制村通硬化路，新增5000个建制村通客车[3]。江西省樟树市洲上乡2018年开展了完善设施，美化全村的活动。为打造绿色生态宜居村，实施改水、改厕、改房、改路的“四改”工程，严格按照城乡建设规划，统一制订改造方案和标准。2018年底，全村改水改厕510余户，危房加固改造220余户，修建村组公路39条，硬化村内巷道218条共28.12公里，村容村貌焕然一新，有效提升了群众生活质量，极大地提高了村民幸福指数[4]。重庆市2018年计划投资905亿元，重点聚焦推进“四好农村路”建设[5]。浙江省计划三年投资1000亿元，提升改造农村公路4万公里[6]。广西壮族自治区象州县按照“一村一社区”模式，细

化农村社区建设实施标准，通过“三个加强”，不断完善基础设施建设，为居民创造良好的生产生活环境，提升居民的幸福感。加强农村基础设施建设，整合各方力量，大力实施危房改造、安全饮水、村村通水泥路及农村电网改造升级工程，统筹推进扶贫开发、新农村建设、“美丽象州”和村镇生态文明建设[7]。

（三）农业机械化水平提高，农业生产条件进一步改善

随着社会发展和科学技术的进步，农业机械化已经成为农业发展的一个不可扭转的趋势，机械化水平的提高对改进农业生产方式、提高粮食产量、促进农业转型有着至关重要的影响。党的十八大以来，国家一直十分重视农业机械化的推广，在农机购置方面给予补贴，农机拥有量逐年提高，不仅极大地提高了农业劳动生产率，也逐步把农民从历史上“面朝黄土背朝天”的高强度农业生产劳动中解放了出来，显著改善了农业生产条件。党的十九大报告指出，建设现代农业与推广农业机械化的发展是当前振兴乡村战略的重要内容。现如今，农业机械化在全国各地正逐渐普及，各地通过改进农机补贴政策、农机培训以及农机维修服务等积极鼓励农业机械化的发展，不仅有效应对了由于农村劳动力流失造成的劳动力不足问题，还大大提升了农业作业效率。2018 年全国农机流通工作会议上，农业农村部农业机械化管理司副司长李安宁作了《凝心聚力，推动农业机械化转型升级》的报告。李安宁提出，当前我国农业机械化处于新旧动能转换的关键时期，与黄金十年相比，这一时期农业机械化的显著特点是向广度和深度发展，并向全程、全面、高质、高效转型[8]。上海市农委农机化办组织举办了 2018 年农机购置补贴政策实施培训会：一是介绍了新一轮农机购置补贴政策调整的背景、政策导向及调整重点；二是从补贴对象、补贴范围、产品资质、补贴申请、信息核实、实地核机、资金兑付等方面，详细阐述了农机购置补贴政策实施的职责分工、操作流程和监督管理；三是对国家农机购置补贴辅助管理系统进行了专题培训。山东金大丰公司与“农发贷”在兖州签订战略合作协议，实现双方平台资源整合，促进金大丰农机产品和农发贷融资产品的共同发展，以便更好地服务于农户、普惠

“三农”[9]。这些都展示出农业机械化发展环境在不断改善。

（四）农业创新型人才增加，农业科技贡献率提高

农业科技是农业发展的第一动力。党的十八大以来，国家强化农业科技创新驱动作用，加大以优良品种培育为重点的农业科技研究力度，生物育种、转基因新品种培育、重大动植物疫病流行规律和防控、农业遥感和信息化等领域不断取得突破；改革完善农业技术推广体系，大范围推广旱作节水、测土配方施肥、统防统治等先进适用农业技术，农业科技进步的作用日益彰显。农业技术的推广与国家的支持密不可分，包括资金、技术人员、信息等多方面的支持。我国坚持利于农业发展、因地制宜、尊重农民劳动者意愿，经济效益、社会效益、生态效益相结合等原则，鼓励和支持科技人员开发、推广应用先进的农业技术，鼓励和支持农业劳动者和农业生产经营组织应用先进的农业技术。越来越多的专业技术人员走进农村为农民提供良种繁育、施肥用料、病虫害防治、栽培和养殖等全方位的专业指导和教学服务，农民群众也积极配合、认真学习，这有利于农业技术的推广并保障农业技术切实转变为现实生产力，同时对提高粮食产量、保障国家粮食安全也具有深刻的战略性意义。2018 年 2 月下旬，正是“中国名柚之乡”重庆市梁平区的 13 万亩梁平柚树开展春季管理的有利时机。梁平区农委、区科协和各乡镇柚子专业合作社组织技术人员为柚农当起“科技家教”，指导柚农解决梁平柚树在春季管理中遇到的除草、翻土、修枝、施肥、杀虫等问题，让柚树发芽健壮、花蕾质量好，提高柚子的坐果率和品质，提升柚农种植柚子的效益[10]。除了注重引进专业技术人员外，农业技术进步的内生动力也逐渐增强，很多农民经过培训和学习，自身创新能力得到提升，为农业技术的进步作出重要贡献。安徽省决定从 2018 年到 2020 年培训农产品加工业人才、农村创新型人才、休闲农业和乡村旅游人才共计 4.2 万人，为实施乡村振兴战略提供强有力的人才支撑[11]。专业人才的引入必将成为农业创新发展的重要力量。

（五）新型经营主体开始涌现，农业生产规模化、专业化程度显著提升

农业规模化经营是农村生产性服务业发展的一个重要前提，同时规模

化经营的发展又会扩大农村对生产性服务业的需求。近几年来，新型经营主体在全国各地迅速涌现，农村规模化经营程度不断提高，第三次全国农业普查对农业经营主体的数量进行了统计，结果见表1。

表1　农业经营主体数量　　单位：万户、万个

	全国	东部地区	中部地区	西部地区	东北地区
农业经营户	20743	6479	6427	6647	1190
规模农业经营户	398	119	86	110	83
农业经营单位	204	69	56	62	17
农民合作社	91	32	27	22	10

注：农民合作社指以农业生产经营或服务为主的农民合作社。

资料来源：第三次全国农业普查结果。

当前，农村规模化经营的条件在逐步完善。一方面，农村土地制度的不断改革为集中土地、形成规模化经营创造了条件。目前，全国整省推进农村承包地确权登记颁证试点工作的省份已达28个，试点范围扩大至全国2718个县（区、市），3.3万个乡（镇），53.9万个建制村，实测承包土地面积15.2亿亩[12]。确权工作的开展对于规范土地流转市场活动、保障农民权益具有重要意义，将进一步促进土地流转市场的稳定发展，为土地聚集形成规模经营提供良好环境。党的十九大报告中明确提出，第二轮土地承包到期后再延长三十年，这更是为广大农民送上了一剂“定心丸”。另一方面，在国家政策的大力支持下，农村供销合作社、农民专业合作社、家庭农场、现代农业产业园等一大批新型经营主体在农村渐渐涌现，这些新型经营主体具有高度组织化、专业化的特征，是带动农村发展的新动力。江西省婺源县实施产业扶贫战略，小沱村在这一政策引领下成功将原有产业升级，带动了本村的发展。位于该村的天纯生态茶叶公司，流转有机茶园2000亩，采取“公司+合作社+农户”模式，和茶农签订4000亩茶园生产合同，实现单季制茶1000千克，解决了50多名村民的就业问题[13]。山东省印发《关于加快发展农业“新六产”的意见》（以下简称《意见》），提出包括加大信贷支持、扶持新型农业经营主体等在内的23

项政策措施，推进“新六产”发展。《意见》指出，在发展终端型、体验型、循环型、智慧型的农业新业态、新模式的同时，山东省将大力培育家庭农场、规范发展农民合作社、壮大龙头企业，完善农业社会化服务体系。《意见》提出到2020年全省建设农业“新六产”示范县50个，培育示范主体600家的目标[14]。

（六）农村信息服务机制逐步完善，农村电商发展取得新进展

农村信息服务主要是利用互联网和大数据等技术建立一个综合信息服务平台，以便于为农民及时有效提供关于农业生产、经营管理、销售等各方面的信息，让高新技术更好地服务于农民，推动农业现代化的进程。近年来，随着互联网和大数据技术的发展，农村信息基础建设在全国各地普遍开展，为农村信息服务发展搭建了重要平台，有力地推动了宽带网络在农村的广泛覆盖。随着信息化建设的推进，农村电商也逐步得到发展。农村电商大数据打开了农产品生产与消费真实对接的“一扇窗”。利用大数据进行农业生产经营与分析，可以使农业生产者和经营管理者更多地了解市场需求，进而开展有针对性的产品创新、流程简化、成本降低，并提升供给侧端的整体效益。政府能够从大数据分析中及时掌握市场形势，了解消费者需求，了解生产者变化，从而研究制定政策，选定农业政策工具以及应用时间，引导生产端的农户、企业、经营主体优化调整农业结构，精准助力农业供给侧结构性改革[15]。为贯彻落实乡村振兴战略，浙江省德清县开展了乡村振兴的“六村行动计划”，其中的一项内容就是推进信息化，建设“互联网+智慧乡村”。一是以农村电子商务发展带动“大众创业，万众创新”，建成淘宝“德清馆”农产品销售平台，大力培育电子商务特色村，全县建制村以淘宝商店和丰收驿站为主的电子商务平台全覆盖，完成农村电商服务站192家。二是推进“互联网+现代农业”，大力发展智慧农业。三是把互联网用于农村基层公共服务体系建设，着力创新机制、整合资源、完善程序、健全制度，努力打造“高效、快捷、便民”的新型乡村公共服务模式，实现各类服务“一卡通”[16]。村级电商服务站点村村全覆盖的目标，被写入《中共湖北省委、湖北省人民政府关于推进乡村振兴战

略实施的意见》，意见明确，湖北省将加快推进“互联网+”现代农业行动，大力实施农村电商工程，到2020年底实现快递物流、村级电商服务站点村村全覆盖，力争每个县建成1个电商产业园、培育1个以上电商小镇、10个电商特色村，全省农村电商销售额过千亿元[17]。

（七）农村金融服务业成为农村经济发展的重要支撑

仅凭国家财政的支持已经难以满足农村发展的需求，因此农村金融对农村经济的影响已越来越明显，并且二者呈现相互影响、相辅相成的趋势。自国家提出发展农村金融以来，农村金融服务业在探索中前进，农村金融服务点数量不断增加，新的发展思路也不断涌现，为农村经济发展作出了重要贡献。金融扶贫就是农村金融服务业创新发展的一个新模式，同时也是一种极具意义的创新扶贫方式。它不仅能够缓解贫困，更重要的是它为农民提供了发展生产所需的资金从而创造更多的财富，让扶贫资金的效益最大化，不仅实现了脱贫还大大促进了农村经济的发展，形成一种良性循环。2018年吉林省白山市聚焦金融创新、提升“‘三农’服务质量”，为农户及农业产业化龙头提供创新性、多层次的金融支持。截至4月末，白山市银行业金融机构涉农贷款余额213.17亿元，比上年同期增加29.1亿元，增长15.81%。白山市依据区域特色有重点地投入发放贷款，还创新了金融支农模式，推进互联网金融服务“三农”，有效促进了本地农村经济的发展。福建省银监局出台了《福建银行业服务乡村振兴战略行动计划》，就未来3年内持续完善农村金融体系、强化金融服务创新、增加乡村金融供给等对辖区内银行业金融机构提出要求。为提升金融服务水平、加快金融创新步伐，计划提出将通过实行差异化的服务定位，打造智能化的服务网点、构建线上化的服务网络来优化服务体系，在金融服务质量、配套、质效上多管齐下。未来3年内，福建银行业“线下”农村服务网点的“智能化”改造每年将增长10%以上，服务农村新业态、新模式、新主体的金融产品创新将达到100个以上[18]。

三、实践特色

（一）村委会服务能力更加凸显

为了响应国家号召，更好带动乡村发展，各地村委会不断加强学习，开拓思路，提供生产性服务的能力逐渐提升。村委会成员是当前提供农村生产性服务的一线人员，他们比较了解当地的发展情况以及村民的需求，能够因地制宜带领村民发展具有当地特色的新型产业，这种极具针对性的服务是农村生产发展所亟须的，对于整个农村产业发展具有深远意义。广西壮族自治区富川瑶族自治县新华乡在地方党委、政府的引领下，以建制村为抓手，以自然村为基本单元，通过合作社组织将村庄土地和剩余劳动力整合组织起来，利用村庄土地、劳动力和政策优势，与外来资本对接，发展适宜当地的种养殖业，走出了一条效率优先、兼顾保障的产业路子。近年来，四川省仁寿县坚持人才工作向中心聚焦、为大局聚力，培育懂技术、善经营、能示范的“田秀才”“土专家”，发挥生力军作用助力脱贫攻坚和乡村振兴；利用村“两委”换届契机，将乡土人才选入村“两委”班子或列为村级后备干部重点培养，搭建乡土人才参与村级事务管理平台[19]。这种做法对提升村委会服务能力具有明显的推动作用。

（二）服务模式更加多元化

农村生产性服务呈现出主体多元化、市场化的倾向，地方政府认识到自身力量的有限性，开始鼓励各类市场主体参与农村生产服务并积极优化社会主体参与社区生产服务的路径，提出诸如“公司+合作社+农户”的新型经营模式。农村生产性服务的市场化能够充分发挥各方力量的凝聚作用，大大提升了生产服务质量并且降低了经营风险，是一种值得借鉴推广的新型服务模式。贵州省提出“农文旅”一体化产业融合发展模式，引进一批科技人员、大中专毕业生、新型职业农民等领办农村合作社或家庭农场，力争发挥一、二、三产业融合发展的示范作用。甘肃省陇南市徽县伏家镇通过“党支部+合作社+农户”“公司+基地+农户”的产业扶贫模式，尤其是引导群众自愿将资金、资产、技术、劳动力等入股合作社，变成股东参与分红，真正形成了贫困户跟着经营主体走、经营主体带着贫困户跟着产业项目走、产业项目跟着市场需求走的产业扶贫新格局[20]。

（三）服务方式更加智慧化

随着“互联网+”的推广以及农村信息化建设的不断推进，农村生产性服务的智能化倾向也日益突出。很多地方政府积极构建农村电商平台及信息服务平台，互联网技术在农村生产领域的应用范围越来越广，这大大提升了农村生产性服务的服务领域和服务水平，而且智慧化的服务也更加精准化，是未来农村生产性服务的一个重要方向。湖北省于2018年提出力争三年内实现农村电商村级站点全覆盖的目标，大力推行“互联网+”现代农业行动，实施电商工程，力求利用电商发展带动乡村振兴。在黑龙江省，一些大型农场已经试点应用于北斗卫星的农机调度服务系统。在我国很多农村社区，通过室外大屏幕、手机终端等一些灵活便捷的信息传播工具向农户提供气象、灾害预警和公共信息服务，有效解决了“信息服务农民最后一公里”的问题。云计算、大数据技术推进了农业管理的数字化和现代化[21]。

四、实践短板

（一）发展状况不平衡

我国农村生产性服务还处于初级阶段，不论是区域还是服务领域都普遍存在发展不均衡的问题。首先，从区域发展状况来看，东部地区农村生产性服务状况总体上相对优于西部地区，这与地区的经济发展状况是密切相关的。其次，从服务领域看，农村生产性服务还不能覆盖生产的整个过程，服务体系不够完整。农村生产性服务大多集中在产前和产中阶段，而产后服务存在严重的滞后现象。具体而言，农村生产性服务的重点还是停留在基础设施建设、机械的使用、作物的种植培育等方面，相对而言，农产品流通服务、仓储服务、市场信息服务、农村金融服务等都还比较落后，随着社会的发展和现代农业发展的需要，这些领域正成为农村生产性服务发展的重中之重，如果不改变这种发展上的“倾斜”现象，将会在一定程度上限制农村经济的发展。

（二）政策支持力度不足

政策具有统筹全局、指引方向的重要作用。农村生产性服务也需要相应的政策作为发展的支撑，但是由于“生产性服务”这个概念较晚才被引入我国，农村生产性服务在我国的起步比较晚，经验也相对匮乏，因此与农村生产性服务相关的政策较少，现有的政策对于生产性服务的具体实施而言支持力度也明显不足。这使得农村生产性服务业的发展缺乏科学依据，发展动力不足，地方政府提供生产性服务的积极性也难以被完全激发。另外，由于缺乏一个统一完备的管理体系，农村生产性服务还没有形成一个规范的运作体系，管理相对混乱，这也是当前农村生产性服务相对滞后的一个重要原因。

（三）市场发育不成熟

目前，我国农村生产性服务的发展程度还较低，市场机制还不够完善。由于市场分工不明确，没有标准的竞争规范性体系，导致存在对服务资源的不正当竞争现象，市场秩序较为混乱。另外，受传统生产理念以及文化素质的限制，加之对农村生产性服务的了解不足，农民群众对发展生产性服务业的重要性还没有形成正确认识，对农村生产性服务的需求程度也比较低，这会进一步遏制农村生产性服务向专业化、规模化方向发展，导致其服务供给能力不足，长此以往，在供给和需求间形成了一个恶性循环。因此，如何刺激农民消费生产性服务需求的积极性是促进农村生产性服务业发展的一个关键变量，值得思考和探索。

（四）基础设施不完善

近年来，虽然国家增加了对农村生产性基础设施的投入，但是和发达国家相比其完善程度还有待提高。首先，道路建设方面，总的来看其覆盖率在逐年上升，但是在西部以及一些贫困的农村地区，交通设施仍然比较落后，严重阻碍了生产性活动的进行。其次，水利设施方面，一是使用率较低，很多地方政府盲目追求轰动效应，修建不符合当地实际状况的大型水利设施，或是缺少专业操作人员导致无法充分利用修建的农田水利设施；二是普遍存在重建轻管现象，地方政府普遍较为关注水利设施修建却忽略了设施的监管和维护，现有的水利设施基本上都是处于无人管理的状态。存在这一问题的原因，一方面是政府的监管意识较差，没有认识到设施监管的重要性；另一方面则是受到地方政府财政负担的束缚，专人监管就意味着政府要支付一定的报酬，显然，大部分政府部门不愿意付出相应的成本，至少他们认为这部分成本是可以省去的，因而就导致了监管的空缺。监管力度的不足不仅大大缩短了水利设施的使用寿命，还降低了水利设施对农业生产的贡献程度。再次，信息基础设施不健全。虽然互联网正逐渐在农村普及，但是通信、互联网技术还没有完全应用到农村生产性服务领域，信息服务平台、农产品电子商务平台等都还不成熟，信息化程度还比较低。据全国第三次农业普查结果显示，我国配有电子商务配送站点的农村仅达 25.1%，这对于农村电子商务的发展要求来说是远远不够的。最后，农业机械化水平亟须提升，农村机械拥有数量还有待提高，并且缺乏掌握相关机械操作技术的人员。我国农村机械化水平总体不高，区域之间因经济发展水平的差异，机械化水平也参差不齐。最主要的原因之一是我国农村土地碎片化现象比较严重，规模化程度不高，不利于机械化的推广。

（五）专业化程度较低

农村生产性服务业要发展就必须不断提升其专业化程度，这就涉及两个重要因素，即技术和人才。首先，技术是农村生产性服务业发展的第一动力，但我国农村科技水平普遍偏低，新型栽培技术、先进机器、互联网技术等在农村的推广速度慢、程度低，严重阻碍了生产性服务业的发展。其次，人才是农村生产性服务业发展的支撑，也是技术的载体。但是，人才稀缺却是如今农村发展的一个重要难题，由于农村待遇相比城市存在较大差距，越来越多的劳动力尤其是优秀劳动力从农村向城市转移，从事生产性服务的人员仍以村民和村“两委”成员为主，由于他们的文化层次普遍偏低，接受新事物较慢，对互联网操作技术掌握程度不高，已经越来越难以适应新型生产性服务的要求。农村生产性服务业专业人才的严重匮乏，导致新技术、新设备等无法在农村推广，影响了生产性服务质量的提高。

五、政策建议

（一）增加制度供给，让政策引领农村生产性服务发展

我国农村生产性服务发展进程缓慢的一个重要原因就是缺乏相关的配套政策，因此增加制度供给、加大政策支持力度对于农村生产来说是非常必要的。对于中央而言，要充分发挥顶层设计作用，多制定出台一些引领农村生产性服务发展的政策，统筹把握农村生产性服务业的发展。这些政策将成为农村生产性服务业发展的重要引领，使之有据可循，逐步走上规范化发展道路。同时，还应增加惠农政策的数量，鼓励支持农村大力发展生产性服务，引导和激励更多技术和人才走向农村，为农村发展作出更大贡献。对于地方政府而言，要在坚持国家相关政策的前提下，根据地方实际情况制定相应的具体发展政策。这主要是考虑到我国地域发展之间的差异性，农村生产性服务发展也要因地制宜。在经济发展水平相对较高的中部和东部农村应该在巩固基础设施建设的基础上逐渐将重点转向金融服务业、信息化建设、仓储服务、农产品流通等领域；而对于经济发展水平相对较低的西部农村地区还是应该着力加强交通、基础设施建设。此外，各地区还应该根据当地的气候、地势、资源等发展不同的特色产业。总之，政策的出台不仅能够统领农村生产性服务的发展，还能够增强人们发展农

村生产性服务的意识。

（二）全面完善农村生产性基础设施建设，为农村发展提供有力保障

基础设施是农村生产性服务发展的基础，鉴于当前我国农村生产性服务存在的问题，必须要坚持不懈地完善农村生产性基础设施建设，加大投资力度，为农村生产性发展提供基本保障。所谓全面，是指要把发展目光投向基础设施的建设、经营、管理、维护等各个方面，改变以往重建轻管的错误理念。首先，要加大对生产性基础设施的投入，为农业生产提供便利，尤其要把重点放在设施比较落后的贫困农村。其次，地方政府必须认识到管理维护设施的必要性，配备专门管理人员以负责设施的检查和维护，在设施出现问题时及时问责和维修，从而保证农业生产的正常进行，也可以延长设施的寿命和提高使用率。最后，政府还应该通过宣传教育等方式提高农民群众自觉维护设施的意识，形成共同享用、共同维护、共同担责的良好局面。

（三）倡导规模化经营，支持新型经营主体发展

规模化经营是扩大农村生产性服务需求，促进农村发展的一个必然选择，应当得到政府的鼓励和支持。为此，要继续在农村推进农村土地制度改革，主要是开展“三权分置”和土地确权登记颁证工作。通过土地制度改革来规范土地流转秩序，促进零碎土地的集中形成规模效应。规模经营不仅能形成新的产业优势，还有利于形成生产性服务需求。此外，政府还应该积极为农村新型经营主体创造优良的环境，让他们成为农村生产性服务发展的新动力，切实解决“谁来种地”的问题。政府应该全力支持农村供销合作社、农民专业合作社等新型经营主体的成立，为他们提供必要的空间和技术支持，还可以提供相应的补贴激励农民参与到这种新型合作社中。新型经营主体的出现一方面可以有力推动农业结构的升级转型，大大提升农业供给的质量，有利于农业供给侧改革的进行；另一方面还可以促进乡村产业的兴旺、推动农村经济的发展，而产业兴旺则是实现乡村振兴、推动农民走上脱贫致富道路的重要手段。

（四）加强专业人才的培养和引进，让技术助推农村生产性服务的发展

人才是发展农村生产性服务的核心力量，要想发展，政府就必须想方设法地引进人才、留住人才，组成专业化的生产性服务队伍来提高农村生产性服务的质量从而解决“如何种好地”的问题。必须要优化村干部队伍，通过提高村干部的福利和待遇或者采取一些鼓励性政策鼓励有知识、有能力的优秀青年进入服务队伍。引进人才的同时还要加强对原有成员的培训，提高他们对政策的理解能力和办事能力。深化户籍制度改革，增强城乡人才的流动性。人才的引进必将激发农村生产性服务发展的活力，一方面，人才能够带来先进的科学技术并且他们能够通过实地教学和指导将这些技术向广大农民群众普及，在提升农民群众知识水平的同时也让他们成为促进生产性服务发展的重要动力，扩大科学技术对农村生产性服务的积极外溢效应；另一方面，引进专业人才有利于提高农村生产性服务的质量，满足农民对生产性服务的多样需求。

（五）加快农村金融服务业的发展，为农村发展提供动能

当前，农村生产性服务发展的资金还没有得到充分保障，需要进一步深化农村金融体制改革。应该继续发挥农村信用合作社在农村金融服务中的主体作用，同时也要对其进行一定程度的改革，提高它的服务能力。农村生产性服务的发展需要大量的资金，仅凭农村信用社显然难以满足其需求，因此还必须寻求其他主体例如商业银行或企业的信贷支持，不断拓宽融资渠道。在这个过程中，政府要积极发挥示范引导作用，除了给予农村生产性服务直接的资金投入外，也要制定相关政策鼓励其他主体承担起促进农村经济发展的责任。在发展新型农村金融服务业时要强化政策导向，形成良性的激励机制。发挥国家优惠政策的引导和扶持作用，依托政府和市场的双重作用，紧密结合农村经济的特点和新农村建设的要求，制定促进新型农村金融服务业发展的相关制度、规则[22]。另外，还要完善保险体系，通过这种方式降低农业生产活动的风险，保障农民权益，让农民群众可以放心投入农业生产活动中。

（六）树立创新发展理念，充分运用互联网、大数据技术

发展农村生产性服务要始终坚持敢于创新的理念，勇于突破传统思想的束缚，大胆尝试新事物、开发新技术，让创新成为农村生产性服务发展的不竭动力。要鼓励大众创新、人人创新，在发展生产性服务的过程中要广听群众意见、集思广益，汲取群众的智慧，从而为农民群众提供更高质量的生产性服务。目前，互联网在各行各业的运用发展势头十分迅猛，农村地区也要充分发挥互联网、大数据技术在农业生产服务领域的作用，建立健全农产品电子商务平台、农村综合信息服务平台，并使之向着规模化、专业化方向发展。增强信息化服务，利用互联网为农民及时传递农业信息，让数据真正造福群众，让创新成为农村发展的一个重要引擎。

（执笔人：范　敏）

参考文献：

［1］张振刚，陈志明，胡琪玲．生产性服务业对制造业效率提升的影响研究［J］．科研管理，2014，35（01）：131-138.

［2］国家数据．水利规划计划简报［EB/OL］．http：//www. mwr. gov. cn/sj/tjgb/zysljstztjyb/201810/t20181030_ 1053847. html.

［3］三农点滴［J］．乡镇论坛，2018（02 上）：5.

［4］熊诚诚，陈磊．扮靓新村　把村民“推”上致富路［J］．乡镇论坛，2018（01 下）：15.

［5］三农点滴［J］．乡镇论坛，2018（05 上）：5.

［6］三农点滴［J］．乡镇论坛，2018（06 上）：5.

［7］莫益路．建设八好社区　提升农民幸福感［J］．乡镇论坛，2018（06 中）：26.

［8］党东民，朱礼好．推动农机化转型升级　2018 年全国农机流通工作会议在青岛召开［J］．农机质量与监督，2018（08）：14+19.

［9］资讯纵览［J］．农机质量与监督，2018（08）：48.

［10］刘辉．“科技家教”指导柚农开展柚树春管［J］．乡镇论坛，2018（03

中）：21.

［11］三农点滴［J］．乡镇论坛，2018（04 中）：5.

［12］三农点滴［J］．乡镇论坛，2018（01 上）：5.

［13］王国红，吕富来，等．喜看稻菽千重浪　产业致富显成效［J］．乡镇论坛，2018（01 上）：32.

［14］三农点滴［J］．乡镇论坛，2018（03 上）：4.

［15］三农点滴［J］．乡镇论坛，2018（08 上）：5.

［16］沈园．德清：乡村振兴的“六村行动计划”［J］．乡镇论坛，2018（05 下）：7.

［17］信息广场［J］．乡镇论坛，2018（05 中）：5.

［18］信息广场［J］．乡镇论坛，2018（03 中）：5.

［19］潘建勇，熊卓军．培育乡土人才　助力乡村振兴［J］．乡镇论坛，2018（05 上）：19.

［20］尹辉东．老钱赚钱有新路［J］．乡镇论坛，2018（07 上）：31.

［21］张雷．农村社区治理要插上智慧的翅膀［J］．乡镇论坛，2018（06 中）：20.

［22］张立华．新型农村金融服务业发展障碍与对策研究［J］．财会月刊，2011（06）：49-50.

农村社区生活性服务进展分析

摘要：农村社区治理实验区建设及乡村振兴战略的逐步推进，使政府公共服务日益向农村社区延伸，随着市场力量、社会力量在农村社区服务中的逐渐增强，2018 年我国农村社区生活性服务取得较大进展。农村社区生活性服务主体逐渐多元，服务设施逐年增加，服务方式不断创新，服务内容日益拓展。同时，农村社区生活性服务实践中，更加关注农村“三留守”群体服务、人居环境整治及信贷保险服务。但是，由于我国农村社区区域之间发展不平衡，社区生活性服务供给不足的整体情况尚未得到根本扭转，一些农村社区生活性服务仍然面临着主体参与有限、服务质量不高、服务设施不完善、服务方式传统僵化等问题。为此，要进一步完善顶层设计，推进社区生活性服务主体多元化；加强监督管理，提升社区生活性服务质量；加大资金投入，完善社区生活性服务设施；创新服务方式，推进社区生活性服务信息化，促进农村社区生活性服务有效供给的实现，满足农村社区居民的美好生活需要。

关键词：农村社区；生活性服务；有效供给

一、引言

农村社区服务是以政府引导支持，社会多方参与为主体，以农村社区设施为基础，以社区组织为基本力量，以社区成员为服务对象，以满足成员生产、生活所必需的基本公共服务、互助服务和市场服务为目标的服务[1]。农村社区生活性服务则是与农村社区居民生活密切相关的基本公共服务、便民利民服务、志愿互助服务，主要包括社区居民和家庭服务、健康服务、养老服务、体育服务、文化服务、出行服务、教育培训服务、居民住房服务、住宿餐饮服务及居民零售和互联网销售服务等。党的十九大报告指出，我国社会的主要矛盾是人民日益增长的美好生活需要和不平衡不充分的发展之间的矛盾。随着农村社区居民生活水平的不断提高，农村社区阶层分化日渐明显，社区居民对满足美好生活需要的生活性服务需求急剧增加，且呈现多样化、层次化、个性化的发展趋势。然而，由于城乡二元社会体制的长期存在，农村社区生活性服务供给长期滞后于城市，且质量水平不高，覆盖面不广。2018 年是乡村振兴战略实施的开局之年，乡村振兴离不开农村社区生活性服务业的振兴。充分满足农村社区居民的生活性服务需求，是推进城乡基本公共服务均等化、提高农村社区居民生活品质，增加农村社区居民生活幸福感、获得感，满足农村社区居民美好生活需要的重要举措。

二、实践进展

（一）农村社区生活性服务主体逐渐多元

随着农村社区治理试点工作的不断推进，政府公共服务逐渐向农村社区延伸。同时，农村社区治理中市场力量、社会力量参与的加强，使农村社区生活性服务的主体逐渐多元化。2018 年我国农村社区生活性服务实践中，社会组织、社工、志愿服务等主体参与增强，为农村社区居民提供了多样化的生活性服务，促进了农村社区居民生活性服务有效供给的实现。志愿服务方面，江西省吉安县敦厚镇罗家村成立了志愿者协会，通过在村中广泛开展扶贫济困、留守关爱、卫生整治、移风易俗、治安维稳等志愿服务活动，助力脱贫攻坚、丰富农民精神生活、维护社会治安稳定[2]。青海省开展 2018 年“阳光工程”青海省农村文化志愿者服务培训班，进一步提高文化志愿者的服务能力，更好地为农村社区居民提供全方位的文化服务[3]。社会组织方面，广东省珠海市金湾区所有村（居）均建有社会工作服务站，专业社会组织与社工进驻村（居）开展专业社会服务实现了农村地区专业社会工作的全覆盖；同时，村（居）社会服务站积极发展和链接志愿者力量参与农村社会服务，并为高校社工专业学生提供实践平台，推进“社工+志愿者”模式，增强了农村社区生活性服务的主体力量，使志愿者更好地参与到老年人服务、儿童及青少年教育辅导、农村健康医疗、困难群体救助等服务中，进一步增强服务合力[4]。

（二）农村社区生活性服务设施逐年增加

近年来，党和政府日益重视农村社区公共服务设施建设，加大了对农村社区公共服务设施建设的投入力度。截至 2017 年底，农村社区服务中心（站）覆盖率达 15.3%，2018 年第三季度，全国共有农村社区服务指导中心 19 个，农村社区服务中心 10111 个，农村社区服务站 76274 个[5]，覆盖范围进一步扩大。2018 年我国各地农村社区生活性服务实践中，重视农村社区居民出行服务、电子商务、文化体育等生活性服务设施的建设。2018 年上半年我国新改建农村公路 10.1 万公里[6]，积极推进“四好农村路”建设，并在农村社区积极完善客车站点规划建设，方便了农村社区居民的出行服务。甘肃省徽县推进城市公交基础设施向农村社区延伸，探索“城乡公交一体化”“农村客运网络化”，加快老旧、淘汰车辆更新和城乡公交线路的延伸和改造，建成农村候车亭 140 个，城区周边 9 个乡镇实现公交车“村村通”，方便了周边农村社区居民的生活出行[7]。电子商务方面，2018 年安徽省实现全省贫困村电商服务网点全覆盖，并推动电商服务网点与就业扶贫驿站、农村快递公共服务点、信息进村入户益农信息社等共建共享，加强生活缴费、网络代购代销、快递代收代发等生活服务，助力贫困地区民生服务改善[8]。体育设施建设方面，宁夏回族自治区 96%的乡镇建成了农民体育健身工程，行政村农民健身工程在全覆盖的基础上也有 50%以上实现了提质升级，农村夜生活逐渐被体育器材“点亮”[9]。

（三）农村社区生活性服务方式不断创新

农村社区互联网、手机等移动终端设备的逐渐普及，物联网、大数据、云计算等信息技术产品的推广运用，使农村社区生活性服务方式也随之不断创新，日益信息化、智能化。浙江省龙游县民政局以“村情通”App为基础平台，网格代办为主抓手，深化“最多跑一次”改革和乡镇“四个平台”建设，将“云服务”延伸到户、到人，打通了服务群众“最后一公里”，为农村社区居民提供了高效、便捷的便民办事服务[10]。农村社区安全服务方面，河南省社旗县李店镇实施“天眼工程”，设立一处镇级视频监控信息平台、22处村级视频监控信息平台，26条公路安装了高清摄像头，实现了辖区内治安防控“全覆盖、无死角”，为农村社区居民的生活安全提供了技术保障[11]。当前推进城乡融合发展的背景下，农村社区生活性服务提供方式城乡联动的趋势逐渐加强。陕西省宝鸡市高新区建立了从城市社区居民捐赠到乡村“爱心超市”兑换发放的一套完整机制，让城市社区居民捐赠的生活用品，成为农村社区贫困户按照积分兑换的相关物品，党员志愿者在城乡居民之间架起了一座“爱心彩虹”[12]。浙江省杭州市西湖区与建德市签订了区与区、镇街与镇街、村与村以及村与社会组织的四级结对牵手活动协议。西湖区与建德市结对牵手活动以项目化、精细化、制度化和常态化的形式开展，着力提升西湖区与建德市两地农村社区的新经济、新治理、新环境、新服务和新文化五大空间，不断增强居民的获得感和幸福感，实现共建共赢共发展[13]。

（四）农村社区生活性服务内容日益拓展

农村社区居民的生活水平逐年提高，对生活性服务的需求日益增加，且呈多样化、层次化、个性化的趋势，为充分满足农村社区居民的生活性服务需求，农村社区生活性服务的内容逐渐拓展，如食品安全服务、法律服务及社区教育服务已延伸到农村社区。食品安全方面，浙江省将食品安全列为2018年民生实事之首，2018年建设了300家城乡放心农贸市场，整合资源改造提升了1500个农村家宴放心厨房，打造了500家名特优食品作坊，涉农县（市、区）全部建成农产品质量安全追溯体系[14]。法律服务方面，陕西省积极为农村社区居民提供法律顾问服务，顾问律师与对接服务的村（居）组织签订服务协议，定期到村（社区）服务；贫困村则采取定点援助，顾问律师定期值守和灵活机动相结合的方式开展工作，以电话服务、网上服务、微信服务等方式为主，并于 2018 年 8 月底前实现村（居）法律顾问工作全覆盖[15]。社区教育方面，宁夏回族自治区制定了《关于进一步推进社区教育发展的意见》，通过整合资源，建立健全城乡一体化、多层级的社区教育办学体系，并将老年教育作为重点任务，鼓励支持城乡社区养老服务设施内开设爱心书屋、阅览室等学习场所，配备教学设施设备，积极推进养教一体化[16]。浙江省三门县花桥镇溪头村以“文明村”建设为契机，积极开展农村社区教育活动，利用广播、会议、宣传橱窗等形式，加大对村民的思想教育，提高村民的综合素质和思想道德素质[17]。

三、实践特色

（一）更加关注农村“三留守”群体服务

改革开放以来，农村社区大量青壮年人口向城镇流动，一些农村社区出现了严重的空心化现象，“三留守”群体日益增多。2018 年农村社区生活性服务实践中，更加关注“三留守”群体的生活需求，开展了形式多样的“三留守”群体关爱服务活动。河南省商水县 2013 年以来，积极推进实施“巧媳妇”工程，通过“协会搭桥、政府引导、企业领办、留守妇女参与、市场化运作”的模式，目前已为 10 万农村社区留守妇女提供了家门口就业的机会[18]。农村社区留守儿童关爱服务方面，宁夏、江苏多地积极开展了留守儿童关爱督导员培训工作，提高了对留守儿童关爱服务的科学指导。山东、湖北、安徽、宁夏、重庆、青海等地还积极开展农村社区留守儿童的关爱服务活动，涉及留守儿童教育看护、生活帮扶、心理辅导等方面。重庆市石柱县黄水镇建立镇机关干部与留守儿童一对一的结对帮扶制度，加强对留守儿童的道德教育、法治教育、心理健康教育以及学习上的辅导[19]。留守老人关爱服务方面，四川省眉山市探索开展农村积分制互助养老服务试点工作，在洪雅县中保镇宋安村建立 5 支志愿者服务队为包括留守老人在内的空巢、残疾、失能半失能及80岁以上无自理能力的高龄老人提供志愿性、个性化的养老服务，并制定积分兑换细则，鼓励带动更多爱心人士加入互助养老服务队，试点工作开展以来，提供养老服务近500小时[20]。

（二）着力整治提升农村社区人居环境

近年来，党和政府对生态文明建设日益重视，随着“美丽乡村”建设及农村社区田园综合体的兴起，农村社区人居环境整治工作进一步加强。2018年2月，中共中央办公厅、国务院办公厅印发的《农村人居环境整治三年行动方案》指出，到2020年，实现农村人居环境明显改善，村庄环境基本干净整洁有序，村民环境与健康意识普遍增强。2018年我国农村社区生活性服务实践中，更加重视农村社区人居环境整治，为社区居民提供良好的生活环境。湖北省推进“厕所革命”三年攻坚行动计划，预计到2020年全省农村无害化厕所普及率达到100%；同时，编制并实施农村人居环境整治行动方案，以农村垃圾、污水治理和村容村貌提升为主攻方向，补齐农村人居环境突出短板，实现乡镇生活污水治理三年全覆盖、农村生活垃圾无害化全达标[21]。河北省从2018年开始，实施农村人居环境整治行动，聚焦农村存在的垃圾、污水、厕所粪污、村容村貌等最突出问题，用三年时间集中攻坚，推动生态宜居美丽乡村建设[22]。北京2018年启动“美丽乡村”建设三年专项行动，2020年底前将基本完成全市所有村庄的“美丽乡村”建设任务。“美丽乡村”环境治理将突出“清脏、治乱、增绿”。“清脏”要聚焦垃圾乱倒乱放、污水横流、厕所脏臭等农村环境顽疾，力争到2020年，全市农村公共厕所基本达到等级标准、农村厕所基本达到无害化要求，完成1500个左右农村垃圾分类示范村创建工作，全市农村污水基本得到有效治理；“治乱”是要加大对农村现有违建的拆除力度，坚决遏制新增违法建设，严格控制城里人到浅山区沟道违建住宅，坚决杜绝小产权房、大棚房；“增绿”就是要因地制宜栽树种草、修渠引水，创造优美生态环境[23]。

（三）农村社区信贷保险服务逐渐兴起

农村社区是实施乡村振兴战略的前沿阵地，乡村振兴战略的实施需要大量的资金投入，积极发展信贷金融业对农村社区的资金扶持作用，对推进乡村振兴，为农村社区居民提供更多更好的生活性服务有重要的推动作用。福建省银监局出台的《福建银行业服务乡村振兴战略行动计划》提出，未来3年以服务乡村振兴战略为核心，突出支持特色产业发展、基础环境建设、重点群体发展和乡风文明建设四大重点领域[24]。同时，为进一步推进保险对农村社区居民生活的保障作用，一些地区开展了灾害保险、农村住房保险等保险服务。江苏省泰州市政府组织和主导的“佑护万家”自然灾害惠民保险项目，覆盖泰州市508万户籍居民和160万户自住房。不向居民收取任何费用，也不需要办理任何保险手续，凡是泰州市户籍居民因自然灾害或意外事故造成人身伤害和家庭房屋损失的，只需24小时内与民政部门或保险公司联系就可以获得理赔金，并在每个社区（村）都配备了一名兼职灾害信息员，发生自然灾害后，信息员会及时上报，以便及时为农村社区居民提供保险服务[25]。河北省三河市全面启动政策性农房灾害保险工作。每户每年保费9元，其中省级每户补助5元，余下4元由市财政全额买单，不向农户收取任何费用；同时，三河市10个乡镇分别设置了农房保险服务专员，理赔电话公开，保证24小时开机服务，为农户提供高效、便捷的保险理赔服务[26]。

四、实践短板

（一）农村社区生活性服务主体参与有限

随着农村社区建设及乡村振兴战略的实施，政府对农村社区公共服务的投入逐年增加，农村社区生活性服务主体的参与积极性有所提升，一些发达地区的农村社区出现了“三社联动”的社区服务机制，志愿服务力量也参与到农村社区生活性服务供给中，农村社区生活性服务参与主体逐渐增多。但就全国而言，短期内农村社区生活性服务主体参与相对缺乏的整体情况尚未根本扭转，一些农村社区生活性服务面临着服务主体严重不足的问题。改革开放以后，农村社区人口流动逐渐频繁，大量农村青壮年人口从农村流向城市，从中西部欠发达地区流向东部沿海发达地区。农村社区尤其是中西部一些农村社区出现了严重的空心化现象，农村社区“三留守”群体增加。农村社区青壮年人口的大量外流，使农村社区人才资源不足，农村社区生活性服务的内生参与主体较为缺乏。同时，多数农村社区经济发展水平不高、地理位置较为偏僻、基础设施不完善等因素也一定程度上影响了外部市场性、志愿性主体进入农村社区的积极性，农村社区生活性服务仍然面临内外主体参与不足的现实困境。

（二）农村社区生活性服务设施还不完善

据民政部2017年社会服务发展统计公报的数据显示，截至2017年底，我国农村社区服务中心（站）的覆盖率仅为15.3%，覆盖范围较窄。一些农村社区交通、电信、养老服务、文化娱乐、饮水安全、电子商务等生活性服务设施还不完善。首先，城乡社区服务二元分割的体制惯性依然存在。由于城乡二元社会体制的长期存在，城市和农村生活性服务分属不同的服务体系，在优先保障城市的情况下，农村公共服务设施长期处于相对不完善的状态。在当前大力提倡乡村振兴及城乡融合发展的背景下，农村社区生活性服务设施投入逐渐增加，但城乡之间的体制惯性及现实鸿沟依然存在，实现城乡社区生活性服务均等化仍需一定的时间。其次，农村社区生活性服务设施的资金投入不足。除发达地区的一些农村社区集体经济发展较好外，我国多数农村社区集体经济力量较为薄弱，农村社区为居民提供生活性服务设施的自我服务能力严重不足。自1994年分税制改革以来，我国多数地方政府处于事多财乏的状态，对农村社区生活性服务设施的资金投入力度有限。最后，农村社区生活性服务设施协同共建的机制还不成熟。农村社区生活性服务设施涉及居民生活的方方面面，仅靠政府、社区的力量难免捉襟见肘，需要市场、社会力量积极参与、协同共建。然而由于市场经济主体的逐利性，社会力量发育不充分，市场、社会力量参与农村社区生活性服务设施建设的能力有限。

（三）农村社区生活性服务方式仍需创新

当前，我国多数农村社区生活性服务的提供方式较为传统、低效，信息化、智能化、协同化水平不高。一方面，农村社区公共服务综合信息平台覆盖率不高。一些开展农村社区建设试点或经济发展水平较高的农村社区建立了农村社区公共服务综合信息平台，利用信息平台掌握社区居民生活性服务需求，并整合社区内外供给资源，实现了农村社区生活性服务的信息化、智能化、高效化。然而，多数农村社区公共服务信息化、智能化水平普遍不高，生活性服务仍然主要依靠人工提供，需要耗费大量的人力、物力、财力、时间等成本。另一方面，我国农村社区生活性服务多元供给机制还不成熟。尽管一些经济发展水平较高的农村社区已经出现了政府购买服务、“三社联动”“四社联动”、城乡联动等农村社区生活性服务供给的新机制、新模式。但就整体而言，我国农村社区生活性服务供给机制还不成熟，处于摸索阶段。政府购买服务需要政府足够的政策、资金、人才支持，而对于经济发展水平较低的中西部地区，政府往往缺乏足够的财政支持。在一些“三留守”群体较多，青壮年人口大量外流的空心村，由于缺乏社会组织、社工、社区志愿者等力量支持，“三社联动”“四社联动”机制也往往因缺乏联动主体而难以有效实施。

（四）农村社区生活性服务质量有待提高

中国特色社会主义进入新时代，我国社会主要矛盾已经转化为人民日益增长的美好生活需要和不平衡不充分的发展之间的矛盾。人民对美好生活的需要一定程度上表现为对高品质、高质量的生活性服务的需求，然而，当前我国农村社区生活性服务总量不足，质量不高，缺乏市场力量、社会力量等多元主体提供差异化、品质化的服务，阻碍了人民对美好生活的追求。一方面，政府基本公共服务水平偏低。随着农村社区建设试点工作及乡村振兴战略的实施，政府基本公共服务逐渐向农村社区延伸，农村社区生活性服务的内容逐渐拓展。但限于财政压力，政府基本公共服务中的生活性服务只是满足农村社区居民基本生活需要的统一的、普惠性的服务，总体水平偏低，难以满足农村社区居民多样化、层次化、品质化、个性化的生活性服务需求。另一方面，商业化、志愿化、生活性服务层次水平较低。农村社区经济发展水平相对不高，消费能力有限，加之各项基础设施不尽完善、交易成本较高，对追求经济利益的生活性服务企业吸引力不大，提供高质量、多样化生活性服务的企业较少进入农村社区。同时，农村青壮年大量外流，空心化的农村社区互助性、志愿性的生活性服务面临内生供给主体缺乏的困境，而外来社工、志愿者提供的服务则多为临时性、短期性的服务，难以满足农村社区居民经常性、长期性的生活性服务需求。

五、对策建议

（一）完善顶层设计，推进社区生活性服务主体多元化

农村社区生活性服务涉及政府基本公共服务、便民利民服务、互助服务、专业服务及志愿服务等，本身包括多元服务供给主体。因此，充分满足农村社区居民生活性服务的需求，需要不断完善政府顶层设计，从政策、制度层面积极推进农村社区生活性服务多元主体协同共建的实现。首先，加强农村社区生活性服务的政策倾斜。政府要进一步出台农村社区生活性服务相关主体在税收、补贴、土地、水、电、气等方面的优惠政策，鼓励扶持养老、文体、医疗、电商等生活性服务主体进入农村社区。其次，倡导多方主体协同参与的服务机制。一些农村社区生活性服务实践中，已经出现了“三社联动”“四社联动”的服务机制，体现了多方主体的协同互动。2018 年中央一号文件指出，大力培育服务性、公益性、互助性农村社会组织，积极发展农村社会工作和志愿服务。因此，农村社区生活性服务要积极培育调动社会组织、社会工作、志愿服务的主体力量，为“三社联动”“四社联动”服务机制的有效开展创造主体条件。最后，推进农村社区人才队伍建设。要进一步加强大学生村官、“三支一扶”制度的

贯彻落实，并提高相关待遇补贴及优惠举措，吸引更多优秀人才进入农村社区。积极引进专业社工人才、优秀志愿者进入农村社区开展服务，并加大农村社区“两委”人员、退休人员、返乡创业人员、留守妇女等人员的教育培训，增强农村社区自我服务、互助服务的主体力量。

（二）加强监督管理，提升社区生活性服务质量

目前，我国农村社区生活性服务处于低水平、广覆盖的阶段，难以满足农村社区居民的美好生活需要。因此，在不断拓展服务内容的基础上，还需进一步加强对农村社区生活性服务的监督管理，提高农村社区居民生活性服务的质量。首先，加强政府对农村社区市场化生活性服务的监管。市场主体往往追求经济利益最大化，如不严格监管，可能严重影响人民群众的生命健康和生活质量。如食品安全问题是与农村社区居民生活性服务密切相关的头等大事，因此，相关部门要进一步加强农村食品安全监管，建立农产品质量安全追溯体系，为农村社区居民提供食品安全服务。其次，完善农村社区生活性基本公共服务的质量评估机制。农村社区居民作为生活性基本公共服务的服务对象，对服务质量有最直接、最真切的感受和体验，也是最具发言权的主体，因此在农村社区生活性公共服务质量评估中，要进一步加强农村社区居民对生活性基本公共服务质量的评价权重。最后，健全对农村社区社会组织服务质量的监管。对承接政府购买服务的社会组织，政府要按照合同要求对社会组织开展服务的质量进行监管，同时，积极发动农村社区居民对社会组织服务质量进行监督、反馈。此外，在农村社区社会组织方面，要加强农村社区社会组织的孵化培育和监督管理。积极培育扶持为农村社区居民提供文化娱乐、健康养生、休闲旅游、救助帮扶等生活性服务的社会组织，并加强监督管理和服务指导，促进农村社区社会组织逐步走向制度化、规范化、标准化。

（三）加大资金投入，完善社区生活性服务设施

农村社区生活性服务设施是为社区居民提供生活性服务的载体，当前我国农村社区生活性服务设施覆盖率还不高，如农村社区服务中心（站）

覆盖率仅为15.3%。因此，还需进一步加大资金投入，完善农村社区生活性服务设施，为农村社区居民提供充分、优质、高效的生活性服务，满足社区居民的生活性服务需求。首先，加大政府财政投入。目前，我国农村社区建设试点及农村社区治理实验区建设工作都是由政府主导推进的，农村社区基本公共服务也主要由政府提供。农村社区生活性服务设施的进一步完善，还需政府继续加大对农村社区交通出行、养老服务、健康扶贫、文化服务、电子商务等生活性服务设施的财政资金投入力度。其次，拓宽资金来源渠道。政府通过税收减免、项目补贴、捐赠扣除、公益创投等多种方式，积极调动市场力量、社会力量的资金进入农村社区生活性服务设施建设领域，不断拓宽农村社区生活性服务设施的资金来源渠道。最后，加强监管，确保专款专用。随着政府对农村社区生活性服务设施资金投入力度的加大，资金监管问题，尤其是一些专项资金的使用监管尤为重要。如农村饮水安全专项资金、扶贫专项基金、健康扶贫医疗基金，这些专项资金多是投入农村社区生活性服务设施建设的薄弱环节。除政府财政审计部门加强监管外，还需完善第三方监管评估机制，同时积极调动社区、公众、大众传媒等社会力量积极参与，广泛监督，确保专款专用。

（四）创新服务方式，推进社区生活性服务信息化

方法对路，事半功倍。要借助互联网、大数据、云计算等信息技术，创新农村社区生活性服务提供方式，推进农村社区生活性服务信息化、智能化、高效化、便利化。首先，加大农村社区公共服务综合信息平台建设。《城乡社区服务体系建设规划（2016—2020年）》提出，力争到2020年，农村社区公共服务综合信息平台覆盖率达到30%。因此，还需进一步加强农村社区公共服务综合信息平台建设，通过信息平台录入农村社区生活性服务供需信息，减少供需双方信息不对称，整合农村社区内外资源为居民提供开放、高效、智能、便捷的生活性服务。其次，积极推进农村电商平台建设，实现电子商务网点全覆盖。随着电子商务及物流快递业的不断发展，农村电子商务平台成为联通农村社区居民和外界资源的新路径。通过农村电商平台，农村社区居民可以不受时间、地域范围限制，购买生

活性产品和服务，提高农村社区居民生活性服务的便利性。最后，加强城乡联动，实现城乡融合发展。城乡生活性服务的差异性也为城乡联动提供了前提条件，当前大力提倡乡村振兴及城乡融合发展的背景下，积极推进农村社区生活性服务的城乡联动，发挥城市社区对农村社区的经验借鉴、对口帮扶作用，对推进城乡公共服务均等化有重要作用。因此，要创新城乡联动常态化机制，签订城乡联动、对口帮扶的合同协议，以项目化、精细化、制度化、常态化的方式开展城乡社区生活新服务联动活动。

（执笔人：何其芳）

参考文献：

［1］项继权．中国农村社区建设研究［M］．北京：经济科学出版社，2016.

［2］安协．吉安县成立首家村级志愿者协会［N］．中国社区报，2018-5-4（006）．

［3］青海培训“阳光工程”农村文化志愿者［J］．乡镇论坛，2018（05 下）：4.

［4］吴刚．实现社会工作在农村高质量的全覆盖［N］．中国社区报，2018-3-29（004）．

［5］民政部．民政统计季报（2018 年 3 季度）［EB/OL］．http：//www.mca.gov.cn/article/sj/tjjb/qgsj/2018/20180910291103.html，2018-10-29/2018-11-10.

［6］交通部：上半年新改建农村公路 10.1 万公里［N］．中国社区报，2018-7-27（001）．

［7］贾寒峰．甘肃省徽县：公交开进村　出行更省心［J］．乡镇论坛，2018（01 中）：32.

［8］姜刚．安徽省今年实现贫困村电商服务网点全覆盖［N］．中国社区报，2018-3-27（001）．

［9］何晨阳．生活一年更比一年好［N］．中国社区报，2018-3-6（006）．

［10］陈兴荣．“村情通”助力“最多跑一次”［J］．乡镇论坛，2018（01 中）：22-23.

［11］常杰敏．河南省社旗县：李店镇“天眼工程”增添新亮点［J］．乡镇论坛，2018（03 中）：28.

［12］张碧宇．城乡联动搭建起“爱心彩虹”［J］．社区，2018（05 下）：42-43.

［13］莫江云．杭州市西湖区与建德市开展农村社区区域结对活动［N］．中国社区报，2018-3-6（006）．

［14］岳德亮．浙江将食品安全列为 2018 年“头号民生实事”［N］．中国社区报，2018-1-30（001）．

［15］秦宣．陕西 8 月底前实现村（居）法律顾问全覆盖［N］．中国社区报，2018-6-26（001）．

［16］宁宣．宁夏推进社区教育发展［N］．中国社区报，2018-6-26（001）．

［17］伊文峰．溪头村：民富村美人和［N］．中国社区报，2018-6-29（004）．

［18］乔连军．“巧媳妇”工程带来家门口的就业机会［N］．中国社区报，2018-6-25（002）．

［19］冉亚清．合力监护织密关爱成长网［N］．中国社区报，2018-2-1（004）．

［20］王梅．眉山市启动积分制互助养老服务试点［N］．中国社区报，2018-6-1（002）．

［21］梁建强．湖北省农村无害化厕所普及率 3 年内将达 100%［N］．中国社区报，2018-3-27（001）．

［22］河北：将对农村人居环境开展三年集中整治行动［J］．乡镇论坛，2018（03 中）：4-5.

［23］马岩．北京：2020 年底前完成所有村庄“美丽乡村”建设［N］．中国社区报，2018-1-15（001）．

［24］福建：每年将新增逾千亿元信贷规模支持乡村振兴［J］．乡镇论坛，2018（03 中）：5.

［25］汤珊珊．应灾保险惠民佑护万家心安［N］．中国社区报，2018-1-29（004）．

［26］山河．三河市买单政策性农房保险为农户构筑防护墙［N］．中国社区报，2018-3-15（002）．

农村社区文化建设分析

摘要：近年来，文化建设作为农村社区建设的重要内容越来越受到政府及社会各界的关注。综合全国农村社区文化建设的实践情况来看，2018年农村社区文化在资源投入、基础设施建设以及实践形式等方面取得了明显进展。与往年相比，2018年农村社区文化建设的突出特色表现为产业化发展趋势明显、志愿者作用以及传统文化保障力度加强三个方面。同时，现今农村社区文化建设也面临一些难题，包括文化建设的规划性和可持续性不足、农民主体地位明显缺失、基础设施供给与利用的“双不足”等，对此，建议相关部门要有针对性地采取措施加以改进。

关键词：农村社区文化；实践进展；文化建设；文化需求；文化特色

一、引言

文化建设是农村社区建设的重要内容，农村社区文化是指一群农民日常生活所共同享有的处境化经验及其价值规范[1]。近年来，随着物质生活水平的不断提高，农村居民的文化生活需求日益旺盛。党和国家对农村社区公共文化建设的投入始终保持逐年扩大的趋势。尤其是党的十八大以来，通过深入实施广播电视村村通、文化信息资源共享、农家书屋等重大文化惠民工程，农村社区公共文化服务能力和普惠水平不断提高，群众性文化活动日益丰富。2017年，全国文化事业费已达855.8亿元，占国家财政总支出的0.4%，与1978年的4.4亿元相比，增长192倍，1979—2017年年均增长14.4%[2]。2018年国家公共财政对农村社区文化建设的支持力度依然保持日益加强的整体态势，农村社区公共文化设施、公共文化服务网络、公共文化服务人才配备等都得到了一定的完善。

二、实践进展

（一）农村社区文化建设投入持续增加

农村社区文化建设的发展离不开党和国家的大力支持，就目前来看，国家财政支持仍是农村社区文化建设资金的主要来源。伴随着农村社区文化建设地位的日益凸显，各级政府财政正逐渐有意识地向推动农村社区文化建设倾斜。山东省滨州市乡村文化惠民工程等公共文化资源重点向农村社区倾斜，建有社区文化服务中心、农家书屋等文化娱乐设施，社区文化日益兴盛，乡风文明逐步提升[3]。黑龙江省为加快推进贫困地区公共文化设施建设的步伐，由省委宣传部、省文化厅等5部门联合出台了《黑龙江省贫困地区民族自治县、边境县村综合文化服务中心覆盖工程实施方案》，指出要按照保障基本、因地制宜、经济适用的原则，在用好中央资金的基础上，省级财政按实际情况确定补助标准，县级负责落实建成后的运行维护资金[4]。广西壮族自治区为加快推进公共文化服务体系建设，计划年内新建1200个村级公共服务中心。同时在乡村振兴方面，提出实施文化兴盛工程等六大工程和乡村振兴三年行动计划，将连续3年每年投入2亿多元新建和改扩建一批县级、乡镇文化基础设施，配齐文化器材，增强基层公共服务资源，努力把广大农村建设成为更有古道乡愁、更加和谐稳定、更富人文情怀的美丽乡村[5]。四川省2018年聚焦3500个计划退出贫困村的村文化室建设，并以45个深度贫困县为重点开展文化扶贫工作，全年文化扶贫投入资金2.5亿元[6]。2018年青海省投入大量资金，建成了540个村级综合性文化服务中心，完善基层公共文化设施网络，打通公共文化服务的“最后一公里”[7]。

（二）农村社区文化服务设施不断完善

在城乡二元分化的大背景下，农村各种公共服务设施长期严重滞后于城市。党的十九大正式提出“乡村振兴战略”，致力于改变农村落后的政治、经济及文化状况，实现乡村的全面振兴。2018 年，为了强化农村社区文化基础设施建设，各省份有关部门都加大了对农村社区文化娱乐、体育活动、读书上网等基础文化设施等的投入，农村社区文化设施不断增多，社区文化服务能力与水平得到了提升。农家书屋工程是党和国家实施的公共文化服务体系五大重点工程之一，自 2005 年开始试点，2007 年全面启动建设，到 2012 年底基本完成建设任务。党的十八大以来，农家书屋进入补充更新、维护使用的发展新阶段。到 2017 年，农家书屋全面建设已整整 10 年，有农家书屋 58.7 万家，10 年来向广大农村配送图书突破 11 亿册，极大地丰富了农民的精神文化生活[8]。文化礼堂建设是浙江省农村文化建设的重要载体，截至 2017 年底，浙江省已建成农村文化礼堂 7916 家，为了充分发挥文化礼堂在丰富农村社区居民生活中的作用，浙江省计划到 2020 年，省内 500 人以上的建制村一半以上将建成农村文化礼堂，千人以上的建制村农村文化礼堂建设要达到 85%以上，1500 人以上的建制村都要建成农村文化礼堂，而有条件的县要实现农村文化礼堂全覆盖[9]。甘肃省临泽县蓼泉镇十分重视农村文化阵地的建设，先后投入 400 余万元，建成了集休闲娱乐、体育健身、文艺演出为一体的多功能村级社区文化大院、文化广场、农家书屋、乡村舞台各 9 个，文化长廊 8 个，投资 147 万元，建成占地面积 450 平方米的高标准农村固定放映点和 2800 平方米镇级文化体育广场，设施齐全的文化阵地显著提升了人民群众的幸福感[10]。

（三）农村社区文化建设形式日趋多样

文化建设是衡量农村社区凝聚力和向心力的重要指标之一，随着农村社区建设的不断深入，文化建设在农村社区建设中的重要性不断提升。2018 年农村社区文化建设的形式呈现出了明显的多样化趋势，各省份推动农村社区文化建设的方式和手段具有明显的创新性、持续性和多样性。安徽省 2018 年继续开展持续了 4 年的“送戏进万村”工作，截至 2017 年 11 月底，已经送戏进村 20867 场，覆盖全省 1.5 万个建制村，2018 年又新增了网络平台和微信平台的业务交流和行政监管，送戏进村的演出质量得到进一步保障和提高[11]。江苏省文化馆建设的江苏省数字文化馆云服务与管理平台2018年正式开始运行，将作为江苏省文化馆系统公共文化服务的互联网统一入口，覆盖省、市、县、乡、村五级服务网络，汇聚江苏全省所有文化馆、站提供的公共文化服务，通过“文化云”城乡居民可以方便快捷地了解公共文化活动，并能实现线上预约、订座，观看直播、参与艺术培训等功能[12]。2018年，海南省实施“进千村乐万家”文化惠民活动，安排省内外优秀剧目开展贴近农村群众生产生活的常态化文体活动，积极创建省级公共文化服务体系示范区，实现文体事业产业多行业融合发展[13]。为助力脱贫攻坚，满足贫困地区老百姓的文化生活需求，陕西省配备了几十辆流动文化车和数辆流动舞台车，以方便省内各文化团体送戏下乡、送文化下乡的工作需要，满足基层特别是贫困县区广大群众的精神文化需求[14]。

三、实践特色

（一）农村社区文化的产业化发展趋势明显

文化是农村社区的灵魂，乡村振兴离不开农村优秀文化的延续和现代化转型，深刻解读并发扬优秀的乡土文化价值体系是实现城乡融合发展的内在基础。当文化能够创造市场价值时，才真正具有了旺盛的生命力，农村社区文化的产业化发展不仅有助于留住优秀的农村文化，还能以经济理性吸引一大批农村精英的回流，在留住乡愁的同时留住人才与人气。在国家政策的引导和各级政府的努力下，2018年农村社区文化的产业化发展势头突出，政策扶持力度持续加大，文化人才队伍不断壮大，文化产业发展规模扩大。2018年四川省政府发布了《关于实施乡村振兴战略　开创新时代“三农”全面发展新局面的意见》，提出要加快建立乡村优秀文化遗产保护传承机制，加快抢救保护乡村优秀文化遗产，加大对传统村落、乡土建筑和民族特色村镇保护力度，按照“一村一策、一户一策”进行保护修缮，建立健全文物“四有”档案和传统村落“一村一档”，支持各级非遗传承人依托乡土非遗资源优势，因地制宜地开展传承传习活动。在乡村文化产业方面，要创造性转化红色文化、历史文化、民族文化、民俗文化、农耕文化等文化资源，实施乡村文化品牌培育行动，扶持一批创新力、竞争力强的文旅和文创企业，塑造具有浓郁四川特色的乡村文化品牌[15]。河南省郑州市发布了《郑州市加快文化产业发展若干政策》，强调要加快建设华夏历史文明传承创新中心，推动文化产业成为国民经济支柱产业，郑州市将统筹整合现有促进文化产业发展方面的扶持资金，由市级财政每年安排不少于2亿元的资金，集中设立市级文化产业发展专项资金，用于扶持全市文化产业发展。鼓励各开发区、县（市、区）设立文化产业发展专项资金，扶持本区域文化产业发展壮大[16]。

（二）农村社区文化建设中志愿者作用加强

近年来，随着农村社区公共文化建设的发展，农村社区基础文化设施不断完善的同时，越来越多的社会力量也开始参与到农村社区文化服务中，文化志愿者队伍成为2018年农村社区文化服务的重要力量。目前国际文化志愿者在组织发展上已经越来越趋向于专业化、技能化和稳定性方向发展[17]，中国文化志愿者队伍虽然尚处于不成熟的阶段，但其在农村社区文化服务方面的作用范围与力度正在稳步扩大。为了进一步推动文化志愿服务活动的开展，2018年2月，文化部办公厅公布了2017年文化志愿服务典型名单，鼓励典型志愿团队和个人在完善现代公共文化服务体系中更好地发挥示范带动作用；5月，文化和旅游部、中央文明办下发了《关于开展2018年文化志愿服务工作的通知》，安排了包括“春雨工程”“阳光工程”等10项志愿工作任务。2018年，河南省文化馆32支文化志愿服务示范团队与万名文化志愿者组成的“红色文艺轻骑兵”共110多支小分队深入乡村文化广场、扶贫创业基地、黄河滩涂、贫困家庭、敬老院、扶贫车间等，开展了一系列内容丰富、形式多样的活动，为当地特殊群体提供公共文化产品和服务[18]。为了进一步提高文化志愿者的服务能力，更好地为农村文化建设提供全方位服务，青海省文化和新闻出版厅主办了2018年“阳光工程”农村文化志愿者服务培训班，对农村文化志愿者队伍建设、文化志愿服务项目策划和组织、志愿服务项目运作与管理、公共文化建设与农村社会发展、农村文化工作创新等进行专题培训，帮助文化志愿者增强农村社区文化服务能力[19]。云南省文化馆启动了2018年“百团千队”文化惠民演出项目，将利用各种节庆进农村、进社区、进校园、进军营、进边寨等，举办20多场惠民演出，积极发挥省级文化馆的示范带头作用，吸引更多志愿者参与到农村社区文化服务中[20]。

（三）农村传统文化保障力度有所增强

随着城市化进程的不断推进，农村的封闭状态逐渐被打破，日益呈现出开放与流动的属性，人员流动与经济交流范围的持续扩大对农村文化体系产生了巨大的冲击，市场文化、城市文化日益渗透到农村社区，造成了大部分农村传统文化的传承断裂与消逝。这种传统与现代文化的裂缝给农村社区治理带来了许多难题，赌博、奢靡、享乐主义等不良风气开始在农村蔓延。农村传统文化并非落后的代名词，相反，它是中国现代农村文化的根，是新时代农村社区文化建设的重要渊源，农村社区文化建设最为关键的是要从农村传统优秀文化中汲取营养。因此，近年来，各地开始有意识地加强对农村传统文化的保护力度。2018年1月，文化部办公厅下发了关于印发《“中国民间文化艺术之乡”命名和管理办法》的通知，要求弘扬中华优秀传统文化，推动民间文化艺术的繁荣发展。2018年浙江省德清县实施乡村振兴的“六村行动计划”，深挖德清特色文化，充分发挥历史文物、文化风俗的文化价值、景观价值和经济价值，积极培育历史文化与现代文明有机结合的美丽乡村。一是推进乡村文化建设。在全国首创农村“和美乡风馆”，并大力推进农村文化礼堂建设，建成农村文化礼堂70家，实现乡村文化从“送”到“种”。二是积极筹划敬农文化节。以“崇农、爱农、兴农”为主题，筹划“中国（德清）敬农文化节”主题活动，全面塑造美丽乡村的敬农文化主题。三是加强历史文化村落保护利用。大力开展历史文化重点村建设，编撰完成德清县历史文化村落故事集，建立“千村档案”[21]。上海市金山区有着丰富的历史文化遗存和乡村风貌，为了提升文化建设在金山乡村振兴战略中的重要作用，2018年金山区举行了首届乡村艺术节，通过各式各样的民俗文化展示展演，让广大居民感受到了乡村传统文化的魅力。金山区将继续通过开展特色乡村文化活动，进一步深挖、厚植中华优秀传统文化基因，并通过魅力乡村舞蹈秀广场舞大赛、一镇一品风采展示、“田野艺趣”民俗体验等系列活动，发挥“文化+旅游+农业”的叠加效应，在推进城镇化和新农村建设过程中，实现故土留根、文脉传承，提升百姓的文化获得感[22]。

四、实践短板

（一）农村社区文化建设的规划性和可持续性不足

农村社区文化建设是一个长期性、系统性的工作，需要持续性和有规划性的人力、物力资源投入，碎片化、间歇性的资源投入不仅不利于农村社区文化成长培育，而且还有可能破坏农村社区原本的文化面貌，导致原生文化的错乱。目前，从全国的整体情况来看，各地农村社区文化建设的规划性和可持续性都存在明显的不足，很少有省份能够对本地农村社区文化的长远发展作出清晰的规划和可持续性检验，有选择性、临时性的资源投入是多数地方农村社区文化建设的主要模式。顶层设计不足、缺乏长远规划是当前农村社区文化建设面临的一个重要问题。一是农村社区文化建设缺乏明确的发展战略。各地农村社区文化建设的主要工作仍集中于完善文化基础设施层面，文化的“软件”建设存在明显不足，即缺乏明确的文化建设目标。农村社区文化建设重在内容而非外在形式，文化核心内容的缺失将使得农村社区文化建设成为无根之木，缺乏生命力。二是农村社区文化管理体制不健全。完善的管理体制是农村社区文化获得长远发展的重要保障，但长期以来，农村社区文化管理体系一直存在不协调的状况，不少乡镇文化站与农技站、广播电视站、学校等联系协调不够，各自为政，造成文化资源配置浪费，不能集中开展各项文化活动，从而影响了农村文化活动的效果[23]。可以预见，未来几年文化建设仍将是农村社区建设的重要内容，文化建设的规划性和可持续性不足，不仅可能导致大量资源投入的浪费，而且也不利于特色农村文化的传承与保护，农村社区文化建设迫切需要完善顶层设计内容。

（二）农村社区文化建设中农民主体地位明显缺失

农村社区文化建设的服务对象是广大农村社区居民，社区文化建设的目的也是要满足现今农村居民日益增长的文化需求，因此，农村社区文化建设必须要以广大农村居民的切实文化需求为导向，农村社区文化建设只有最大限度迎合了广大村民的需求才能获得旺盛的生命力，继而从内外两个方面共同推进农村社区文化的长远发展。但从目前情况来看，农村社区文化建设更多地表现在国家资源的不断输入，而农村社区内部的文化建设力量没有被调动起来，其中最为重要的原因是不少地方的农村社区文化建设忽视了农民这一最为重要的主体。各地农村社区文化建设最为青睐的方式之一是建图书室，但其所藏图书却往往脱离广大农村居民的需求，因此很多农村社区的图书室更多的是一种摆设。农民主体地位的缺失给社区文化建设带来了一系列难题：一是农村社区文化建设目标定位不准，文化建设成效不明显。综观 2018 年各地农村社区文化建设的实践活动不难发现，虽然各省份农村文化特色和居民需求千差万别，但农村社区文化建设的内容却极为相似，很少有地方能够真正从农民的迫切需求出发，制定相应的文化发展战略。二是农村社区文化建设的可持续性不足。文化建设的内容只有引起广大村民的认同和共鸣才能获得迅速的成长，但由于缺乏农民意见收集与反馈机制，农村社区文化建设更多地体现为自上而下的单向供给，因此难以激发广大村民的热情，农村社区文化建设活动存在明显的短期化效应，难以真正落实到广大农村社区，当外部资源撤回时，不少地区的农村社区文化建设可能又会陷入停滞状态。

（三）农村社区文化基础设施供给与利用双不足

为了丰富农村社区居民的文化生活，近年来国家财政对农村文化基础设施的投入始终保持不断增加的趋势，截至 2017 年末，全国共有乡镇综合文化站 33997 个[24]。从各地建设情况来看，农村社区文化基础设施正处于不断完善阶段。然而，我们在关注农村社区文化基础设施不断改进状况的同时，也应注意到目前农村社区文化建设实际面临着供给不足与利用不足的双重困境。

在供给方面，农村社区文化建设近年来虽取得了明显的进步，但我们必须对此保持清醒的认知，从目前实际情况来看，农村社区文化无论从供给的数量还是质量上都依然存在明显的不足，城乡社区、东中西农村社区之间差距明显，尤其在中西部经济欠发达地区的农村，社区文化建设资金存在明显不足，文化基础设施建设十分落后，覆盖范围狭窄，许多农村社区连基础的文化活动场所都未建好，文化服务供给的内容和数量远远不能满足农村居民的现实需求，文化生活单调。在文化基础设施利用方面，农村社区文化建设也存在不小的问题。农村社区文化基础设施建设的目的在于为广大农村社区居民开展文化活动提供便捷的场所和平台，文化设施利用率是衡量农村社区文化建设成效的重要指标。但从全国目前农村社区文化基础设施利用效果来看，并未发挥应有的作用。地方政府为了加快补齐农村社区文化建设的短板，建广场、图书馆等方式成为其推动农村文化发展的重要途径，但由于场所齐全但文化活动未跟上，农村社区大量的文化活动场所和器械实际处于闲置状态，广场建了最后成了打谷场，图书室建了，常年无人问津[25]，政府的大量投入收效甚微。农村社区文化建设越来越注重形式，缺乏实际内容，形式多于内容成为农村社区文化建设的一大弊病。

五、对策建议

（一）完善农村社区文化建设的顶层设计

制定好适应本地区特色的长效文化发展战略对于全面提升农村社区文化建设水平和质量有着至关重要的作用。完善顶层设计有助于协调各方面资源，作出整体统筹和规划，以有限的资源供应实现农村社区文化建设效果的最大化。这要求地方政府在推进农村社区文化建设的过程中，通过扎实的实地调研，结合本地区农村社区的特色，有针对性地制定本地区农村社区的文化发展战略和目标。在此过程中，政府有关部门可以通过征集公众意见、召开专家咨询会以及组织农村社区居民代表会议的方式，做好文化信息收集与处理工作，从而制定与本地区农村社区相适应的长期文化发展战略，以整体规划来引领农村社区文化建设的进程，增强农村社区文化建设的规划性和可持续性，减少重复浪费，节约资源成本。

明确相关部门职责，完善农村社区文化管理的体制机制。部门职责不清、功能定位交叉是农村社区文化建设面临的一大难题，在农村社区文化建设过程中往往表现为有些事无人管理，而有些事多头管理，这给农村社区文化建设带来了诸多不便。因此，进一步明确相关文化部门职责，理顺文化管理的体制机制是当前改善农村社区文化建设状况的有效手段。政府要加快基层文化管理体制改革，明确界定县级文化管理部门、乡镇文化站等的职责范围，以避免农村社区文化建设工作出现多头管理和无人管理情况。此外，还要积极创新农村社区文化管理的体系建设，提高文化管理工作的协调性、适应性和有效性，同时注重健全农村社区文化管理的制度建设，做到文化管理有制度可循。

（二）增强农村社区居民文化建设的主体地位

农村社区文化建设最根本的目的是要满足农村居民的真实需求，以政府为主导的文化服务供给模式虽然具有效率高的优势，但供给的质量可能被打折扣；增强农村居民主体地位，推动农村社区文化服务供给由政府主导转向以农村居民需求为导向，将有助于进一步提升农村社区文化建设的整体效果，切实保障广大农村居民的文化权益。一是以高效满足广大村民的文化需求为导向，制定文化建设目标。中国农村地区广阔，各地在人文、自然、经济环境方面差异明显，因此每个地区的居民对文化服务的内容和形式都可能存在需求差异，农村社区文化建设的方式与内容应当尽可能地贴近所在地区居民的生活方式和民族风俗，标准化的文化服务供给模式很难完全适用于所有农村社区。因此，在现今农村基础文化服务设施条件已有所改善的情况下，未来农村社区文化建设应当更加注重地区差异，在制定农村社区文化建设目标的过程中，不断拓宽农村居民参与的渠道和途径，吸收农村居民的意见，切切实实将农村居民的需求有效融入文化建设目标之中。二是引入多种社会力量共同参与。毫无疑问，政府在农村社区文化服务供给方面负有不可推卸的重要责任，理应承担起农村社区文化服务供给的主要任务，成为农村社区文化建设最为核心的支撑力量。然而，一方面，在现有资源有限的状况下，各地政府很难有十分充足的人力、物力资源为广大农村社区提供完善的文化服务；另一方面，相比较于市场参与主体，在资源投入相同的情况下，政府在公共服务提供的效率方面可能明显落后，引入其他社会力量将有助于提升农村社区文化服务供给的效率与质量。在文化服务硬件设施提供上，政府可以更多地引入市场主体的参与，通过竞标的方式，以更加低廉的价格满足农村社区居民的文化设施需求。而在农村社区文化服务的软件层面，政府可以通过引导社会组织、志愿团体、企业及高校师生等多种力量的参与，以更好地满足农村社区居民多样化的文化服务需求。

（三）提高农村社区文化基础设施供给与使用效率

加强社区文化建设是推进农村社区建设，提高农村社区居民生活满意度的必然要求，文化建设需要通过一定的载体和平台来实现。面对农村社区文化基础设施普遍相对落后、供给总量明显不足的状况，国家有必要继续加大对农村社区文化建设的支持力度，包括财政资金、政策倾斜以及人才引进等多方面内容，这是持续推动农村社区文化建设的首要动力。在文化基础设施供给方面，也可积极寻求企业、非营利组织及社会个人等的捐助，通过引入社会资本的方式减轻政府财政投入压力。此外，政策工具是政府独有的社会资源调控手段，地方政府可以借助制定优惠政策的方式吸引企业、集体组织或个人参与农村社区文化产品的供应。

农村社区文化基础设施使用效率低下的原因可能包括以下几个方面：一是文化基础设施供应种类脱离了广大农村社区居民的真实需求，无法激发社区居民参与文化活动的兴趣；二是基层文化队伍人才匮乏，缺少带头人引领农村居民使用文化设施，开展文化活动；三是农村社区文化基础设施管理存在漏洞，无法为农村社区居民开展文化活动提供优质的服务。农村社区文化基础设施使用效率低下的问题，必须引起足够重视。一方面，在农村社区文化公共产品供给上，地方政府必须尽可能做到因地制宜，满足广大村民的文化需求；另一方面，良好的基层文化人才队伍和管理体系是农村社区文化建设的重要依靠力量，政府应做好引导工作，在不断完善基层文化管理体制机制的同时，积极发现并培养农村社区内部的优秀文化活动人才，并帮助他们解决现实困难，激励他们组织或参与农村文化活动。

（执笔人：唐京华）

参考文献：

［1］吴理财．改革开放以来农村社区文化的变迁［J］．人民论坛，2011（24）：40-42.

［2］国家统计局．文化事业建设不断加强　文化产业发展成绩显著——改革开放40年经济社会发展成就系列报告之十七［EB/OL］．http：//www. stats. gov. cn/ztjc/ztfx/ggkf40n/201809/t20180913_ 1622703. html.

［3］吕德祥．乡村振兴的滨州实践［J］．乡镇论坛，2018（08上）：9-10.

［4］黑龙江286个建制村将建综合文化服务中心［J］．乡镇论坛，2018（01）：4.

［5］广西推进民族文化强区建设［J］．乡镇论坛，2018（02）：5.

［6］2.5亿元［J］．乡镇论坛，2018（06）：5.

［7］540个［J］．乡镇论坛，2018（04）：5.

［8］11亿册［J］．乡镇论坛，2018（01）：5.

［9］3000个［J］．乡镇论坛，2018（03）：5.

［10］倪绿周，蒋蕾．文化活动乐农家［J］．乡镇论坛，2018（02）：12.

［11］安徽推进农村基层文化服务［J］．乡镇论坛，2018（01）：4.

［12］江苏数字公共文化云即将上线［J］．乡镇论坛，2018（01）：4-5.

［13］海南计划今年实现“一村一年三场戏”［J］．乡镇论坛，2018（02）：5.

［14］新一批流动文化车流动舞台车装备陕西基层文化馆剧团［J］．乡镇论坛，

2018（06）：4.

［15］四川推进乡村文化产业发展［J］．乡镇论坛，2018（03）：4.

［16］河南郑州出台新政扶持文化产业发展［J］．乡镇论坛，2018（05）：4.

［17］张少君，丁得果，马涛．文化志愿者组织的建设现状研究及发展探索［J］．艺术百家，2016，32（S1）：4-7.

［18］河南万名文化志愿者送温暖到基层［J］．乡镇论坛，2018（03）：5.

［19］青海培训“阳光工程”农村文化志愿者［J］．乡镇论坛，2018（05）：4.

［20］云南省文化馆启动“百团千队”惠民演出［J］．乡镇论坛，2018（06）：5.

［21］沈圆．德清：乡村振兴的“六村行动计划”［J］．乡镇论坛，2018（05）：6-7.

［22］上海金山区举办首届乡村艺术节［J］．乡镇论坛，2018（07）：5.

［23］陈运贵．新农村文化建设的现状分析与战略思考——以安徽省农村文化建设为研究视角［J］．当代世界与社会主义，2010（02）：156-159.

［24］国家统计局．中华人民共和国文化和旅游部2017年文化发展统计公报［EB/OL］. http：//zwgk. mct. gov. cn/auto255/201805/t20180531_ 833078. html？keywords=.

［25］刘永生，敖久丽．关于经济欠发达地区农村文化建设现状分析及建议——以承德地区为例［J］．山西财经大学学报，2014，36（S1）：58-115.

农村社区法治建设分析

摘要：新形势下，加强农村社区法治建设不仅是全面依法治国的应有之义，也是深入推进乡村振兴战略的重要举措。农村社区法治建设的成效不仅关系到农村社区居民能否共享法治建设成果，也关系到整个农村社会的和谐与稳定。农村社区法治建设分析从中国农村社区法治建设政策、法律法规、法律服务水平和法制教育四个方面分析了 2018 年中国农村社区法治建设所取得的最新成就以及存在的问题，并针对问题提出了相应的对策建议。

关键词：农村社区；法治建设；法治意识

一、引言

党的十八届四中全会通过的《中共中央关于全面推进依法治国若干重大问题的决定》提出："全面推进依法治国，基础在基层，工作重点在基层。"党的十九大报告提出："加强农村基层基础工作，健全自治、法治、德治相结合的乡村治理体系。"无不表明，作为基层治理的重要一环，农村社区法治建设对于深入推进全面依法治国、维护农村社会稳定和谐具有重要意义，特别是随着我国社会主要矛盾的变化，广大农民群众对民主、法治、安全等方面的需求不断增长。因此，作为中国特色社会主义法治的重要组成部分，推进农村社区法治建设是积极回应新时代出现的新情况、新问题的重要举措。在全面依法治国和实施乡村振兴战略的大背景下，农村社区法治仍是不可忽视的重点、难点地区。

二、实践进展

（一）农村社区法治的政策法规不断完善

1. 农村社区法治建设的政策文件不断完善

2018年以来，党中央、国务院高度重视农村社区法治建设，先后出台了一系列指导农村社区法治建设和发展的方针政策，为我国农村社区法治建设提供了坚实的政策背景和政策指导，为农村社区的繁荣稳定和有序发展奠定了有利基石。具体来看，2018年出台的农村社区法治建设的指导性文件和方针政策详见表1。

表1　2018年我国农村社区法治建设文件

时间	文件名称	涉及农村社区法治建设的内容
2018.1	《关于实施乡村振兴战略的意见》	1. 乡村振兴应坚持自治、法治、德治相结合；2. 建设法治乡村；3. 增强基层干部法治观念、法治为民意识；4. 加大农村普法力度，提高农民法治素养；5. 加强对农民的法律援助和司法援助
2018.1	《关于开展扫黑除恶专项斗争的通知》	1. 健全涉黑涉恶违法犯罪防范打击长效机制，实现扫黑除恶工作法治化、规范化、专业化；2. 把握涉黑涉恶问题新动向，切实把专项治理和系统治理、综合治理、依法治理、源头治理结合起来
2018.1	《关于办理黑恶势力犯罪案件若干问题的指导意见》	1. 重点打击把持基层政权、操纵基层换届选举、垄断农村资源、侵吞集体资产的黑恶势力；2. 重点打击利用家族、宗族势力横行乡里、称霸一方、欺压残害百姓的“村霸”等黑恶势力
2018.6	《生态文明建设指标体系发展行动指南》	提出了建设生态农业的系列标准

续表

时间	文件名称	涉及农村社区法治建设的内容
2018. 9	《国家乡村振兴战略规划（2018—2022 年）》	1. 深入开展“法律进乡村”宣传教育活动；2. 深入开展法治县（市、区）、民主法治示范村等法治创建活动，深化农村基层组织依法治理

无疑，这些方针政策的出台，对于推动我国农村社区法治建设与发展具有重要指导意义。特别是习近平总书记在党的十九大报告中，提出实施乡村振兴战略，坚持自治、法治、德治相结合的乡村治理体系，从党和国家的高度对我国农村社区法治的发展提出了新要求和新期望，为我国农村社区法治事业的发展指明了方向。

2. 农村生态文明建设的政策法规日益完善

党的十八大以来，党和国家面对资源短缺、环境污染和生态退化的严重压力，提出了生态文明战略，将生态文明放在关乎人民福祉和民族未来的战略高度加以考虑。为此，中央和地方都积极加快生态文明的政策和法律法规体系建设，大力推进农村环境综合整治力度，一系列退耕还林、封山禁牧、土地整理复垦等生态建设工程得以有效实施，我国农村生态环境状况不断改善，为美丽乡村建设提供了较好的制度环境。2018 年 2 月，为贯彻实施乡村振兴战略、建设美丽乡村，中共中央办公厅、国务院办公厅印发《农村人居环境整治三年行动方案》，明确了农村社区生活垃圾治理、厕所粪污治理、生活污水治理、提升村容村貌、村庄规划管理和建设以及管护机制等几个方面的重点任务。同时，国家发改委印发《关于扎实推进农村人居环境整治行动的通知》，明确提出农村在生活垃圾、污水处理、村容村貌三个方面的主攻方向。此外，全国各地也在不断加快农村生态文明的法律法规体系建设。湖北省出台了《中共湖北省委、湖北省人民政府关于推进乡村振兴战略实施的意见》，提出着力建设富美乡村，坚持绿色发展，改善农村环境，重塑乡村文明，完善乡村治理，缩小城乡居民生活水平差距；推进“厕所革命”三年攻坚行动计划，提出到 2020 年全省农村无害化厕所普及率达到 100%[1]。

3. 农村土地产权保护的政策法规不断完善

土地是最大的政治。在全面深化改革的大背景下，党和国家不断完善农村土地产权的相关政策体系和法律法规。2018 年中央一号文件明确提出要加快土地管理法修改，完善农村土地利用管理政策体系，推进农村集体建设用地和宅基地使用权确权登记颁证，探索宅基地所有权、资格权、使用权“三权分置”。同时，最高人民法院印发了关于认真学习贯彻《中共中央 国务院关于实施乡村振兴战略的意见》的通知，要求各级法院要妥善审理乡村振兴战略实施中的各类案件，为乡村振兴发展提供良好的法治环境[2]。此外，全国各地也在积极探索农村土地制度改革和不断完善农村土地产权的相关法律和政策。湖北省宜城市作为目前我国 33 个农村土地制度改革试点城市之一，从 2015 年就积极加快宅基地制度改革探索。到 2018 年，宜城市逐渐探索出一个宅基地“三权分置”的改革经验，为全国宅基地改革提供了一定的借鉴经验。江苏省为贯彻落实中央关于农村集体产权精神，制定了《关于深化农村集体产权制度改革的实施意见》，要求按照“确权、赋能、搞活”三步走的总体思路，围绕明晰农村集体产权归属、维护农村集体经济组织成员权利，重点推进农村社区股份合作制改革，大力发展股份合作等多种形式的合作与联合，坚持农村土地集体所有，坚持家庭承包经营基础性地位，探索集体经济新的实现形式和运行机制，不断解放和发展农村社会生产力，促进农业发展、农民富裕、农村繁荣[3]。

（二）农村法律服务水平得到充分提升

农村社区法治建设的有序开展可以促进农村社会稳定与和谐，对于提升农村社区居民生活品质具有重要意义。党的十八大以来，在全面依法治国的大背景下，党和国家开展了一系列以“建设法治乡村”为主题的法治建设活动，其在促进农村社会稳定和谐、有序运行和提升农民法律意识等方面起到了重要作用。

2018 年 2 月，中央一号文件首次提出“建设法治乡村”的时代命题，并继续在“法治乡村”建设、乡村普法以及农民法律援助和司法援助等方面持续发力。利用“三下乡”“法律宣传月”“法律宣传日”等主题活动，将更多优质的法律服务、法律知识送到农村社区，受到了广大农民的极大欢迎。2018 年 1 月 24 日发布的《中国法律援助发展报告（2017 年度）》数据显示，截至 2017 年底，全国共办理法律援助案件 130. 7 万余件，提供法律咨询超过 838 万人次。全国已有超过 90%的地方将法律援助业务经费纳入财政预算，24 个省（区、市）设立了省级法律援助专项资金。2017 年全国法律援助经费总额达到 23. 5 亿元，增长 11. 3%。全国共设立法律援助机构 3200 多个，法律援助工作站总数达 7. 1 万余个，全国共有法律援助机构人员和管理人员 1. 4 万余人[4]。与此同时，全国各地也在结合自身实际情况的基础上，不断创新农村社区法律服务的方式和方法，农村社区法治建设整体水平得到较大程度的提升。

首先，农村社区基层公益性法律服务水平不断提升。山西省根据《中华人民共和国城市居民委员会组织法》修订情况，适时启动山西省实施办法的修订工作；紧跟社会形势发展，研究制定符合全省社区治理实际的相关政策法规。落实中共中央办公厅、国务院办公厅印发的《关于实行国家机关“谁执法谁普法”普法责任制的意见》，开展社区学法、用法、讲法活动实践，发挥警官、法官、检察官、律师、公证员、基层法律服务工作者法治宣传先锋作用，深入开展法治宣传教育和法律进社区活动。推进基层调解中心规范化建设，健全城乡社区人民调解组织网络，扩大人民调解工作覆盖面；巩固律师事务所县（市、区）全覆盖成果，启动乡级法律服务站点建设，推进城乡律师法律服务均等化；推动“一村（社区）一法律顾问”由“有形覆盖”向“有效覆盖”迈进，引导优势法律服务资源下沉；构建公证救助机制，夯实政府法律援助保障机制，农村社区法治水平整体得到提升[5]。

其次，人民调解成为解决农村社区社会纠纷的重要手段。山东省菏泽市人民调解第一季度数据显示[6]，全市第一季度共调解矛盾纠纷 6836 件，其中婚姻家庭纠纷 2164 件，占 32%，其次依次为邻里纠纷、房屋宅基地和道路交通，分别占 28%、9%和 4%，具体如图 1 所示。

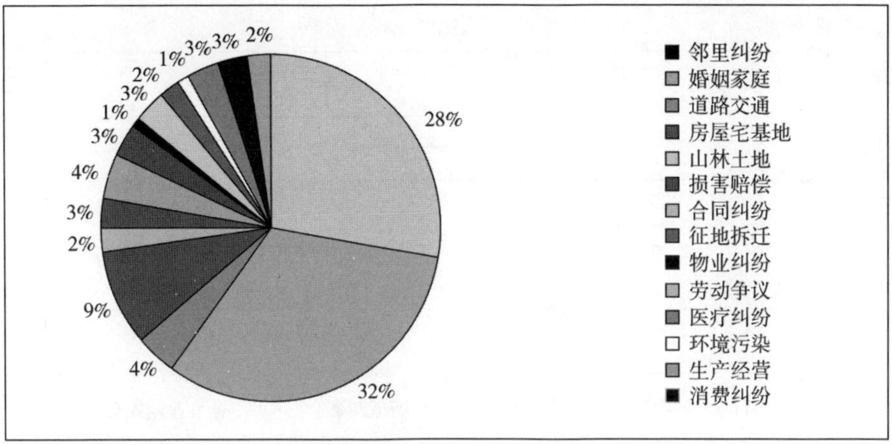

图1　山东省菏泽市2018年第一季度矛盾纠纷分类所占比重

在调解的诸多矛盾纠纷中，人民调解成为解决矛盾纠纷的重要手段。其中不同调解组织所占的比重又呈现出较大的差异，如图2所示。村（社区）调解委员会调解矛盾纠纷数量最多，合计4595件，占67.22%；其次依次是乡镇调解委员会、街道调解委员会、企事业单位调解委员会、社会其他组织，分别占矛盾纠纷总量的20.77%、5.80%、3.52%、3.33%。通过积极吸纳热心于公益事业且在农村社区中具有较高威望的村民进入调解组织，对于化解农村社区矛盾纠纷无疑起到了重要作用。人民调解成为开展矛盾纠纷化解、丰富矛盾纠纷组织化处理的重要手段。浙江省台州市白鹤镇司法所的人民调解工作成效显著。根据当地的历史传统、风土民情、纠纷矛盾情况等因素，白鹤镇人民调解委员会建立了和合调解工作室，形成了调解须知、调解流程、工作职责等具体工作程序，通过人民调解员（评选金牌和首席调解员，充分利用各种乡村能人）建立公共法律服务工作制度（有记录本），有理有力地化解了各种矛盾纠纷[7]。

（三）农村社区法制教育成效显著

首先，农民法律意识不断提升。按照1986年我国第一个五年普法规划算起，我国普法宣传已走过30多个年头。经过30多年的发展，农民的法律意识得到了很大程度的提高，农民开始运用法律手段维护自身的合法权

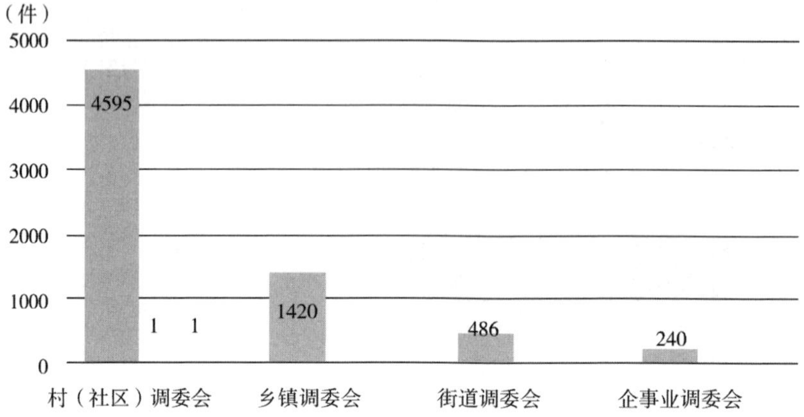

图 2　山东省菏泽市 2018 年第一季度矛盾纠纷排查不同调解主体统计

益。同时，2018 年以来一些地方也采取积极有效的措施，丰富宣传手段，加大对农村社区的普法教育。湖南省通道县坪坦乡建设了“阳光村务”信息互动平台，利用微信平台在全乡 16 个村建起了村级平安创建微信群，动员广大群众积极参与平安创建活动，并充分利用这一平台宣传党的方针政策、法律法规、村规民约、综治维稳、消防安全、交通安全等知识，使村民通过新的平台及时了解党的路线、方针、政策，自觉参与乡村政策宣传、秩序维护、治安管理，从而进一步推动社会治安防控力量下沉、接地。通过建立平安创建微信群，群众的政策法律意识、自我保护意识、安全防范意识明显提高，群众更有安全感、获得感[8]。甘肃省陇西县在审计工作上持续发力，成立审计工作站，制定了农村集体经济审计工作岗位职责等七项农村集体经济审计制度，并把村级财务管理纳入基层党风廉政建设考核，用基层党风廉政建设考核指标监督乡村干部严格执行村级财务管理制度。在积极开展农村年度收支常规审计、村“两委”换届经济责任审计和专项审计的同时，对财务管理混乱村、群众上访村进行调查摸底，集中力量开展重点审计。由于农村财务监管力度的加大，村“两委”成员法律意识和廉洁自律自觉性不断提高，因财务问题引发的群众上访逐年减少，村级实现了财务问题“零”上访[9]。其次，农村“两委”依法治村能力显著提升，在引导农民科学、合理运用法律手段维护合法权益方面起到重要作用。最后，通过“民主法治村”“平安月”“平安村”等相关法律教育创建活动的开展，广大农民的学法守法热情得到极大程度的调动，农村社区法治教育在广度和深度上得到了进一步拓展。

三、实践特色

（一）农村社区法治建设中党建引领特色突出

农村基层党组织是党开展工作的重要支撑和战斗堡垒。2018 年以来，全国各地都在紧密结合本地实际和业务特点，积极探索和实行“党建+司法行政”工作模式，党组织对农村社区法治建设的引领作用进一步突出。黑龙江省桦南县全面推行“5+N+V”农村社区综合治理工作模式，即充分发挥社区主任、社区民警、网格长、法律工作者、综治协理员“5”个主体作用，切实提高驻区单位、社会组织和各类志愿者队伍“N”的参与意识，有效利用社会综合治理平台、社区四级微信和公安 App 软件等“V”的科技网络，变坐等群众上门为主动入户服务，居民不出社区就能办理就业、低保、法律援助等 60 余种事项[10]。安徽省长丰县下塘镇安费塘村在镇党委的领导下，坚持“党建引领、民主协商、群智共建”工作思路，以“打造优质服务、促进村居和谐”为工作目标，以“党建 3+1”关爱为工作模式，以修订村规民约为契机，在组织建设、民主协商、为民服务等方面相互融合，探索出一条村（居）治理的新路[11]。

（二）扫黑除恶成为农村社区法治建设的重要领域

2018 年 1 月，中共中央、国务院印发《关于开展扫黑除恶专项斗争的通知》，对涉黑涉恶问题进行系统治理。农村作为扫黑除恶专项斗争的重点领域，2018 年各地对涉黑涉恶问题进行了系列专项治理，取得了显著成效。贵州省印江土家族苗族自治县抓实农村基层党组织建设，着力选好配强村党支部班子，全面整顿软弱涣散基层党组织，大力推广“塘约经验”，强化党建引领，充分发挥基层党组织战斗堡垒作用和党员先锋模范作用，切实打好乡村自治、法治、德治协同发力的组合拳，建立健全党委领导、政府负责、社会协同、公众参与、法治保障的现代乡村社会治理体制；深入开展扫黑除恶专项斗争，依法严惩人民群众最痛恨的黑恶势力，着力解决农村赌博、传销、滥办酒席等违法违规问题，建设平安乡村、和谐乡村、文明乡村，确保乡村社会充满活力、和谐有序[12]。安徽省怀宁县把村（社区）“两委”换届选举作为加强农村基层组织建设的重点来抓，坚持早谋划、早部署、早启动，做好村（社区）“两委”换届准备工作；结合开展扫黑除恶专项斗争，深入开展“村霸”问题专项治理，防止“村霸”等不符合条件的人进入村“两委”班子[13]。

（三）公共法律服务是农村社区法治建设的重要着力点

自党的十八届四中全会提出“推进覆盖城乡居民的公共法律服务体系建设，加强民生领域法律服务”以来，农村公共法律服务得到了迅速发展。2018 年，全国各地紧紧围绕公共法律服务便民化、均等化，在促进农村社区法治建设上取得了显著成效。广西壮族自治区柳州市城中区在辖区 33 个村（社区）全部建立法律顾问微信群，开启法律顾问服务零距离模式。建立区级法律顾问工作管理群，包含法律顾问管理工作人员、司法所工作人员，由区司法局负责管理；在村（社区）建立法律顾问服务群，包含村（社区）主任、部分居民楼楼长及居民、驻村（社区）法律顾问、司法所所长和工作人员，由各司法所负责管理，构建起区、村（社区）两级工作网络，实现村（社区）法律顾问与对应村（社区）的全方位沟通互动。明确职责，规范管理。明确微信群的工作职责和主要功能，按照“谁建立谁管理、谁管理谁负责”的原则，认真做好入群审核、发布言论、人员管理等工作，实现法律服务输送更便捷、组织更高效[14]。

四、实践短板

改革开放 40 年来我国农村社区法治建设取得了举世瞩目的成就，在推动农村社会经济发展和国家政权稳定方面发挥了重要作用。但是，在法治建设实践中也存在着法治服务体制不健全、村民法律意识依然淡薄以及法治运行保障机制不健全等一系列问题。

（一）农村社区法治服务体制不健全

长期以来，农村社区法治建设的难点就在于如何完善法律服务体制。2018年，我国农村社区在法治建设上难点依旧在于社区法治服务体制不健全，主要表现在以下几方面。首先，农村社区法律服务人员素质较低。其具体又表现在两个方面：一是农村社区法律服务队伍人员数量上的不足；二是农村社区法律服务队伍专业素质上的不足。农村社区法律服务是一个包括代理诉讼、非诉讼业务、法律咨询、法律文书代写等内容的完整活动。然而，就具体的农村法律服务实践而言，农村社区法律服务呈现出明显的不完整性。部分农村社区的法律服务内容仅仅停留在民事诉讼和企业法律顾问方面，而其他法律服务内容却由于收费较低或不能收费，部分农村社区法律从业人员不愿从事，致使农村社区法律服务内容仅仅局限于几个方面，呈现出简单化态势。其次，农村基层司法机构不健全。受到经济发展水平、地理位置等诸多因素的影响，目前我国仍有部分乡镇司法机构不健全或者悬置，致使村民无法得到应有的法律服务。同时，部分乡镇人民法庭也存在着管辖范围过大的问题，使得村民的诉讼成本较大。

（二）农村社区法治建设相关法律法规不足

综观2018年农村社区法治建设的相关政策文件和法律法规，无论是2018年1月颁布的《关于开展扫黑除恶专项斗争的通知》，还是2018年9月颁布的《国家乡村振兴战略规划（2018—2022年）》，无不表明2018年我国农村社区法治建设的政策法规覆盖面逐渐扩大。但是，也要清楚地看到，目前我国关于农村社区的立法仍然较少，“政策主导、法制缺乏”问题依然是制约农村社区法治建设的重要瓶颈。党和国家所颁布的一系列管理条例、规章制度等，由于其所调整的社会关系和对象范围都具有一定的局限性，难以对农村社区法治建设提供应有的法律保障。部分领域仍面临着无法可依的尴尬局面，农村社区法律法规亟待完善。

（三）村民法律意识依然淡薄

农民法律意识既是农村法治化的重要体现，也是实现农村法治化的重要因素，对于维护农村社会稳定具有重要意义。2018 年，我国继续依托“民主法治村”“平安月”“平安村”等相关法律教育创建活动的开展，宣传相关法律知识，在提升村民法律意识方面起到了重要作用。但是，也应该看到目前我国农村社区法治教育仍存在着诸多急需解决的问题。第一，农民法律意识仍然较低，人情关系大于法治，信访不信法的问题依旧突出。受到传统观念和自身文化水平的限制，广大农民缺乏通过合法渠道维护合法权益的意识和能力，在涉及房屋拆迁、宅基地、环境、土地问题上，农民往往会选择上访而非通过法律渠道维护自身的合法权益，不是通过法律咨询或农村社区法律工作者寻求法律援助，而是试图通过家族势力以“抱团”的方式对抗，由此产生了诸多的群体性事件，危及农村社会的稳定与和谐。第二，部分农村社区村干部“村霸”横行乡里、欺压百姓，严重影响农村法治建设。与“大老虎”相比，“村霸”至多算是“苍蝇”。但是由于他们直接面向广大群众，天天和百姓打交道，其破坏力极强、影响极坏，严重侵蚀老百姓的获得感、幸福感。近年来，全国各地不断爆出“村霸”丑闻，他们大多说话办事独断专行，肆无忌惮地侵吞集体公共资源，在十里八乡横征暴敛、鱼肉乡亲、欺男霸女、无恶不作，给整个农村法治环境带来了恶劣影响。可以这么说，一个地方一旦有“村霸”等恶势力长期存在，要想实现农村社区法治必然困难重重。

五、对策建议

新形势下，加强农村社区法治建设不仅是全面依法治国的应有之义，也是深入推进乡村振兴战略的重要举措。农村社区法治建设直接关系到我国全面依法治国战略和农村社会稳定目标能否实现。因此，应该积极吸取农村社区法治建设正反两方面的经验与教训，积极推进新时代农村社区法治建设深入发展。

（一）健全农村社区法律体系

1. 提高农村社区执法水平，严格依法办事

执法是整个法律实践过程的核心和关键，一部法律的实施效果在很大程度上取决于法律在执行过程中能否按照原设目标执行，其对于增强法律权威和提升人们对法律的认同和信任至关重要。因此，农村社区法治建设必须提高执法水平，严格依法办事。一是应该加强和规范执法机关建设。对于农村社区法治建设而言，关键又在于乡镇执法机关建设，应明确其执法内容与执法权限，坚决避免利用公法损害人民群众的正当合法权益。当乡镇不能及时解决农民遇到的问题时，应该予以说明并及时转到相应的正确执法部门，避免不同执法机构之间重复执法、交叉执法。二是应加强农村执法监督体系建设，严格贯彻权责一致、程序正当、合理合法等相关原则，做到有权必有责、用权必监督，切实规范公权力运行。三是应该提高农村执法人员的基本素质，打造专业高效的执法队伍。可以采用定期或不定期的方式，对农村基层执法人员进行专业培训教育；同时也应该适当提高农村执法人员的薪资待遇，当前由于农村人口外流严重以及受到发展空间、工资待遇等因素的影响，使得农村社区难以吸收高素质、高学历的专业法律人才。因此，执法部门应创新切实有效的人才培养和发展机制，加强人才选拔，打造专业化、高效化的农村执法队伍。

2. 杜绝各种因素干扰农村基层司法，维护司法公正

司法公正是维护和实现社会公平正义、维护法律权威的重要保证，而司法公正的首要前提又在于使司法不受外界干扰。要做到农村基层司法公正，应主要做到以下几方面。一是加强财政对农村司法的专项拨付，避免司法机关对地方财政过度依赖。二是应加强农村社区司法机构建设。当前为解决民间纠纷而设立的人民法庭多停留在乡镇一级，这对于解决乡镇周边或者农村社区较为聚集地区的民间纠纷具有重要作用。但是，我国边缘山地地区农村村落具有很大的分散性，不同的村落、不同的村户彼此之间分散在不同的地区，这使得人民法庭很难及时发挥其应有的作用。因此，可以在较大的农村或者在辐射带动范围较大的农村社区设立人民法庭，明

确人民法庭的辐射范围，以减轻农民的诉讼障碍和成本。三是应该建立和完善包括人民调解、人民法庭、协商等多元纠纷解决方式。当前，我国绝大部分农村仍受到传统文化的较大影响，如南方地区家族因素就以不同的方式、不同的形式继续影响乡村治理和农民的行为。因此，可以将在农村中具有较高威望、德高望重的村民吸纳到人民调解中去，争取矛盾纠纷的就地解决。对于农村社区纠纷的解决，应及时采用多元化的纠纷解决方式，建立多元化的纠纷解决机制，减轻农民的成本。

（二）培养村民的法律意识

第一，应该加强对农村社区的法治宣传教育。农村社区的法治宣传教育必须紧密贴近农村社会实际，通过通俗易懂的方式对村民进行法治教育，坚持“贴近生活、贴近实际、贴近农村”的原则。具体来讲，主要应该从以下几方面着手：首先可以通过“民主法治村”“平安月”“平安村”等相关法律教育创建活动的开展，宣传相关法律知识。或可以采用宣传栏、广播电视等渠道，以潜移默化的方式对村民进行法治教育。其次可以采用定期或不定期的方式，组织相关人员深入农村社区进行法治知识宣讲，以增强村民的法律意识和法治精神。最后应提高基层运用互联网进行法制宣传的意识和能力。改革开放40年来，农村社会发生了翻天覆地的变化，互联网开始广泛影响村民的日常生活。当前，互联网已成为意识形态和法治教育的重要渠道。因此，应充分利用互联网开展法律知识的宣传和教育，提升村民的法律意识。第二，应该加强农村社区法治教育的实效性，避免在农村社区盲目开展法治宣传教育活动，坚持将法治宣传教育与农村社区自身的实际情况相结合，以村民的实际需求为出发点，真正做到法治宣传教育落地生根，做出实效。第三，应注重农村社区法治环境的培养和营造。法治宣传教育的顺利开展，离不开农村社区良好法治环境的培养。因此，要不断创新法治宣传教育方式，避免单纯的理论灌输和说教，应该不断将法治宣传教育与村民的日常生活、实践相结合，形成多元化的法治宣传教育体制。第四，要充分调动村民参与社区法治建设的积极性和主动性。村民是农村社区法治建设的主体和主要参与者，他们对农村社区法治建设认同与否、感兴趣与否、想学习与否，直接关系到农村社区法治建设的成效。因此，必须采用科学、多元化的方法，调动村民参与社区法治建设的主动性和积极性，真正发挥农民在农村社区法治建设中的主体作用。第五，保证法治宣传教育的系统性与科学性。应该积极将高校以及广大法律从业人员吸纳到农村社区法治宣传教育队伍中，实现法治宣传教育的优化整合，最大限度地将法律行政部门、高校以及法律从业人员形成有机整体，优化资源配置，促进农村社区法治宣传教育的有序开展，实现农村社区法治宣传教育的科学化和系统化[15]。

（三）建立健全农村社区法律监督体制，增强法律权威

建立健全法律监督体制，是农村社区法治建设的应有之义和内在要求。一般来讲，法律监督可以分为内部监督和外部监督两类，因此健全农村社区法律监督体制也主要从这两方面着手。首先，应该严格规范人大、上下级、党组织等不同法律监督主体的监督行为，明确不同主体之间的监督内容和权限，明确监督程序，保证不同监督主体之间严格按照相关法律程序实施监督。其次，应该加强法律监督主体的问责机制建设。科学划分不同监督主体享有的权力和应该承担的责任，做到有权必有责。深入推进巡查监督，对不同监督主体形成倒逼机制。形成一个包括党、政府、舆论等不同主体在内的问责体系，形成问责合力。最后，应该充分发挥社会公众、社会组织、互联网等外部力量在法律监督中的重要作用，相关信息及时向社会公众公布，自觉接受社会力量的监督。

（执笔人：张玉强）

参考文献：

［1］湖北：农村无害化厕所普及率 3 年将达 100%［J］．乡镇论坛，2018（05）：4.

［2］最高法：为乡村振兴发展营造良好法治环境［J］．乡镇论坛，2018（03）：4.

[3] 江苏：深化农村集体产权制度改革［J］．乡镇论坛，2018（04）：4.

[4] 中国政法大学国家法律援助研究院．中国法律援助发展研究报告（2017 年度）［R］．http：//www. ahxb. cn/c/3/2018-01-26/4860. html.

[5] 晋宣．开展六大能力建设　提高城乡社区治理水平［J］．乡镇论坛，2018（05）：19.

[6] 菏泽市 2018 年第一季度矛盾纠纷排查分析报告［R］．http：//www. hzsfj. gov. cn/view. asp？id=4658.

[7] 孙培军．实现基层治理的自治、法治和德治有机统一［J］．乡镇论坛，2018（04）：17.

[8] 中央一号文件如何落地　听基层干部支招［J］．乡镇论坛，2018（03）：11.

[9] 李建平．陇西：探索"三资"监督体制标准化［J］．乡镇论坛，2018（03）：24.

[10] 苏捷，李岚．乡镇改革赋权增效的桦南样本［J］．乡镇论坛，2018（01）：9.

[11] 民主协商五步法　走出社区协商新路［J］．乡镇论坛，2018（02）：14.

[12] 田艳．奋力开启同步小康新征程［J］．乡镇论坛，2018（03）：8.

[13] 杨结宝．怀宁县做好村（社区）"两委"换届准备工作［J］．乡镇论坛，2018（06）：23.

[14] 傅永新，韦入尹．法律顾问微信群精准服务村（居）民［J］．乡镇论坛，2018（07）：20.

[15] 孔慧娟．拓宽农村法治教育的广度和深度［J］．人民论坛，2018（16）：166-167.

农村社区工作者队伍建设分析

摘要：农村社区工作者是农村社区服务的直接提供者，也是推动农村社区治理水平提升的关键力量。近年来，农村社区工作者队伍建设越来越成为农村社区建设的重要内容。从整体上看，2018 年我国农村社区工作者队伍在综合素质、队伍结构以及保障机制建设等方面取得了很大的进展，表现为注重壮大农村专业社会组织人才队伍、重视完善农村社区工作者监督机制以及强调提升农村社区志愿者的专业化水平三个方面。但是，农村社区工作者队伍建设依旧存在一些问题，包括队伍素质地区分布不均衡、优秀人才留住难、绩效考核机制不完善等几个方面，对此，建议从搭建平台、完善制度、强化培训和健全机制四个方面予以改进。

关键词：农村社区；社区工作者；社区建设；社区治理

一、引言

农村社区工作者是对在农村社区范围内从事社区建设和服务的人员的统称，包括村“两委”成员、大学生村官、专业社工以及社区志愿者等群体。他们既是党和政府基层工作的执行者，也是推动农村发展、维护农村稳定的基础力量。强有力的社区工作者队伍是提升农村社区公共服务水平、提升农村社区治理成效的前提和基础。2018 年 3 月 8 日，习近平总书记在参加十三届全国人大一次会议山东代表团审议时强调：“要把人力资本开发放在首要位置，让愿意留在乡村、建设家乡的人留得安心，让愿意上山下乡、回报乡村的人更有信心。”加强社区工作者队伍建设，对于巩固党的执政基础和群众基础，提升基层服务能力，维护社会稳定，促进社会和谐，提升人民群众的生活品质具有十分重要的意义。要实现城乡社区建设的管理有序、服务完善、文明祥和，社区工作者队伍建设必然是重中之重。

二、实践进展

（一）农村社区工作者的综合素质持续提升

农村社区工作者素质高低不仅对持续推进农村社区建设有着至关重要的影响，而且关系到广大村民切身利益的实现程度。整体素质高、结构搭配良好的农村社区工作者队伍能够有效推动农村社区治理水平的提升。然而，由于农村人口的持续外流，以及村“两委”成员工资水平较低等因素，农村社区工作者队伍综合素质水平一直不高，这严重影响了国家政策的执行效果和农村社区服务水平的提高。近年来，农村社区建设的深入推进对社区工作者的综合素质提出了更高的要求，社区工作者队伍素质提升的重要性日益凸显。正因如此，2018 年国家加大了对大学生村官、驻村干部、第一书记等的下派力度，各省份对农村社区工作者的培训力度也不断加大，以更好地满足农村社区治理的需求，在多项措施的共同作用下，2018 年农村社区工作者队伍素质保持了不断提升的整体趋势。江西省铜鼓县开辟了一条山区特色引才之路，3 年内共引进各类紧缺人才上百名，2018 年铜鼓县累计安排人才走访慰问金 4.25 万元，为 6 名人才发放了 3 万元的贡献奖，吸引了 32 名人才安家落户，较好地解决了当地的人才稀缺等困难，促进了地区发展。

（二）农村社区工作者的教育和管理不断加强

2018 年围绕农村社区工作者队伍建设，各省份在农村社区工作者的教育和管理方面做了一些有益的探索。江西省吉安县为了建设一支高素质专业化的农村社区工作者队伍，促进农村社区工作者教育培训的多样化，实施了一系列举措。一是实行考核等级制度，对农村社区工作者在培训期间的学习表现，遵守纪律情况进行如实记载，并根据农村社区工作者的表现情况分为四个等级，填写《干部培训情况登记表》，放入干部档案中。二是围绕吉安县整体的大局，增强干部教育培训的针对性。在每次培训后，对培训内容、培训方式等内容进行问卷调查，了解干部对培训工作的意见，从而根据农村社区工作者的反馈信息，不断改进社区工作者的教育工作，提升培训质量。针对性培训有助于帮助农村社区工作者解决工作中的问题，提高他们的工作能力。在有针对性开设培训课程的基础上，吉安县还力争在未来的几年，每年都要向县级单位报告培训班的工作计划，针对农村社区工作者在工作中遇到的困惑也要及时予以解决，以打造高素质的农村社区工作者队伍。

（三）农村社区工作者保障机制不断完善

完善的保障机制是提高社区工作者工作效率和质量的前提基础，随着国家财政支持力度的不断加大，近年来农村社区工作者保障机制一直呈现不断完善的整体趋势。2018 年国家发布了《关于调整提高村干部补贴及离任村干部荣誉金的通知》，根据该意见，村干部工资标准将与本地区农村居民平均可支配收入息息相关。在医疗方面，村干部可享受定期体检，退休的村干部只要年满 60 岁且缴够 3 年以上的养老保险，均可以领取养老金，国家给予的补助每年不会低于 2800 元，这些福利极大地提高了村“两委”成员的工作积极性。此外，全国各省份在认真贯彻落实国家优惠政策的基础之上，也在积极探索建立完善农村社区工作者奖励激励机制，尽最大努力留住人才。山东省委办公厅、省政府办公厅印发了《关于关心关爱基层干部减轻基层工作负担的十条意见》[1]，要求积极落实村干部正常待遇和福利，建立健全关爱帮扶制度，加大从基层一线选拔使用干部的力度，在选拔任用时，同等条件下优先考虑基层干部，提升基层干部素质能力，完善基层干部正向奖励机制。青岛市为了调动村“两委”成员的积极性，建立了科学合理的报酬动态增长机制，村干部基本报酬和职业津贴所需资金的 60%由省财政补助，40%由市统筹解决，而绩效报酬、冬季取暖补助等均由地方财政自筹解决。

三、实践特色

（一）注重壮大农村专业社会组织人才队伍

2018 年中央一号文件指出：“大力培育服务性、公益性、互助性农村社会组织，积极发展农村社会工作和志愿服务。”“汇聚全社会力量，强化乡村振兴人才支撑。”专业社会工作者是农村社区工作者队伍的重要组成部分，随着政府购买服务力度的不断扩大，越来越多的专业社会组织人才参与到农村社区建设中。2018 年，民政部下发的《关于大力培育发展社区社会组织的意见》，提出到 2020 年我国将实现农村社区平均拥有不少于 5 个社区社会组织，在农村社区开展为民服务、公益慈善、邻里互助、文体娱乐和农村生产技术服务等活动。为了提高农村社区工作者队伍整体素质，为农村社区提供专业化的人才队伍，广东省珠海市金湾区依托“金湾社会创新谷”和“和睦·三板居”两个社会工作项目，在所辖的两个镇 21 个村建立了社会工作服务站，实现了农村地区专业社会工作的全覆盖。社会工作服务站工作人员不仅具有很强的专业性，能够根据村民需要提供专业化服务，帮助村民发展产业项目，而且还经常举办各种活动，有效提升了农村社区的凝聚力和向心力。金湾区的实践为实现专业社会组织人才覆盖农村社区开辟了道路，对进一步探索专业社会组织力量参与农村社区治理的途径具有重要的现实意义。

（二）重视完善农村社区工作者监督机制

不断完善社区工作者监督机制是提升农村社区治理水平的重要途径。近年来，随着农村社区建设工作的不断推进，一些村干部作风问题逐渐暴露出来，并引发了不少社会矛盾，强化农村社区工作者监督机制日益成为提升农村社区治理水平的重要内容。2017 年底，中共中央办公厅、国务院办公厅印发了《关于建立健全村务监督委员会的指导意见》（以下简称

《意见》），指出村务监督委员会是村民对村务进行民主监督的机构，建立健全村务监督委员会，对从源头上遏制村民群众身边的不正之风和腐败问题，对促进农村和谐稳定发展，具有重要的作用。村务监督委员会是实行民主监督，保护村民切身利益的重要制度设计，主要是对村务、财务管理等情况进行监督。《意见》发布以后，各省份积极贯彻落实。江苏省委组织部、民政厅组成调研组在淮安市盱眙县开展村务监督委员会建设情况调研，并召开了村务监督委员会建设情况座谈会，盱眙县委组织部、农工部、民政局的负责同志及相关乡镇、村（居）参加了座谈[2]。四川省峨眉山市强化对村监会的规范化管理，创新监督机制，破解了村监会的监督难题。江苏省高邮市通过完善村监会制度，使村干部作风得到明显转变，切实维护了广大村民的利益。

（三）强调提升农村社区志愿者的专业化水平

2017 年 12 月 1 日，我国首部志愿服务行政法规《志愿服务条例》（以下简称《条例》）正式施行，为我国志愿者服务事业健康发展提供了重要保障。《条例》立足我国志愿者服务发展实际，科学把握新形势下志愿服务工作的特点和规律，用 6 章 44 条对志愿者服务的总体规定、志愿者和志愿者服务组织、志愿服务活动等内容作出了规定。志愿者是农村社区工作者队伍的重要组成部分，在推动农村社区治理水平提升过程中发挥着重要的作用。然而，由于志愿者来源范围广泛，因此群体的专业化素质水平存在明显差异。党的十九大报告明确提出要“推进诚信建设和志愿服务制度化”，为了提升农村社区志愿者专业化素养，2018 年各地做了积极的探索。甘肃省武威市[3]、黑龙江省牡丹江市等地，不仅积极通过开设农村社区志愿者专题培训，规范社区志愿者服务的开展，而且还推动了农村社区志愿者服务工作的制度化和常态化，加大了志愿者服务信息系统的推广使用范围。江西省邀请有关专家对《志愿服务条例》进行了详细解读，分析了国外志愿服务发展的经验和做法，帮助志愿者更好地理解并运用《志愿服务条例》。浙江省安吉县敦厚镇罗家村更是成立了首家村级志愿者协会，标志着安吉县第一个农村志愿服务队伍的诞生，该协会通过在村中开展关爱留守老人和儿童、移风易俗等志愿活动，为农村社区营造了和谐的社区氛围，有效推动了农村社区治理水平的提升。

四、实践短板

为了推动农村社区建设的发展，提升农村社区治理水平，在社区工作者人才队伍建设方面，2018 年各省份因地制宜地进行了诸多探索，但由于地区经济发展水平、人口素质差异等因素的限制，农村社区工作者队伍建设依然面临着一些问题，农村社区人才队伍建设还有很长的一段路要走。

（一）农村社区工作者队伍素质地区分布不均衡

高素质的人才队伍是提供高质量社区服务的前提条件。习近平总书记指出："社区虽小，但连着千家万户，做好社区工作十分重要。""要积极探索创新，通过多种形式延伸管理链条，提高服务水平，让千家万户切身感受到党和政府的温暖。"结构搭配良好、队伍分布均衡的农村社区工作者队伍，对于提高农村社区公共服务水平具有重要作用。然而，从全国农村社区工作者队伍分布状况来看，存在明显的不均衡状况。在全国整体分布上，东部经济发达省份明显优于中西部经济欠发达省份；在具体分布上，城乡接合部地区要优于纯农村地区，平原地区也优于山区等地形复杂地区。全国的农村社区工作者队伍建设，表现出了极大的不均衡，这种不均衡的现状实际与地区教育水平、社会经济条件有着密切的联系。另外，在人才激励政策和扶持力度等方面，全国也呈现出南强北弱、东快西慢的特征。

（二）农村社区工作者队伍优秀人才留住难

2018 年各省份都对农村社区人才建设投入了大量的资金，这些资金主要用于村干部的选拔、招揽社会专业人才及工作人员的能力培训，但是由于实施时间较短，成效并不显著。研究显示，有相当一部分农村社区工作者并不甘心留在农村社区，而是期望通过国考、省考等途径实现职位转换。虽然国家和各省份出台了一系列政策帮助农村社区留住人才，例如规定专项招生计划培养的大学生必须在农村和贫困地区工作一定年限等。但是期限一到，相当一部分农村社区工作者还是会通过各种途径实现“高升”；更有甚者，虽然身在农村和贫困地区工作，但心思却不在工作上，一心只想着何时能够脱离农村社区，虽然这只是少数，但造成的影响却是巨大的。在农村社区工作者人才选拔方面，同样存在困难。农村社区工作人员选拔一般有两种途径：一是从现任村干部中选拔；二是从社会上公开选聘。两种途径都存在一定问题，如果从现任村干部中选拔，由于其自身能力素质的限制，往往容易导致农村社区工作者队伍的整体综合素质参差不齐[4]；而从社会上选聘，最大的问题就是一些偏远的村庄难以吸引优秀人才，可能会出现无人参选的窘境。这些问题的存在是导致当前农村社区工作者整体素质偏低、结构专业化发展迟缓、专业社会工作人才“留不住”的重要原因。

（三）农村社区工作者绩效考核机制不完善

完善的工作考核机制是实现人才激励、提升农村社区工作者绩效的重要途径。然而，农村社区工作由于其特殊的工作环境和工作内容，往往存在评价指标不明确、工作绩效难以评估的难题。村务工作除了经济发展、扶贫济困、村容村貌等几块大的常规工作任务外，其余的则大多呈现出碎片化的状态，如处理邻里纠纷、家庭失和以及衣食住行等。这些琐事量大且杂，处理起来极其复杂，不仅考验村干部的个人威信，也检验着村干部的整体素质和能力水平。此类工作内容虽占用了村干部大量的时间和精力，但在现有的绩效考核指标之下却很难对其进行量化考核，考核成本也十分巨大[5]。即便是那些看似能够细化的考核事项，如对经济发展和农田水利基本建设的考核等，也很难予以准确的评估。因此，如何建立高效完善的绩效考核机制，是当前村干部职业化所面临的一大难题。

五、对策建议

（一）搭建平台，优化农村社区工作者工作环境

持续推进农村社区化服务与建设，是新形势下解决广大农村公共服务供给不足、推进城乡发展一体化的重要举措。农村社区工作者队伍建设是农村社区建设的一个重要组成部分，关系到广大村民切身利益的实现程度。长期以来，农村社区工作者队伍由于缺乏统一组织和系统培训，普遍呈现出无组织、无秩序、松散分布、单兵作战或无用武之地的状况，并导致了农村社区服务水平低下。同时，随着农村经济社会发展水平的不断提高，广大村民在技术服务、医疗卫生、救济救助、法律咨询、文化娱乐等方面的需求越来越多，对各方面服务的欲望也越来越强烈，标准越来越高，渴望一种更全面的近距离服务方式的产生。在新形势下依托社区加强社区工作者队伍建设，符合广大村民的服务需求，也是进一步推动农村社区建设的必然要求。现阶段，应根据农村社区居民的需求，不断完善农村社区服务中心建设，并因事制宜、因地制宜地合理设定岗位，明确职责分工，为农村社区工作者营造良好的工作环境，以留住更多人才。

（二）完善制度，改善农村社区工作者队伍结构

农村社区工作者队伍建设对推动农村社区整体发展起着至关重要的作用，所以如何解决农村社区工作人员选拔难的问题十分重要。首先，要加大对农村社区工作队伍建设的宣传，拓展农村社区工作者选拔途径，积极通过向社会进行公开招聘、竞争上岗等方法，吸引优秀的大学毕业生、退伍军人等人才加入；还可以通过自我举荐等方式选拔部分机关工作人员，例如民政、卫生、财政等机关单位工作人员，将他们下派到农村社区，发挥其特长，一方面充实农村社区工作者队伍，另一方面有利于加快推动农村社区建设。其次，建立农村社区工作者人才库，开展志愿服务活动。吸引一些退休职工、老师、农村党员等高素质人才不定期加入农村社区工作

队伍中，还可以与一些商会等社会组织进行合作，发挥其人才的优势，丰富农村社区工作者队伍。有条件的农村社区，可以定期将社区工作人员以及能力强、政治素质高的社区志愿者组织起来进行培训，对于特别优秀的社区人才，还可以通过合法的程序，让其加入农村社区工作者队伍。最后，充分发挥党组织的作用，将基层党务工作者作为农村社区工作骨干，充分发挥他们的引领作用，壮大农村社区工作者队伍。

（三）强化培训，提升农村社区工作者素质水平

农村社区工作者的服务对象是广大农村社区居民，由于处于熟人化的社会环境之中，乡土规则作用力强大，因此工作开展存在一定的难度，这对农村社区工作者的能力素质提出了较高的要求。首先，要进一步强化培训力度[6]，提高社区工作者的工作能力。社区要有针对性地制订具体学习计划，努力提高培训的专业化水平，可以通过定期举办一些农村社区工作知识讲座，邀请专业社工、大学教授等专业人才进行授课，或者收集一些视频资料，通过网络设备，让农村社区工作人员进行远程学习，将专业知识普及到每一个农村社区中。此外，还可以鼓励农村社区工作人员参加一些专业培训考试，定期进行专业知识抽查考试，逐步提高工作能力，并根据村民的真实需求，对培训的内容进行不定期的调整。其次，多渠道强化不同农村社区工作人员之间的交流沟通。积极通过外派挂职、轮流换岗等方式，为农村社区工作者交流经验以及心得体会提供机会。最后，加强农村社区工作者与村民之间的互通互联。农村社区要积极开展一些趣味活动，让村民积极地参与进来，也可以让农村工作人员定期到村民家中，帮助村民解决困难等，加深他们之间的了解与信任。既有助于村民体会农村社区工作人员的难处，也有助于农村社区工作人员了解村民的真实需求，推进农村社区工作的开展。

（四）健全机制，强化农村社区工作者考核力度

针对农村社区工作者的考核，可以通过以下几个方面的工作予以完善：首先，建立健全农村社区工作者奖励机制[7]。对工作表现突出、群众

评价高、工作能力强的人员，要予以公开表彰，并给予适当的物质奖励，形成良好的工作氛围。特别优秀的人才还可以通过在社区内部宣传其先进事迹的方式，提高其工作积极性。其次，完善农村社区工作人员监督机制[8]。拓展村民参与社区民主监督的渠道，对于村民反映的工作能力不佳、工作态度消极、服务质量差的工作人员，要及时加以惩戒。对于违法违纪现象，基层政府要积极承担起检查督导责任，维护广大村民的合法权益。最后，完善农村社区工作细则，明确农村社区工作者的职责权限。针对农村社区工作的办事流程、服务标准等，要积极完善具体的规章制度[9]，明确考核的内容、标准等，提高农村社区工作的规范化、制度化水平，真正做到奖罚分明，从而调动农村社区工作人员的工作积极性。

（执笔人：陈舒怡）

参考文献：

［1］田间．山东：关心关爱基层干部为基层工作减负［J］．乡镇论坛，2018（1月上）：4.

［2］谢保全，杨壮．盱眙县开展村务监督委员会建设情况座谈会［N］．中国社区报，2008-01-04（002）.

［3］武宁．武威市举办志愿服务培训班［N］．中国社区报，2018-7-19（002）.

［4］王锦远．村干部职业化存在“四难”［J］．乡镇论坛，2018（1月上）：29.

［5］吕添丞．用好考核“指挥棒”　提振乡镇干部精气神［J］．乡镇论坛，2018（5月上）：24.

［6］张傲．打通服务群众“最后一公里”［N］．中国社区报，2018-3-23（002）.

［7］席建设．重树“四面红旗”　激发村级班子内生动力［J］．乡镇论坛，2018（7月上）：18-19.

［8］宣全祥，殷德标．建立健全干部选拔任用监督制度［J］．乡镇论坛，2018（3月中）：29.

［9］李春杰．严格标准配强基层组织班子［N］．中国社区报，2018-3-2（003）.

农村社区治理研究综述

——基于 Cite Space 的知识图谱分析

摘要：以中国知网2018年农村社区治理的期刊文章为研究对象，借助Cite Space软件形成了农村社区治理研究的关键词共现网络和机构共现网络，力求通过可视化知识图谱的方式，对2018年中国农村社区治理的学术研究现状进行客观描述。知识图谱分析结果显示，2018年农村社区治理研究的热点主要集中于“乡村振兴战略”“村民自治”“乡村文化”“村干部队伍”和“乡村法治”等几个领域，但共现网络结构却并不十分紧密，研究比较分散。此外研究还发现，华中师范大学、中国人民大学、华中科技大学等高校是2018年农村社区治理研究的重镇，但全国农村社区治理研究的学术团队分布十分松散，跨机构合作并不活跃，多数高校均为独立开展研究活动。

关键词：农村社区治理；知识图谱；研究热点；研究机构

一、引言

近年来，随着农村社区治理在国家治理体系与治理能力现代化转型中地位的不断提升，其学术关注度也不断上升，涌现出了一大批具有真知灼见的学术研究成果，其中包括了大量知名学者的专著和论文。时刻紧跟农村社区治理研究的学术热点及学术前沿，不仅有助于避免大量的重复性研究，节约学术研究的人力物力资源，而且有利于发现并弥补学术研究的不足，推动学术研究整体水平的进步。本文借助 Cite Space 软件，以2018年中国知网收录的农村社区治理期刊论文为数据资料来源进行了文献可视化分析，力图详细、客观地呈现2018年中国农村社区治理研究的整体情况，为有关人员了解相关学术研究状况提供可以参考的信息来源。

信息技术的发展为文献资料分析提供了多样化的工具，与其他软件相比，陈超美开发的Cite Space软件融合了聚类分析、社会网络分析、多维尺度分析等方法，侧重于探测和分析学科研究前沿的演变趋势、研究前沿与其知识基础之间的关系，以及不同研究前沿之间的内部联系[1]，在分析和可视化共引网络方面具有准确、便利和高效的特点[2]。研究也主要借助Cite Space程序，但其也有无法忽视的弱点，不能对文献内容进行较为深入的分析，因此笔者只对分析结果做表面性、一般性的研究，具体内容还需对文章作进一步解读。为了更加全面、客观地描述2018年中国农村社区治理学术研究的前沿、热点，分别以“村庄治理”“农村治理”“农村社区”和“乡村治理”为关键词，搜索中国知网，得到2018年期刊文章共计490篇，作为本研究的文献样本。此外，为了描述整体研究趋势的变化，同样截取了中国知网2014—2018年的期刊文章，共计2629篇，作为分析数据来源。

二、主题分析

关键词共现分析法的思想来源于文献计量学的引文耦合与共被引概念，即当两个能够表达某一学科领域研究主题或研究方向的关键词在同一篇文献中出现时，表明这两个词之间具有一定的内在关系，并且出现的次数越多，表明关系越密切、距离越近[3]。关键词共现分析方法可以帮助我们迅速了解2018年农村社区治理研究的热点和结构。将2018年中国知网收集的关于农村社区治理的期刊文章导入Cite Space，节点类型选择“Keyword”，利用“Minimum Spanning Tree”算法，共得到54个节点、53条连线的关键词共现网络。为了进一步优化分析效果，去掉“村庄治理”“农村治理”“农村社区”和“乡村治理”四个频次突出的关键词，最终得到的共现网络如图1所示。图中每个节点都代表出现的关键词，半径越大，说明关键词出现的频率越高，节点之间的连线表示共现关系，线越粗代表两个关键词共同出现的次数越多。

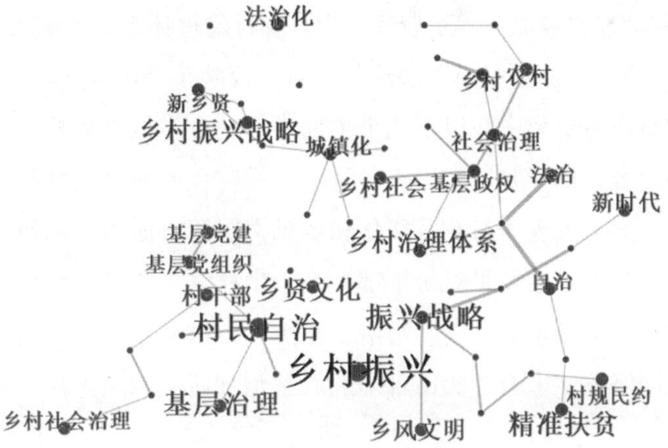

图 1　2018 年农村社区治理关键词共现网络

表 1　关键词共现频次、中心性及名称统计

序号	频次	中心性	关键词
1	48	0.00	乡村振兴
2	24	0.43	村民自治
3	18	0.61	振兴战略
4	16	0.08	基层治理
5	15	0.28	乡村振兴战略
6	15	0.00	精准扶贫
7	13	0.00	乡贤文化
8	12	1.06	乡村治理体系
9	10	0.00	乡风文明
10	9	0.83	农村
11	9	0.22	村干部
12	9	0.00	新时代
13	9	0.00	法治化

关键词共现次数越多，节点的半径越大，说明节点在该领域研究的重要性越强。由表 1 可知，2018 年中国农村社区治理研究出现频次较多的关键词主要包括“乡村振兴”“村民自治”“振兴战略”“基层治理”“乡村振兴战略”“精准扶贫”“乡贤文化”“乡村治理体系”“乡风文明”“农村”“村干部”“新时代”“法治化”等，反映了 2018 年学术界对农村社区治理的研究主要集中在以下几个主题：一是乡村振兴战略；二是村民自治的有关内容，例如基层党组织、村“两委”以及村规民约等；三是乡村文化建设，突出表现为对乡贤文化和乡风文明两方面内容的研究；四是乡村干部队伍建设，主要是对村干部、大学生村官、新乡贤的关注；五是乡村法治建设，重点是对自治、法治、德治“三位一体”内容的探讨。从关键词共现网络整体来看，2018 年农村社区治理研究领域关注的焦点相对比较集中。

为了进一步分析关键词聚类情况，采用“Indexing Terms”模式得到的共现网络聚类标签视图如图 2 所示。该网络共形成了 7 个集群，聚类#0 的标签是振兴战略、聚类#1 的标签是农村治理、聚类#2 的标签是乡村治理、聚类#3 的标签是农村社区、聚类#4 的标签是村民自治、聚类#5 的标签是自治、聚类#6 的标签是基层政权。相比较其他几个关键词，乡村振兴战略是新出现的主题，这里笔者只对其作进一步分析。

2017 年 10 月 18 日，党的十九大报告正式提出了“乡村振兴战略”，要求按照“产业兴旺、生态宜居、乡风文明、治理有效、生活富裕”的要求推动乡村发展，“加强农村基层基础工作，健全自治、法治、德治相结合的乡村治理体系”。乡村振兴战略的提出为农村社区治理指明了方向，成为学者们研究的重要内容。2018 年关于乡村振兴战略的研究主要是沿两条路径展开的：一是以乡村振兴战略为背景，研究当前农村社区治理的困境与改进路径。魏三珊认为，探究乡村振兴背景下农村治理转型对策具有十分重要的现实意义，当前我国农村治理仍存在治理结构不科学、村民参与度低、公共服务供给失衡等困境，应着力从以上三个方面着手全面提升农村治理水平[4]。还有一些学者专注于边疆民族地区的乡村治理机制、农村土地治理、公共服务供给、教育精准扶贫、基层党组织以及生态环境治

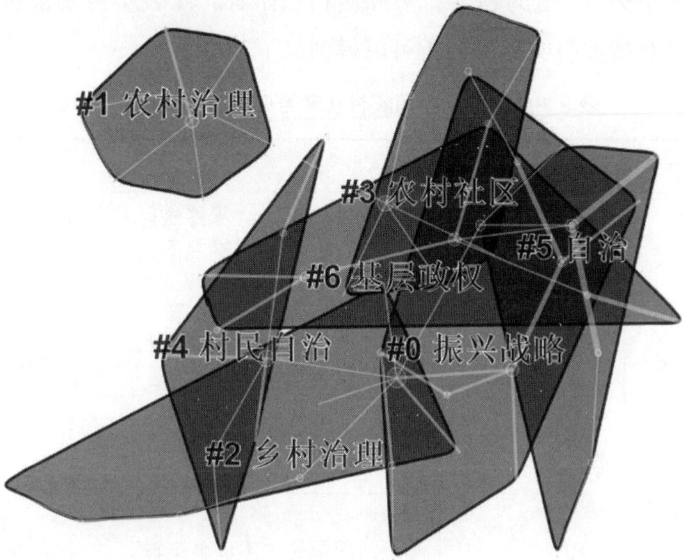

图2 2018年农村社区治理关键词共现网络自动聚类标签视图

理等问题与对策的研究。二是以乡村振兴为目标，探讨我国农村社区治理改进的路径与模式。姜德波、彭程通过剖析城市化进程中乡村衰落的成因指出，我国乡村的衰落现象，既是市场经济运行的结果也是历史积淀的问题，还是国家在发展战略方面过分偏重工业和城市的结果，乡村振兴的重点在于农民，应大力发展农业和农村产业、增强农村活力、带动农民致富的积极性[5]。还有一些学者专注于对乡村振兴战略内涵、意义以及演进逻辑的解读。整体而言，乡村振兴作为新的战略构思，虽然具有较高的学术研究热度，但高质量的学术研究成果却十分匮乏，研究的广度及深度仍相当有限。

三、研究内容

为了进一步分析学界研究的核心内容，本研究以“农村社区”为篇名在中国知网搜索，检索到2018年来源于中文核心期刊和CSSCI期刊的文章共计150篇，并对其共引文献进行了统计，得出了前10篇高被引文献。表

2 列出了高被引文献的题名、来源期刊、作者、发表年份及被引频次等信息，通过对高被引文献的分析可以得到以下结论。

表 2　中国知网中国农村社区治理高被引文献 TOP10

序号	频次	年份	作者	题名	来源
1	9	2006	周飞舟	从汲取型政权到“悬浮型”政权——税费改革对国家与农民关系之影响	社会学研究
2	6	2002	贺雪峰 仝志辉	论村庄社会关联——兼论村庄秩序的社会基础	中国社会科学
3	5	2018	叶兴庆	新时代中国乡村振兴战略论纲	改革
4	4	2010	贺雪峰 刘岳	基层治理中的“不出事逻辑”	学术研究
5	4	2012	贺雪峰	论中国农村的区域差异——村庄社会结构的视角	开放时代
6	4	2008	董磊明 陈柏峰 聂良波	结构混乱与迎法下乡——河南宋村法律实践的解读	中国社会科学
7	4	2008	黄宗智	集权的简约治理——中国以准官员和纠纷解决为主的半正式基层行政	开放时代
8	4	2017	李祖佩	乡村治理领域中的“内卷化”问题省思	中国农村观察
9	3	2016	白现军 张长立	乡贤群体参与现代乡村治理的政治逻辑与机制构建	南京社会科学
10	3	2016	沈费伟 刘祖云	发达国家乡村治理的典型模式与经验借鉴	农业经济问题

（一）村庄社会结构、村庄秩序与村庄治理逻辑是农村社区治理研究的重点内容

从乡村社会自身的微观视角着手是农村社区治理的一个重要视角，中国地域广阔，农村社区的区域差异明显，因此全国农村社区治理的模式多种多样。贺雪峰从村庄结构角度讨论中国农村区域差异，并将其作为理解中国农村的重要方法，他将中国农村分为南方、中部和北方三大区域，并认为南方地区多团结型村庄，北方地区多分裂型村庄，中部地区多分散的原子化村庄[6]，引起了学界的广泛关注。朱战辉从农民分化的视角对东中西农村社会结构的区域特点作了总结，认为东部形成了农村内生性社会分层和高度分化的阶层结构，中西部则形塑了村庄低度分化的弹性社会结构[7]。此外，刘倩对中国中部一个独特农村社区的社会结构做了实证研究。2018 年学界对村庄秩序与村庄治理逻辑的讨论多以案例研究的形式出现。例如万江红、孙明扬以一个传统农业型村庄为个案研究发现农村土地调整的逻辑已经实现了从“内生治理”到“事件治理”的转变。黄增付结合多个典型村庄土地经营权流转的案例认为，土地流转的乡村秩序整合效果随流转受益主体外缘性的增强而趋于弱化，应从制度保障着手进一步发挥土地流转的乡村秩序整合功效[8]。还有一些学者专注于西部少数民族地区农村社区治理的逻辑、农村社区治理形式主义、精英参与以及乡村治理秩序重构等方面的学术探讨。整体来说，农村社区治理的微观视角研究较之以往有所拓展，与农村社区治理的微观现实问题联系日益紧密，学者们保持了较好的学术敏感度，在现有研究的宏观视域下，微观领域的现实问题也能够得到学界的及时回应与关注。

（二）国家与村庄的关系、“乡村关系”、乡村法治等旧议题依然占据重要地位

国家与社会的关系一直是乡村研究最为重要的范式之一，虽然农村社区治理的有关议题不会直接予以体现，但具体内容的谈论都会不自觉地从国家与乡村社会的关系展开。黄辉祥对家户制与乡村治理的探讨，糜皛对

农地流转的实证分析，安永军对小农经营体与资本下乡的研究，曾庆捷对乡村中的国家与社会关系的理论范式与实践进行了总结。“乡村关系”问题自村民自治制度实施以来就一直是学界研究的重点领域，项继权、金太军、程同顺、贺雪峰、赵树凯、吴毅、张厚安、吴理财等著名“三农”问题研究专家都曾对其有过专门论述，在学界产生了重要影响。随着研究的不断深入，到2018年“乡村关系”的学术成果已十分充盈，研究热点已超出“行政化”的核心领域并呈现出具体化和时代化的特色。胡雪、项继权研究了乡村治理转型中基层政权公共性的重构问题[9]；吴蓉、施国庆对后税费时代基层政权面临的问题与原因作了梳理，提出在新时代乡村振兴时期应从加强对基层政权权力的监控，健全乡村基层组织的治理体系，建立农民权利义务关联纽带等方面改善农村社区治理[10]。2015年以来，乡村法治建设在农村社区治理研究中的地位不断攀升，2018年学者们对乡村法治的研究主要集中于乡村振兴、精准扶贫、村规民约、乡村新型社会组织以及法治融入等方面，研究广度有所拓展，但研究深度有待进一步提升。

（三）乡村振兴战略、乡贤等新议题出现，且研究热度整体呈现不断增长的趋势

以乡村振兴为篇名在中国知网搜索，共得到22篇来源于中文核心或CSSCI期刊的文章，占农村社区治理研究核心以上期刊发文总量的14%以上，具体内容不再赘述。而2018年中国知网有关乡贤的中文核心或CSSCI期刊文章共12篇，占农村社区治理研究核心以上期刊发文总量的7%以上。从研究内容分析来看，乡贤研究主要集中于以下几个议题：一是对乡贤参与乡村治理的价值或路径的探讨。吴家虎认为体制型乡贤回归引领乡村治理，是一种内生权威融入式治理的新机制，能够迅速激活乡村治理的整体格局，具有重要的时代价值，应进一步完善制度机制，从政策上鼓励支持体制型乡贤治村[11]。毛张敏、裘斌对治村型乡贤主导下的村庄治理进行研究后发现，乡贤在促进村级公共权力的良性运行、焕发农村经济活力、修复乡土文化、改善民风等方面都发挥了积极作用[12]。二是对乡贤培

育机制的研究。张春华认为从积极培育并推动乡贤参与乡村治理应从利益疏导、组织培育、优化制度环境等方面着手[13]。殷民娥从委托代理的角度，通过梳理乡贤演进的脉络，提出要培育“内生型经纪”的新乡贤文化[14]。还有一些学者从社区协商机制、制度化等角度对乡贤治村进行了探讨。

四、研究机构

为了对农村社区治理研究的空间分布进行客观描述，找出国内农村社区治理研究的学术重镇和核心团队，笔者对2018年中国知网收录期刊论文的研究单位作了详细统计，并利用Cite Space软件进行了可视化处理，如图3所示。

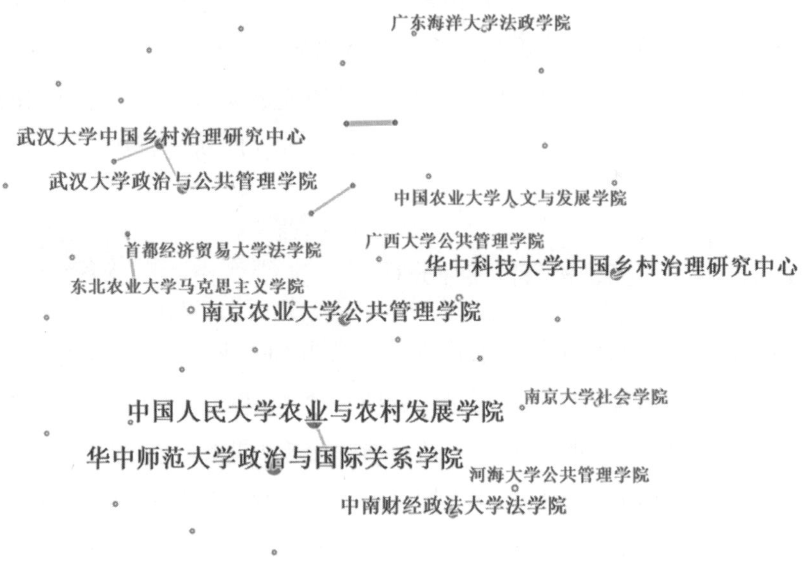

图3　2018年农村社区治理研究机构的时序图谱

（一）学术研究重点机构分布状况

如图 3 所示，每个节点都代表一个机构名称，节点越大，机构名称的字号也越大，说明该研究机构的发文数量也越多。整体来看，2018 年农村社区治理研究的主要机构包括华中师范大学政治与国际关系学院、中国人民大学农业与农村发展学院、华中科技大学中国乡村治理研究中心、南京农业大学公共管理学院、中南财经政法大学法学院、武汉大学政治与公共管理学院和中国乡村治理研究中心等。表明这几所高校在农村社区治理研究方面成果较多，学术研究水平也处于领先地位。

（二）学术研究机构合作状况

如图 3 所示，节点之间的连线代表研究成果的机构合作关系，线越粗说明机构之间合作发文越多，合作关系越紧密。从图 3 中可以发现，机构合作网络共形成节点 57 个，连线 7 条，网络整体密度为 0.0044，说明农村社区治理的学术研究团队很是分散，多数研究成果来源于一些高校的独立研究，跨机构合作情况并不十分常见，即使存在跨机构合作，也多属于同一高校的不同学院之间的联合。

（三）学术研究机构可持续性分析

为了进一步考察机构研究的连续性，利用 Cite Space 生成 2014—2018 年农村社区治理研究机构时序图谱，如图 4 所示；2014—2018 年机构发文总体数量统计结果，如图 5 所示。结合两图分析发现，华中师范大学是中国农村社区治理研究最为核心的机构之一，发文数量远远高于其他研究机构，农村社区治理研究的可持续性较高，学术研究的整体影响力居于前列。另外，华中科技大学、南京农业大学、清华大学对农村社区治理研究的关注度则保持整体稳定的趋势；南京大学除 2015 年外，对农村社区治理的研究也保持相对稳定状态和持续关注态度。武汉大学、中国农业大学关于农村社区治理的研究成果虽然也都位居前列，但其真正重视始于 2016 年；中国人民大学对农村社区治理研究的关注度呈现逐年增加的整体态势；西华师范大学的关注度在2015年出现突增状况，之后逐年减少，说明其对农村社区治理的研究具有相当的不稳定性，且关注度日减；福建农林大学的关注度则是从2015年开始逐年下降。

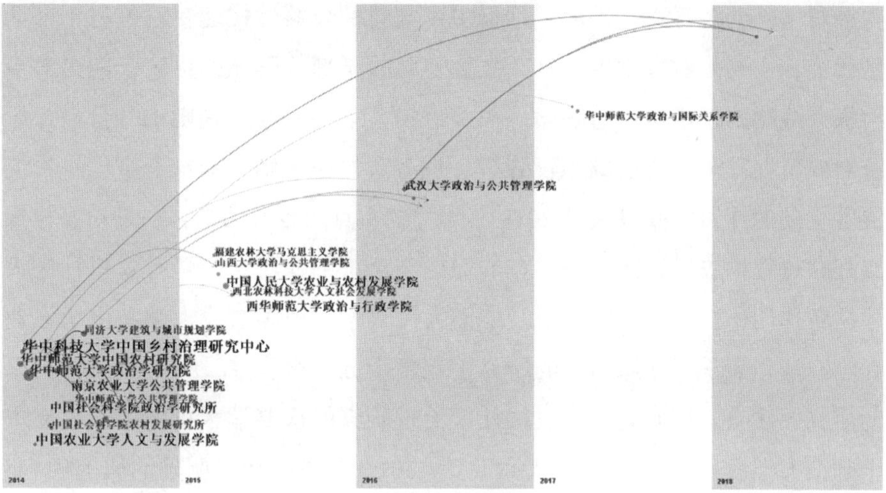

图4　2014—2018年农村社区治理研究机构时序图谱

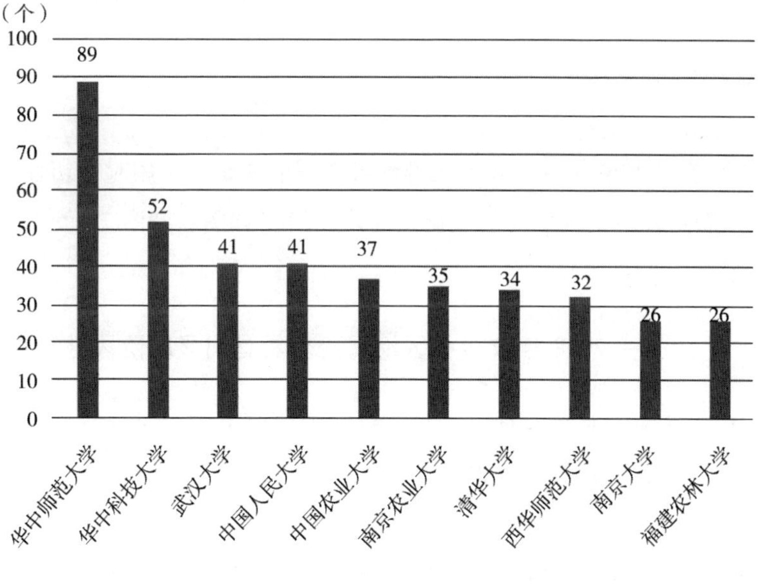

图5　2014—2018年研究机构发文总体数量统计结果

（四）2018 年主要机构学术研究主题分析

华中师范大学农村社区治理研究团队关注的焦点有四个：一是家户制与乡村治理的关系；二是治理过程中乡与村的公共性构建；三是村干部队伍研究，主要是对大学生村官、乡贤、驻村干部等群体的讨论；四是对乡村振兴战略的理论探讨与解读。华中科技大学的研究主题则十分分散，既有对农村社区治理的区域比较分析，也有对村庄规则、资本下乡、乡村混混等主题的探讨。武汉大学 2018 年研究的重点内容有两个：一是对乡村振兴战略过程中农村社区治理存在的问题与对策的探讨；二是对农村社区人才队伍作用于行为逻辑的分析。中国人民大学、中国农业大学和南京农业大学、清华大学等几所高校的研究主题也十分分散，并没有一个相对突出的研究关注点。综而观之，农村社区治理研究的重要学术机构中，只有华中师范大学、华中科技大学和武汉大学在 2018 年有相对明确的研究内容，多数机构内部的研究团队合作并不紧密，基本以独立研究者的身份参与农村社区治理的相关学术探讨。

五、研究趋势

本研究在对 2014—2018 年关键词聚类图的基础上，用时间切片统计了 5 年以来农村社区治理研究的关键词时序图谱（如图 6 和图 7 所示），得到如下结论。

（一）2014—2018 年农村社区治理研究具有明显的阶段性特点

2014 年农村社区治理研究内容广泛，但研究主题相对分散，并没有聚焦到某一特定的研究领域；2015 年农村社区治理研究主要集中于对村干部群体的讨论，另外关于村规民约和协商民主的研究也相对较多；2016 年精准扶贫迅速成为农村社区治理研究最为核心的内容，此阶段乡贤群体进入了学者的研究视野，讨论新乡贤和乡贤文化的文章数量较多，成为农村社区治理研究的新主题；2017 年农村社区治理研究相比较于前 3 年的研究内

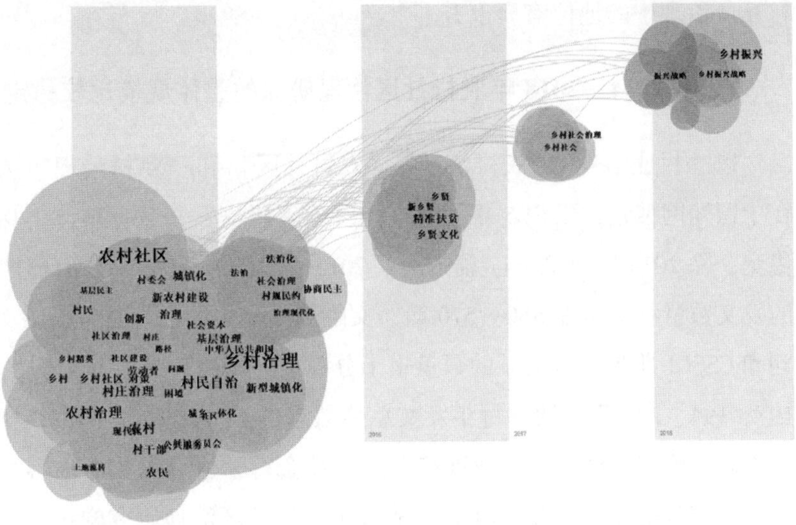

图 6 2014—2018 年农村社区治理研究关键词时序图谱

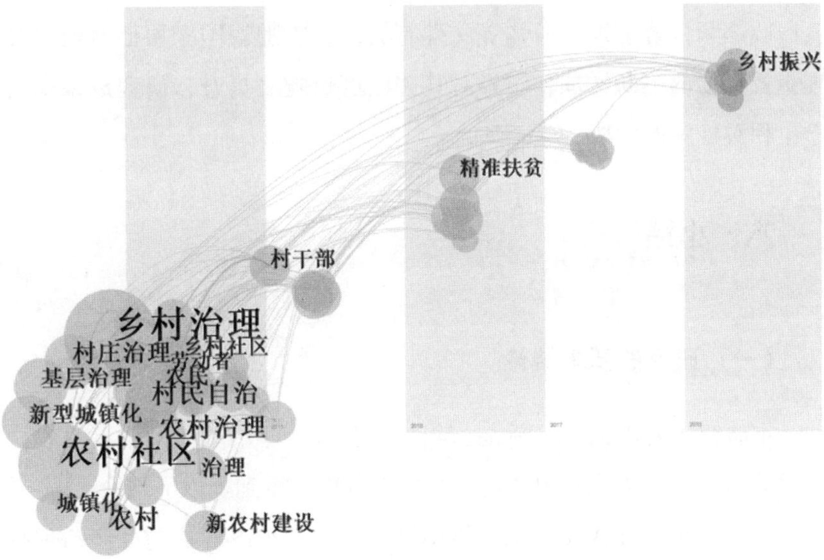

图 7 2014—2018 年农村社区治理研究关键词时序图谱

容的聚焦度有所衰减，研究主题和范围也没有出现大的变化；2018 年农村社区治理研究最为核心的内容是对乡村振兴的探讨，除此之外，乡风文明在农村社区治理研究中的重要性也有所增加，可见农村社区文化建设在农村社区治理中的地位有所上升。

（二）2014—2018年农村社区治理研究的整体规模比较稳定

以“村庄治理”“农村治理”“农村社区”和“乡村治理”为关键词在中国知网搜索，发现5年间农村社区治理研究发文数量整体上保持相对稳定，除2014年发文447篇以外，2015—2017年农村社区治理期刊论文的发文数量都保持在550—570篇，文献规模变化很小。其中，中文核心期刊和CSSCI期刊来源文章的数量也十分稳定，2014—2017年依次发文158、197、194、202篇，约占每年发文总体数量的三分之一。2018年农村社区治理研究依旧延续了这种热度趋势，是社会科学研究的核心内容之一。进一步研究分析发现，2015年是学界关于农村社区治理研究的一个节点，这可能与2015年中共中央办公厅、国务院办公厅连续印发《关于深入推进农村社区建设试点工作的指导意见》《关于加强城乡社区协商的意见》以及民政部紧接着下发的通知等文件有关。说明随着国家层面对农村社区治理重视程度的不断增加，学界对其关注度也随之提升，研究成果扩展到了一个相对稳定的阶段。

六、小结

（一）研究的基本结论

本研究主要借助Cite Space软件，对2018年中国知网中有关农村社区治理的期刊论文生成知识图谱，并加以分析，得到了以下结论。

第一，2018年关键词共现网络图谱表明，2018年农村社区治理研究的热点主要集中于“乡村振兴战略”“村民自治”“乡村文化”“村干部队伍”和“乡村法治”等几个领域，关键词共现网络向多个方面延伸，研究领域拓展情况良好，但共现网络结构却并不十分紧密，说明在农村社区治理研究领域，研究内容的广度得到了很好的发展，但研究深度有待进一步提升。

第二，2014—2018 年关键词时序图谱表明，虽然学界对农村社区治理的研究主题几乎每年都会发生或大或小的变化，有着较为明显的热点区分，但其学术研究热度始终保持在较高的水平上。尤其从 2015 年开始，农村社区治理研究成为一个热门的研究领域，相关学术成果不断涌现。2018 年也继续保持了这种研究热度，学术研究态势整体趋好。

第三，2018 年研究机构时序图谱表明，华中师范大学、中国人民大学、华中科技大学、南京农业大学、中南财经政法大学以及武汉大学等高校是 2018 年农村社区治理研究的重镇，其核心团队的研究成果较为丰富且相对稳定，影响力居于全国先列，其中华中师范大学研究的可持续性和成果影响力尤其突出。此外研究还发现，农村社区治理研究的学术团队分布十分松散，跨机构合作并不活跃，多数高校均为独立开展研究活动。

（二）研究思考与讨论

近年来，学界对农村社区治理的研究始终保持着较高的关注度，相关理论研究目前已经进入了一个相对成熟的阶段，研究的广度和深度不断拓展，涌现出了一批相当具有价值的学术研究成果，农村社区治理的最新实践也得到了学界的敏锐回应。但也存在一些明显的不足，具体来说表现在以下几个方面。

1. 经验总结多，理论建树少

综观 2018 年农村社区治理的期刊文献可以发现，多数学术成果都未脱离就事论事的逻辑思路，一般以某个个案为切入点，展开研究主题的论述，进行经验总结与归纳，缺乏整体性与系统性的理论框架。中国农村社区治理虽独具特色，但要在世界舞台上发出中国声音，相关学术研究应当从一般性经验总结中提取出具有普遍性的理论框架，经验研究固然重要，但更要超脱经验本身，进行理论的升华。

2. 定性研究多，定量研究少

中国农村社区治理中的个案研究一直以来得到了学者们的特别青睐，很多具有重大影响力的学术成果都来源于对个案的剖析和提炼。毫无疑问，理论产生于对实践的升华，但个案不可避免地带有其自身的局限之处，过于偏重个案研究很难形成一个完整且具有高度概括性的理论体系。定量研究的适当增加，可以弥补定性研究普遍性不足的缺点，定性与定量研究成果的相互补充将有助于进一步推动国内农村社区治理研究的纵深发展。

整体而言，2018 年中国农村社区治理研究有进步，也有不足。优点是学术界能够紧跟实践的变化，对现实问题作出敏锐的学术反应，保持了学术研究的时代性；但不足的是在研究的理论深度和研究方法上具有一定的滞后性，且研究机构之间缺乏紧密的合作。

针对这些薄弱的环节，农村社区治理研究需要进一步加强理论建构，在理论深度和元理论概括方面作出努力，使乡村治理朝着体系化、理论化、现代化的方向发展。另外，扎根于农村社会本身，是中国农村社区治理研究的巨大优势，但规范化、定量化的实证研究有助于弥补碎片化研究的不足，更好地支撑来源于现实经验总结的学术成果，增强农村社区治理研究成果的可信性与适用性，从而为政策咨询、实践创新提供有益的指导。研究机构之间应当加强学术研究交流，积极通过跨机构、跨领域、跨学科合作的方式，集中各方优势，实现优势互补，共同推进农村社区治理研究的进步。

（执笔人：唐京华）

参考文献：

［1］秦晓楠，卢小丽，武春友．国内生态安全研究知识图谱——基于 Cite Space 的计量分析［J］．生态学报，2014，34（13）：3693-3703.

［2］石小岑，李曼丽．国际 MOOC 研究热点与趋势——基于 2013—2015 年文献的 Cite Space 可视化分析［J］．开放教育研究，2016，22（01）：90-99.

［3］殷沈琴，张计龙，任磊．基于关键词共现和社会网络分析法的数字图书馆研究热点分析［J］．大学图书馆学报，2011，29（04）：25-30+38.

［4］魏三珊．乡村振兴背景下农村治理困境与转型［J］．人民论坛，2018（02）：64-65.

[5] 姜德波，彭程．城市化进程中的乡村衰落现象：成因及治理——“乡村振兴战略”实施视角的分析［J］．南京审计大学学报，2018，15（01）：16-24.

[6] 贺雪峰．论中国农村的区域差异——村庄社会结构的视角［J］．开放时代，2012（10）：108-129.

[7] 朱战辉．论村庄社会结构的区域差异——农民分化的视角［J］．人文杂志，2018（09）：122-128.

[8] 黄增付．土地经营权流转与乡村秩序整合［J］．南京农业大学学报（社会科学版），2018，18（01）：94-105+163.

[9] 胡雪，项继权．乡村治理转型中基层政权公共性的重构［J］．云南社会科学，2018（04）：45-52+187.

[10] 吴蓉，施国庆．后税费时代乡村治理问题与治理措施——基于文献的讨论［J］．农业经济问题，2018（06）：117-128.

[11] 吴家虎．内生权威融入式治理：体制型乡贤治村的时代价值与完善路径［J］．社会科学家，2018（04）：57-63.

[12] 毛张敏，裘斌．治村型乡贤主导下的村庄治理及其推进路径［J］．云南行政学院学报，2018，20（02）：103-108.

[13] 张春华．缺位与补位：乡村治理中的现代乡贤［J］．重庆社会科学，2018（03）：74-80.

[14] 殷民娥．培育乡贤“内生型经纪”机制——从委托代理的角度探讨乡村治理新模式［J］．江淮论坛，2018（04）：25-29.

第三部分

经验总结

一组一会　三治融合

——安徽省淮北市农村社区治理经验

摘要： 近年来，淮北市直面农村矛盾纠纷日益增多、百姓诉求表达不畅等问题，积极推行“一组一会”制度，以村民小组或自然村为基本单元建立一个党组织（“一组”）、一个理事会（“一会”），充分发挥基层党组织的政治引领和村民理事会的协商议事作用。同时，在推进乡村自治过程中，淮北市始终将人情与法治、道德等紧密相连，进一步规范“一组一会”职责，明确党小组既要引领村民自治，又要推动依法治村、以德治村，探索了一条以党建引领和自治、法治、德治融合的乡村善治新路子，形成了“一组一会”“三治融合”共建共治共享助力乡村振兴的农村社区治理新格局。

关键词： 一组一会；三治融合；共建共治

一、治理背景

淮北市古称相邑、相县，别名相城。淮北自有文字记载以来已有4000多年历史，约4000年前原始社会末期，中国“上古五帝”之一的颛顼在现淮北市市政府所在地相山建城。淮北是安徽省省辖市，是安徽省北大门，东经116°23′—117°02′，北纬33°16′—34°14′，属暖温带半湿润季风气候区。位于华东地区腹地，苏鲁豫皖四省交界处，北接萧县，南邻蒙城，东与宿州比邻，西连涡阳和河南永城。南北长108公里，东西宽60公里，总面积2741平方公里。是中原经济区重要成员、淮海经济区核心城市，是全国知名煤炭资源型城市和煤电基地，拥有7个省级开发区。1960年建市，现辖相山、杜集、烈山3个区和濉溪县，165个社区，277个建制村。2017年末常住人口222.8万，实现地区生产总值（GDP）929.0亿元，人均生产总值41885元，人均可支配收入22128元，财政总收入107.6亿元，工业化率达54.2%，城镇化率达63.5%，年末建成区绿化覆盖率44.37%，人均公园绿地面积16.71平方米；获全国文明城市、科技进步先进城市、创业先进城市、绿化模范城市、双拥模范城市、创建社会信用体系建设示范城市、卫生先进城市、园林城市等“国字号”荣誉和全国中小城市综合改革试点市、新型智慧城市试点市、低碳城市试点市、新型城镇化试点市、气候适应型试点市、城市“双修”试点市。

淮北市紧紧围绕“一村一社区”要求，坚持因地制宜、分类施策，积极推进农村社区建设，在保持现有村民委员会设置格局的前提下，积极探索在村民小组或自然村建立村民理事会，着力改善群众的生产生活条件，全面提升管理服务水平，探索出一条生态宜居、兴业富民、文明和谐的农村社区建设良性发展之路。在村民小组或自然村建立村民理事会也丰富了村民自治多种有效形式，保障了村民能够在关系切身利益的问题上充分表达意愿、开展民主协商议事、参与监督管理等自治活动，真正实现农村有人管事、有章理事、有钱办事，为建设村党组织领导下的组织健全、自治有效、服务完善、文明祥和的村民自治制度，探索出可推广的路径、积累了可复制的经验。这些探索与实践，也为解决村民自治制度面临的发展壮大农村集体经济难、村民意愿表达不畅、村民小组内部公益事业难办等突出问题提供了新的思路，使村民自治的范围和形式更加符合本地实际，有利于调动农民群众参与村民自治的积极性和主动性，有利于进一步巩固党在农村的执政基础，有利于实现和维护农民群众的民主权利，有利于促进农村建设和发展，有利于推进乡村治理体系和治理能力现代化进程。

二、治理措施

习近平总书记在党的十九大报告中指出，要加强农村基层基础工作，健全自治、法治、德治相结合的乡村治理体系。这既是实施乡村振兴战略的重要内容，也是推进国家治理体系和治理能力现代化的重大战略部署，意义深远而重大。2017 年以来，淮北市聚焦贯彻落实习近平新时代中国特色社会主义思想和省委“一抓双促”要求，先行一步、积极探索，创新推行“一组一会”，“一组”就是在村民小组或自然村设置党支部（党小组），“一会”就是因地制宜配套组建村民理事会，充分发挥基层党组织的政治引领和村民理事会的协商议事作用，探索了一条以党建引领和自治、法治、德治融合的乡村善治新路子，形成了共建共治共享助力乡村振兴的新格局。

（一）延伸党建工作“触手”——基层党组织成为群众主心骨

基层治理是推进国家治理体系和治理能力现代化的基础，而发挥基层党组织的引领作用对于推进基层善治至关重要。淮北市从优化基层党组织设置入手，对符合条件的村民小组或自然村及时建立党小组或党支部；对不具备条件成立党组织的村民小组或自然村，由镇包村干部、工作队员或村干部中的党员兼任党组织负责人。2018 年，全市共调整设置 2235 个党组织，有力延伸了新时代党在农村工作的“手臂”，推动基层党组织成为宣传党的主张、贯彻党的决定、领导基层治理、团结动员群众、推动改革发展的坚强战斗堡垒。

一是突出政治引领作用。坚持政治标准，无论在划分理事会片区，推选理事会成员，还是制定理事会章程时，都充分体现党组织的把关定向，注重把既有较高威望又是政治可靠的同志选入理事会，特别提倡党组织成员与村民理事会成员交叉任职，保证了党组织对基层自治的组织领导。2018 年，淮北市村民党小组长和理事长“一肩挑”达 70%。以前，烈山镇青古社区是远近闻名的软弱涣散村，村里党员没影响力，党组织无号召力，许多工作无法正常开展；后来通过建立党小组，积极开展“板凳党课”等活动，短短半年时间，就先后帮助 13 家贫困户成功脱贫，带动 25 家农户创业就业，调解纠纷 122 起，实现了由“乱”到“治”的巨大转变。同时，自党小组（党支部）成立以来，党员可以就近参加组织生活，开展活动的频次明显增多，党员归属感显著增强，先锋模范作用得到充分激发。党员理事积极担任传习志愿者，组建“新时代传习宣讲队伍”，深入田间地头、广场院所开展传习宣讲。64 岁的传习宣讲员马庆山是一名从事淮北大鼓已有 40 余年的资深“草根”艺人，他将习近平新时代中国特色社会主义思想，用大鼓这种群众喜闻乐见的形式唱出来，受到普遍欢迎。在 2018 年村“两委”换届工作中，村民理事会党员利用人缘、地缘、亲缘优势，换届前，入户宣传有关换届的各项政策和纪律；换届中，主动走访群众，引导其正确参与党员群众推荐、党员大会选举等环节；换届后，协助镇村干部与落选人员谈心谈话，做细做实思想工作，维护换届期间和谐稳定。

二是发挥凝聚群众作用。坚持依靠党建凝聚群众、聚集民心，着力搭建形式多样的载体平台，让广大群众时刻感到党员在周围、党组织在身边。2018 年，淮北市一县三区党组织结合各地实际，因地制宜设计了“党群连心站”“党群微家”“党员驿站”“百姓讲习所”等新载体，定期召集群众说事议事，增加群众对村级事务的知情度，感受到农村的发展进步，始终保持与基层党组织心贴心。濉溪县韩村镇小李村党小组依托“党群连心站”，组织发动群众建设红色旅游景区，2018 年该村博物馆、农家乐等旅游项目正在稳步推进，群众对未来发展充满信心。

三是彰显服务群众作用。淮北市基层党组织紧跟新时代农民生产生活步伐，及时转变工作方式，把着力点聚焦在服务民生上。结合全市开展的“入户连心大走访”活动，自然村党小组成员按照亲缘关系，主动联系村组内的群众，不定期到包保的农户家走访慰问，让群众利益诉求“有门”，党员全程服务“有为”。坚持群众路线为民真办事、办实事，村党小组成员轮流到“党群连心站”“党群微家”办公，接待群众来访，协调矛盾纠纷，现场进行政策答疑，赢得了群众广泛好评。为进一步畅通联系群众、服务群众渠道，近年来，淮北市新建党群服务中心 67 处，改建 81 处，实现了全市 306 个村（农村社区）都有服务中心，真正实现了“干部多跑路，群众少跑腿”。群众普遍反映，“自从有了党群服务中心，在家门口就能办事，比过去方便多了”。

（二）推动自治重心下沉——实现联系服务群众“零距离”

随着传统农村社会的发展变革，特别是近年来，部分农村在房屋征迁、土地承包经营等方面因利益纠葛复杂而引发的村民内部矛盾不断，加之建制村合并后，管辖范围扩大，公共事务无人管、公益事业难办、百姓诉求表达不畅等问题越发凸显，乡村社会治理中的“最后一公里”亟待打通。对此，淮北市直面问题，创新思路，通过建立村党组织领导下的以村民小组或自然村为基本单元的村民理事会，进一步规范自治流程，推动社会治理重心下移，积极引导群众主动参与村民自治，切实提高村民自我管理、自我服务、自我教育、自我监督的协商水平和自治能力。

一是完善运行机制，开启群众协商议事新模式。在保持现有村民委员会设置格局的前提下，对处于独立居民点且拥有集体土地所有权的村民小组或自然村，根据群众意愿建立村民理事会。理事会成员由民主推选产生，由老党员、村民代表、创业能人与乡贤等构成。以村民理事会为协商平台，建立健全提事、定事、办事到督事的自治运行机制，做到群众事情自己议、群众事情自己定、群众事情自己办。濉溪县百善镇叶刘湖村作为淮北市南部次中心建设的主战场，涉及雁鸣村、程家村等5个自然村搬迁改造，为加快工作进度，23个村民理事会成员充分发挥亲缘、人缘、地缘优势，仅用5天时间，就动员600多户村民全部签订棚改安置协议。叶刘湖村党总支书记徐昌深有感触地说：“由村民理事会参与棚改，入户做工作的不再是陌生人，而是本村村民，或者是几十年的老邻居。村民之间交流更加顺畅，想法更易沟通，大大降低了棚改工作中的‘摩擦系数’。”精准识别扶贫对象是精准扶贫的关键环节、基础工作，是精准扶贫的“第一战役”。韩村镇大殷村是安徽省建档立卡贫困村，过去扶贫工作由于缺乏议事机制和协商平台，尽管贫困户经过层层公示，但公平问题仍有争议；现在，村民理事会组织自然村户代表召开“庭院会”，围绕扶贫工作开展民主评议，精准识别贫困户和致贫原因，最终取消了20户不符合条件的贫困户资格，真正得到了群众的理解与支持。

二是搭建增收平台，当好农村集体经济发展的“助推器”。发展壮大村级集体经济，是乡村振兴的关键。淮北市紧紧围绕实施乡村振兴战略，充分发挥村民理事会的带动作用，领办创办合作社，大力发展现代特色农业，形成了“一村一品”“一镇一业”的产业发展格局，村集体经济“百花齐放”，群众增收致富效应凸显。烈山区古饶镇谷山村积极调整农业产业结构，大力发展特色种植产业，在村民理事会的带动下成立了启航果蔬合作社，采取“合作社+基地+农户”的发展模式，扶持农民种植芦笋。2018 年，合作社连片集中种植芦笋 350 亩，亩产 1000 斤，亩均可增收 2000 元。杜集区段园镇大庄村村民理事会鼓励村民积极参与“三变”改革，增加农民财产性收入。村民王月香把家里的 3 亩土地入股企业种植葡萄，除每年固定领到 1800 多元的红利外，葡萄达产后还可以拿到分红。“地是我的，股份我也有，在葡萄园打工，每天还能挣 100 块钱。”王月香由衷地感到高兴。

三是畅通诉求渠道，成为化解矛盾的“润滑剂”。小到垃圾处理、邻里矛盾，大到山林权属、征地拆迁，都会有村民理事会积极介入，他们把大量矛盾化解在基层、消灭在萌芽状态，促进了农村社会的和谐稳定，真正做到了“小事不出村，大事不出镇，矛盾不上交，群众不上访”。2018 年，全市 2274 个村民理事会共接待群众 5.7 万余人次，累计调处矛盾纠纷 3.4 万余件，化解信访隐患 2428 件。邻里之间有矛盾，镇村干部出面协调，效果往往不好，“外人”的调解和劝说往往会陷入“清官难断家务事”的困境，而德高望重的村民理事会成员却可以发挥出独特的作用。濉溪县刘桥镇王堰村王西队的王前进家 2018 年 7 月翻盖新房时，向后多建了一尺左右，占用了邻居王文金家的宅基地，两家因此矛盾不断，三天两头发生口角争执。村民理事会了解此事后，多次登门入户调解、劝说做工作，仅用 3 天时间，双方达成协议，化解了邻里矛盾，一时成为美谈。韩村镇河涯村高宅自然庄与光明村李圩自然庄从 2014 年开始，就存在土地权属争议问题，由于村“两委”人员调整、费用问题等原因，一直以来未得到妥善解决。2018 年 3 月，两个自然庄的村民理事会通过召开座谈会、实地丈量等方式，耐心做好群众工作，两个村多年的棘手问题顺利解决。李圩庄村民激动地说：“村民之间的矛盾，多数都是长年遗留下来的房屋、山林土地纠纷，对错难分，现在有了村民理事会，我们那些理不清的矛盾纠纷，终于有地方说了。”

（三）推动“三治”有机融合——文明和美成为群众新风尚

随着社会的加快转型，乡村社会从封闭不断走向开放，单一的治理手段无疑难以应对差异化、多元化的社会现实。淮北市在推进乡村自治过程中，始终将人情与法治、道德等紧密相连，进一步规范“一组一会”职责，明确党小组既要引领村民自治，又要推动依法治村、以德治村，着力打好乡村善治“组合拳”，营造了风清气正的淳朴乡风。

一是让乡村风气正起来。紧紧围绕培育和践行社会主义核心价值观，坚持正本清源，弘道养正，教育引导群众尊良俗、去低俗、除恶俗，不断提高群众道德修养，促进文明新俗蔚然成风。过去，濉溪县五沟镇曹坊村红白事大操大办，彩礼相互攀比，村民对此深恶痛绝但又无可奈何。村民理事会通过向群众宣传简约适度、绿色低碳的生活方式，完善村规民约，设立“道德红黑榜”“善行义举榜”等举措，引领倡导喜事新办，丧事简办。全村杜绝了生日宴、购车宴、盖房宴及参军升学宴，仅在嫁女彩礼和婚丧事俭办上就为群众节省60余万元。村党小组一班人意识到，没有精神之堤，难守物质之财、乡村之美，及时在全村范围内联合开展了“好婆婆”“好媳妇”等评选活动，先后有110户家庭受到表彰，进一步带动形成文明乡风、良好家风、淳朴民风。

二是让群众心气顺起来。乡村治理体系能否平稳运行取决于乡村治理法治化的进展水平。淮北市坚持将法治理念融入乡村治理全过程，着力强化普法宣传，依法规范信访秩序，基层干群尊法学法守法用法的意识显著增强。前几年，因为采煤塌陷和村庄搬迁等原因，濉溪县刘桥镇社会矛盾较为复杂，干群关系十分紧张，以闹求解决、缠访闹访的现象普遍存在，并被列入全市重点管理乡镇。自全镇推行“一组一会”后，各村民理事会积极开展矛盾调处，主动与群众谈心交心、说法说事，最大限度减少问题积累、矛盾激化。各党小组着眼于依法信访，大力宣传国家法律法规和政策方针，积极宣传依法信访和违法闹访的正反典型，让广大群众在耳濡目染、潜移默化中受到了教育。依托“一组一会”，刘桥镇调处矛盾纠纷 248 件，化解信访积案 14 件，一举摘掉了市综治重点管理“帽子”并跃居全市先进行列。杜集区高岳街道双楼村党小组充分利用开放式党校，创新将党的理论政策、法律法规宣传普及贯穿始终，以主题展示、法治小故事等形式，开展“上情解读”活动，让解决问题用法、化解矛盾靠法的理念深入人心、渗透心灵，成为党引领群众、凝聚合力的“黏合剂”。近年来，淮北市通过加强法治建设，顺利实现群众信法不信访的转变，连续 8 年被评为全省综治工作（平安建设）先进市，“皖北最稳定的城市、全省最稳定的城市之一”局面进一步巩固。

三是让村居环境美起来。习近平总书记在小岗村农村改革座谈会上强调，要深入推进新农村建设，全面改善农村生产生活条件，为农民建设幸福家园和美丽宜居乡村。近年来，淮北市各级基层党组织团结带领广大干群，持续推进美丽乡村建设，一体化开展农村垃圾、污水、厕所专项整治“三大革命”，加快推动城市水电气、污水管网等公共设施向农村延伸，全面改善农村环境面貌和生活质量，形成了村美民乐的良好局面。杜集区石台镇刘庄村在农村“三大革命”中，明确“万树万花绿香村”目标，党支部和理事会成员带头清理主干道，广大群众积极响应参与，自己动手清理自家房屋周边，房前屋后的杂草不见了，露出整齐的地块，路边乱堆的杂物不见了，留出了宽敞的道路，受到群众一致好评。朔里镇入选全省首批特色小镇，临涣镇入选全省第三批千年古镇候选名单，四季榴园、长寿南山等示范村各具特色、魅力彰显，段园葡萄小镇、渠沟芳香小镇等一批产业基础好、文化积淀深、生态环境美的特色小镇建设不断加快，镇村人居环境大为改观。2017 年，淮北以全国第三、全省第一的佳绩跻身第五届全国文明城市，昔日“煤城”变为“美城”，央视多次现场直播宣传淮北农村环境整治成效。

2017 年 8 月，由民政部黄树贤部长主持编写的《〈中共中央国务院关于加强和完善城乡社区治理的意见〉辅导读本》由人民出版社发行，“淮北市分类施策推进农村社区建设”作为安徽省唯一入选的成功经验被民政部列为全国社区治理工作典型向全国推广。2017 年 12 月，淮北市杜集区被民政部提名为首批全国农村幸福社区建设示范单位，2018 年 1 月被民政部正式确定为全国首批农村幸福社区建设示范单位。

三、治理评价

安徽省淮北市创新推行“一组一会”制度，充分发挥基层党组织的政治引领和村民理事会的协商议事作用，探索了一条以党建引领和自治、法治、德治融合的乡村善治新路子，形成了共建共治共享助力乡村振兴的新格局。淮北市把党组织建立在村民小组或自然村，置身于农民群众之中，工作于田间地头，与农民群众联系最直接、最经常、最密切，工作也最有效，充分发挥了党组织的领导核心作用。牢固树立“群众在哪里，党员就在哪里，农村工作推动到哪里，党组织就建在哪里”的理念，切实发挥好党组织的“定海神针”作用，让党组织在基层“挑大梁”，让党的声音在基层“唱主角”。在保持现有村民委员会设置格局的前提下，对处于独立居民点且拥有集体土地所有权的村民小组或自然村，根据群众意愿建立村民理事会。这一实践证明，只有坚持人民当家做主的理念，切实尊重群众意愿，让群众成为决策主体、管理主体、监督主体，不断增强群众的“存在感”“获得感”，才能始终保持党和人民群众的血肉联系，才能激发乡村治理的内生动力。淮北市农村社区治理中，在贯彻落实“一组一会”制度的基础上，积极探索自治有力、德治有效、法治有序的基层社会治理新机制，形成了自治、法治、德治“三治融合”的社区治理机制，既赢得了民心，又提升了基层组织力，引领党情民心同频共振。这一实践表明，“三治融合”是拉动乡村社会治理的“三驾马车”，更是推进国家治理体系和治理能力现代化的重要基石，必须一以贯之、协同并进，才能形成乡村“治理有效”的良好局面。

（资料整理：何其芳）

还权于民　激发村民自治新活力

——宁夏回族自治区吴忠市红寺堡区农村社区治理经验

摘要：宁夏回族自治区吴忠市红寺堡区农村社区抓住乡村振兴的重大战略机遇，坚持“55124”村级治理模式，通过推选村民代表、实施多元监督、创新工作体制、构建农业新体系等措施，提高了村民在乡村发展中的参与度和受益面，实现了乡村社区治理水平的显著提升。

关键词：还权于民；村民自治；社区治理

一、治理背景

宁夏回族自治区吴忠市红寺堡区是全国最大的易地生态扶贫移民区，自开发建设以来，累计搬迁安置宁南山区 8 县移民 23.5 万人。移民来自四面八方，不同地域、不同民族的文化风俗交织碰撞，生活环境和生产方式的转变，也不断冲击着移民的思想观念，大量移民在安置和融合过程中矛盾重重。实现基层稳定、和谐发展是红寺堡区面临的巨大考验。开发建设之初，由于移民群众相互之间不了解，村级组织建设相对滞后，村民自治中缺乏有效的民主监督，村级事务不民主、财务管理不规范，导致村干部违纪违规事件多发频发、干群关系紧张、群众上访不断。在学习借鉴外省份“阳光村务”工作经验的基础上，2014 年以来，红寺堡区创新探索并在全区村级组织中推行“55124”村级治理模式，走出了一条还权于民、民主决策、取信于民、化解矛盾的群众工作新方法。

“55124”村级治理模式，即以“五步工作法”为统揽夯实制度基础，以“五联记录本”规范会议程序和记录，以“一份议事清单”明确议决内容，以“乡村两级监督”确保工作合法合规，以“四级联动督察”推动工作全面落实，实现了由“为民做主”到“由民做主”、由“制度民主”到“程序民主”的根本转变。

二、治理措施

（一）推选村民代表，集中社情民意

贯彻落实村民代表会议制度，推选出能够真正为村民服务的村民代表是重要基础。红寺堡区农村社区结合当地特点，初步形成了一套相对规范的推选程序，确保村民代表推选的广泛性、代表性和先进性。

第一，户推代表，签字确认。根据各村组巷道布局、姓氏家族等因素对社区进行“划片切块”，按照每5—15户1名代表的标准，由农户自行推荐，并逐一在推选表上进行签字确认，2018年共推选村民代表2312人，使村民代表实现了全覆盖、不漏户。对推选出的村民代表，将其照片、联系电话、代表户等信息在村组张榜公示，通过户推代表、签字确认、建立档案、公开公示等措施，提高群众知晓度、参与度和信任度，解决了“谁代表我”“我代表谁”的问题。

第二，优化结构，均衡分布。人口在500人以上的村，村民代表人数不少于30人的，每增加200人增加1名代表，最多控制在50人以内，防止因村民代表过多导致的会议召集难的现象。坚持“三不推五优先”，即长期外出务工、违纪违法违规和诚信缺失的坚决不推，办事公道、仗义执言、群众威望高、热心村级事务的和致富能人优先推选。同时，根据各村民族、年龄、性别等人口结构，确定党员代表、人大代表、女性代表、少数民族代表比例，形成老中青相结合、覆盖不同层次的村民代表群体。目前，回族代表占当地村民代表的60%、党员代表占0.5%、妇女代表占35%。

第三，网格服务，常态联系。由村民推选产生村民代表，每名代表形

成一个网格，村民代表就是农村的网格员，是群众最熟悉和最信任的人，能够有效地对所代表的农户进行点对点、面对面的联系，以及经常性地开展巡查走访，收集社情民意，宣传法律政策，化解矛盾纠纷，配合乡村开展阶段性重点工作等。村里大大小小的事，都由村民代表向上反映，确保代表能够密切联系群众，实现“网格化”服务。

（二）实施多元监督，加强廉政建设

村民代表会议的程序是否规范，会议效果如何取决于是否建立了完善的监督机制。只有做到事前、事中和事后的全过程监督，才能让村民代表会议不“走过场”，让村务“阳光运行”。红寺堡区农村社区坚持从预防基层腐败的源头抓起，强化三种主渠道作用，建立完善立体式、多方位、全过程的监督体系。

一是创新加强财务监督。全区的农村社区建立“三财”管理中心，实行村财、乡财、校财集中管理，由区级统一“管人、管收、管支、管物、管票”。涉及村民利益的资金事项，全部交由村民代表会议议定，解决了以往村财“白条抵账”、截留挪用、私设“小金库”及“坐收坐支”等违纪违法行为，实现了惠民政策和惠农资金的规范、透明运行，最大限度保障了资金的安全监管和规范运行，有效防范了基层财务管理的廉政风险。

二是规范健全民主监督。针对村监会运行中存在的人员结构不合理、职责权限不清晰、管理考核不到位等问题，区委、区政府印发了《关于进一步抓好村务监督委员会工作的通知》《村务监督委员会工作规则》《村务监督委员会成员误工补贴发放暨考评办法》《村务监督委员会考核细则》等文件，明文细则使各项管理工作有章可循。结合村委会换届选举，选齐配强村监会成员，配套完善制度，强化基础保障，明确职责权限，保障待遇落实，村监会履职能力显著提升。

三是自觉接受群众监督。各建制村统一设立了由村务、党务、财务、回音壁等栏目组成的村务公开栏，全面公开粮食直补、农村低保、征地补偿等关系群众切身利益的事项。同时，结合各村实际，将需公开公示事项从村部村务公开栏向学校、村组小卖部等群众聚集的地方延伸，切实解决

村民代表会议议定事项公开范围不广、公开实效不佳等问题，做到“当家不管事、管事不当家”。通过扎实做好村务全面公开，红寺堡区关于农村惠农政策不落实及村干部违纪违规信访问题同比大幅下降。

（三）推行“五步工作法”，打造民主“议事厅”

推行“55124”村级治理模式，吴忠市红寺堡区农村社区严格把握五个关键环节，即“五步工作法”“五联记录本”“议事清单”“乡村两级监督”“四级联动督察”，规范民主议事程序，建立完善以发现问题、解决问题为核心的村民自治机制。

一是推行“五步工作法”。第一，提出议案，由村党支部或村委会或十分之一以上的村民或五分之一以上的村民代表提出议题，村“两委”商议并拟订议题的初步解决方案，上报乡镇人民政府进行合法性审查；第二，民主议定，在民主议政日对村“两委”拟订议题的初步解决方案可行性进行商议；第三，公布告知，村民委员会在村驻地、各村民小组、农户居住集中区域对议定的议题、方案、程序以及结果进行5天以上公告；第四，组织实施，村民委员会制订具体实施方案，并负责组织实施；第五，监督管理，村监会对村民代表会议进行全程监督，将组织实施结果向村民代表会议或村民会议报告，公布实施结果。

二是填写“五联记录本”。“五联记录本”主要体现村民代表会议程序是否合法合规，决策结果是否认真实施及各项监督是否到位。各个建制村在召开村民代表会议时，须详细记录乡镇政府合法性审查、会议签到、会议过程、决策结果、实施结果及四级联动督察等情况。为推进村民代表会议规范化运行，凡村民代表会议议定事项，每一程序环节都要规范填写“五联表”。

三是制定“议事清单”。按照村民会议授权事项，凡是村级财务支出、集体收益使用、集体资产处置、村集体经济项目立项承包、土地经营承包、扶贫救助、村委会选举及年度工作审议等事项，全部纳入议事决策范畴，根据工作实践，议定事项逐步增加到了20项。各村可在不违反国家法律法规的前提下，根据实际增加和细化本村其他议定若干事项。

四是开展“乡村两级监督”。首先由乡镇政府对各村提出的议案进行合法性审查，审查通过后方可进行民主议定。村民监督委员会要将村级使用大额资金项目议案报告乡镇党委和纪委；其次各村村监会对村民代表会议程序、决策结果及决策结果实施情况进行监督。村民委员会不及时公布或公布事项不真实的，村民有权向乡镇人民政府及其主管部门反映，有关人民政府或主管部门负责调查核实，责令依法整改，有违法行为的，有关人员依法承担相应责任。

五是加强“四级联动督察”。由乡镇、县级、地市级和自治区级各部门对村民代表会议规范召开、会议记录规范翔实、会议决议内容合法有效、村委会执行、村监会规范监督等情况提出指导意见和建议。通过四级联动督察，不断发现和解决各村召开的村民代表会议中存在的问题，确保村民代表会议的各项程序合法合规。

（四）建立土地股份合作社，构建农业经营新体系

一是组建土地股份专业合作社。根据《中华人民共和国农民专业合作社法》和《农民专业合作社登记管理条例》的相关规定，大河乡乌沙塘村根据“依法自愿、风险共担、利益共享、按股分配、规范管理”的原则，按照“五步工作法”，多次召开村民代表会议研究通过后，成立了土地股份专业合作社，制定了《吴忠市红寺堡区乌沙塘土地股份专业合作社章程》，下设理事会、监事会。以“党支部+合作社+农户+基地”的模式，着力构建规模化、组织化、集约化、标准化相结合的新型农业经营体系。

二是规范土地股份合作社运行模式。合作社坚持“党建+合作社+基地+农户”发展模式。经果林基地挂果前 2 年，合作社按照统一品种、统一种苗、统一种植、统一管理的要求进行基地管理，组建机械服务队、用水服务队、苗木种植队、生产管理队“四支队伍”进行基地生产管理。林下土地由合作社以每亩 300 元的价格承包给“一家企业”进行特色农业生产，确保农户保底分红资金；经果林基地挂果后，若农户退社，合作社按照“一评二分三统一”的模式进行管理：首先组织有资质的单位对经果林基地进行评估，根据评估结果，向退社农户收回基地挂果前的管理运行

费，将林地交还给退社农户管理。合作社对分户经营的农户提供统一收购、统一加工、统一销售的“三统一”服务保障，若农户不退社，合作社将按照统一管理、统一采摘、统一加工、统一销售、统一分红的“五统一”模式运行。

三是创新土地股份合作社分配机制。以土地经营权入股的农户、以村机动地和壮大村集体经济资金入股的合作社形成利益共享、风险共担的经济实体。经果林基地挂果前 2 年，合作社收入主要来源于自治区林业补贴每亩 200 元、政府“311”产业补贴每亩 500 元、企业土地流转费每亩 300 元，各类资金共计 1000 元。600 元用于农户两年土地保底分红（每年每亩 300 元），400 元用于合作社两年管理运行费用（每年每亩 200 元）；经果林挂果后，年终分红时，首先归还 200 万元壮大村集体经济专项资金，剩余部分提取公积金后，优先兑付农户享受的“保底分红”（每年每亩 300 元），兑付合作社运行劳务支出。盈余部分按照所持股份享受盈利分红，合作社进行“二次分红”。合作社收益和壮大村集体经济资金用于提升村级服务能力。2017 年兑付农户保底分红 75 万元，乌沙塘村集体收入 13.41 万元。

四是实现合作社与农户双方共赢。通过土地合作社集体经营，由合作社带着农民干、种给农户看，使农民获得稳定的土地流转收益的同时，在示范基地打工，由专家手把手传授果树栽培管理技术，待产业成熟后，为农户自行经营提供技术保障，降低种植风险，实现产业前期合作社集体经营与产业后期农户分户管理无缝衔接。一部分群众从土地中解放出来，通过技能培训，安心外出务工，增加劳务收入，助力脱贫攻坚。土地合作社集体经营壮大了村集体经济专项资金入股，确保村集体资金安全运营、保值增值，实现村民和合作社双方共赢。

（五）创新工作机制，提高治理能力

第一，自主议事，群众的事群众说了算。一是群众提事。结合居住片区的划分，通过“户推代表、签字认定”的方式推选了村民代表。二是群众议事。村“两委”根据群众提议事项，经过多方征求意见，拿出可行的

初步办法和方案，让群众充分酝酿讨论，提出修改意见。2017 年底，新庄集乡的马渠安置区部分群众代表多次向村干部和乡镇领导反映安置区 12943 亩土地荒置 3 年，群众既得不到流转费也无法分配土地，导致新庄集乡的马渠安置区群众生活困难、人心不稳。针对这一问题，村干部迅速行动，组成了一支由“工作组+驻村队员+村干部+村民代表+村民小组长+保洁员”的民意收集队伍，先后 17 次召开“两委”班子会议，4 次召开片区村民会议 47 余场，14 次召开党员大会，17 次召开村民代表会议，就土地分配方式、流转合作企业、流转运营模式、流转价格、分红收益等问题反复协商，历时 6 个月的酝酿讨论，确保了最后方案村民 100%赞成。三是群众定事。在决策村级事务时，坚持行权于民，把举手表决的权力留给群众。工作中，按照“提出议案、民主议定、公布告知、组织实施、监督管理”五个步骤，将涉及项目建设、土地流转、公益事业、涉农资金等村级重大事项，全部纳入票决制范围，让村民充分讨论、票决“拍板”。2018 年以来，当地群众累计“拍板”重大事务 19 项，针对建档立卡新增、退出，低保户动态调整等事项更是多次动议，个别事项动议次数超过 5 次，形成最终决议。

第二，自治管理，群众的事让群众办。一是共同参与，全程管理。对即将办理的事项，从村委会换届选举、为民服务资金使用方式等事关全村发展的重大事项，到涉农补贴发放、低保调整、冬令救助等涉及个人利益的零碎事，都由村党支部召集村“两委”班子、党员、村民代表和村监会成员召开联席会议，让群众共同参与、全程管理，让群众去说服群众，让群众去做群众的工作，实施过程中随时接受反馈意见、修正方案，充分发挥群众能力智慧，激发群众“参政议政”的积极性。群众可针对讨论事项的程序、合理性随时监督，同时充分运用“扶贫领域腐败和作风问题举报箱”，举报电话及乡、村、组三级微信群、微信公众号等形式，接受群众投诉和举报。二是依法依规，老老实实地办。村党支部结合上级法规政策，分别制定具体全面的村规民约，让群众既拿起法规武器监督，又依法依规、明明白白参与管理和监督，打消群众疑虑，赢取群众信任，树立村干部的威信。马渠新集村在 2018 年低保户动态调整过程中，充分运用村民代表权利，由全体村民“公选”出的55名村民代表全程参与入户调查工作，凡发现优亲厚友等违规行为的，立即取消其低保享受名额，最终马渠新集村没有一户村民对上报的低保户结果提出异议。

第三，自我服务，群众的事让群众相互帮。村“两委”本着利民惠民、微利服务、实际实效的原则，组织、带领和支持党员群众通过创办合作社、道德讲习会、政策宣讲团，组建红白理事会和文体队，以及开展党员联户结对等方式，开展自我服务，解决群众生产生活难题，带领群众共同致富，满足群众精神文化需求。马渠搬迁伊始，共建设养殖圈棚3365座，因圈棚设置不合理，农户发展养殖业意愿不强等原因，导致圈棚长期空置。马渠工作组和新集村、红川村“两委”班子以群众关切和呼声为工作方向，多次到壹加壹养殖公司、柳树台村等地方学习考察，结合本村圈棚实际和搬迁移民固有养殖特点，积极争取上级政策，对接帮扶单位，搭建起了群众抱团发展、互帮互助、自我服务的平台，依靠群众智慧和力量应对市场风险和挑战，破解瓶颈制约难题，解决空棚问题。截至2018年底，两个村群众共改造圈棚2448座，其中肉牛圈棚1424座，肉羊圈棚868座，肉鸡圈棚156座；集中承包改造圈棚917座。养殖肉牛2293头，养殖肉羊12457只，养殖肉鸡16094羽。群众养殖收入282万余元。圈棚改造率和利用率达到100%。

三、治理评价

红寺堡区移民构成复杂、矛盾多发，要确保脱贫攻坚、支农惠农政策落实到位，基层组织得到群众信任，实现长治久安，就必须在加强农村党组织建设的基础上，注重发挥村民自治的作用。实践证明，红寺堡区“55124”村级治理模式贯彻落实了村民代表大会制度，充分保障了群众的知情权、参与权、决策权和监督权，通过民主管理形成了和谐共融、人心思齐、安定有序的良好局面。

一是加强了党对基层组织的领导。红寺堡区委、区政府高度重视村级组织建设和基层民主自治工作，将推行“55124”村级治理模式作为加强基层党建的重要抓手，纳入效能目标考核和区委、区政府年度重大督察事项，由区纪委监委、区委组织部和民政等部门根据工作职责分工协作，齐抓共管，区委常委会每年专题听取“55124”村级治理模式落实情况汇报，研究解决存在的问题，强化组织保障，推动治理模式不断丰富，并在63个建制村全面推广，村级规范化管理显著提升，基层组织建设得到明显加强，近3年来，当地有效整顿农村软弱涣散党组织15个，19个村党支部被评为三星级党支部，进一步夯实了党的执政基础，为打赢脱贫攻坚战，推动乡村振兴战略深入实施提供了坚实保障。

二是促进了村级事务公开透明运行。把村民代表作为乡村干部履职尽责、联系群众、扩大监督管理面的桥梁纽带，各村凡是重大决策、重要事务都要及时召开村民代表会议集体决议，并形成文字记录，留下影像资料。凡是没有召开村民代表会议，没有村民代表签字按手印都视为无效决策，在困难群众识别、项目实施和财务报销中，各部门都要求提供“55124”台账，倒逼各村推动制度落实。建立村民旁听村民代表会议制度，精准扶贫对象确定等急、重大事都是在村民代表充分酝酿，并经公开公示的基础上而确定实施的，得到了群众的普遍认可。

三是畅通了村情民意反映渠道。把村民代表作为反映村情民意的重要渠道，同时也通过村民代表广泛宣传党的惠民政策，大事群众定，村务村民管，群众的疑惑和怨言少了，干部省了力，村民放了心，干群关系融洽，加快了农村脱贫攻坚和各项工作的深入开展。在村民代表的参与支持下，农村惠农资金兑付、“两险”收缴进度快、效果好，群众参与脱贫攻坚、产业发展、环境整治的热情高涨。一些村民代表深有感触地说：“原来大事都是村干部说了算，我们是知道结果，想说句话都没机会，这下好了，咱也有权在会上表决了。”

四是有效提升了乡村治理水平。“55124”村级治理模式建立完善了村级事务监督体系，突出了群众对村级事务的知情、参与、决策和监督，突出了区、乡两级纪检组织、业务主管部门及村监会对村级事务的跟踪监督，建立起了“事前+事中+事后”闭合式的监督体系，有效解决了村级决策村干部个人说了算、群众知晓率和参与率低、各方监督不到位等问题。

无论是村干部还是村民，在思想认识层面都对村民代表会议制度有了一定了解，抓工作的思路逐步清晰，从过去的“一问三不知”，到现在能说出“一二三”了，群众参与村级发展的积极性、主动性也变强了，移民的归属感、认同感显著增强。

五是促进了干部作风转变和民风建设。村级权力运行更加规范，涉及低保调整、土地确权、精准扶贫、惠农补贴发放等方面的重大事项，各村都严格执行“五步工作法”，村干部在决策中不再为人情所困，不再因公开不彻底遭猜疑、受辱骂，减少了矛盾，融洽了干群关系，村级事务存在的突出问题迎刃而解，理顺了群众情绪，激发了村民自治的活力。对一些土地纠纷等较为突出的矛盾纠纷，由村民代表协调解决，调处成功率达88%以上。通过深化社会主义核心价值观宣传，制定村民自治章程、完善村规民约，赌博酗酒、顶牛闹事儿的少了，争当“五好”家庭、带头参与村组公益事业的多了，文明村风、良好民风正在逐渐形成。

（资料整理：赵　敏）

党建引领　三治融合

——陕西省旬阳县农村社区治理经验

摘要：陕西省旬阳县在县域治理实践中谨遵党的十九大报告精神，汲取优秀文化，准确把握治理脉搏，探索出“以党建为引领，法治为保障，德治为基础，村民自治为根本”的党建引领“三治融合”乡村治理新路子，为乡村发展创造了良好的环境。实践证明，这套乡村治理体系对于促进农村发展是非常有效的，在基层党组织的带领下，陕西省旬阳县不论是在县域经济发展还是乡村民风建设中都取得了可观的成绩，而且形成了乡村发展的持久动力，其发展思路值得学习和借鉴。

关键词：党建引领；三治融合；乡村治理

一、治理背景

旬阳县位于陕西省东南部，北依秦岭，南踞巴山，总面积3554平方公里，辖21个镇，306个村（社区），人口46万。县城位于汉江、旬河交汇处，曲水环绕，形似太极，被誉为“天然太极城”。旬阳县在县域治理实践中，紧扣中央时代要求，汲取优秀传统文化，准确把握县情实际，聚焦乡村治理难题，秉持“党建+”系统思维，探索实施了自治、法治、德治相融合的乡村治理新实践，大大提升了乡村治理体系和治理能力现代化水平，筑就了一条乡村长治久安的新道路。

近年来，随着经济体制深刻变革、社会结构深刻变动、利益格局深刻调整、思想观念深刻变化，地处秦巴河源山区的旬阳县在社会治理中遭遇了一系列困局：一是市场经济加速带来乡村治理官僚化，党风不正、政风不清，严重影响群众信任感、满意度；二是小农经济长盛带来乡村治理内卷化，小富即安、小成即满，村民参与乡村治理意愿不强；三是城镇化进程的加快带来乡村治理空心化，留守人员多，议事能力低，技术性治理民主无法实现设计目标；四是政府反哺经济加强带来乡村治理逐利化，基于征地拆迁、工程发包、项目建设而滋生的强势群体迅速上位；五是移民搬迁加快带来乡村治理冷漠化，新市民权利意识增强，责任意识缺失，自我约束弱化。这些深刻变化给乡村治理带来严峻挑战：一是少数党员干部的不正之风带坏了社风民风，引发群众强烈不满；二是基层党组织软弱涣散，宗族势力干预、富人恶人治村现象抬头；三是矛盾纠纷增多、各类案件高发、信访压力太大，严重影响人民群众安全感；四是攀比奢靡、道德滑坡、忤逆不孝、诚信缺失、封建迷信等不良风气滋生蔓延；五是少数人唯利是图，“我弱我有理”“等靠要”“缠闹访”现象普遍。这些困难和挑战，法律手段够不着、行政措施难奏效、说服教育显得软，严重危及基层政权安全，一度让基层施政者无奈、无助、无解。旬阳县委认真贯彻落实党的十九大精神，把深化改革创新作为破解乡村治理难题的突破口，先后开展了“社会不良风气大整治”“信访责任倒查改革”“亮晒作全员行动”“道德评议树新风”“平安法治大创建”等改革创新实践，边总结边提炼，边完善边规范，逐步形成了以“党建”破解“谁治理”、“三治”破解“治什么”、“融合”破解怎样治的“三治融合”新思路，完全契合党的十九大精神，符合中央乡村振兴战略，为创新乡村治理体系作出了有益探索。

二、治理措施

（一）坚持党建引领，党委协力促进乡村发展

旬阳县委制定出台了《关于深化党建引领三治融合基层社会治理创新工作的实施意见》，成立了以县委书记任第一主任，县人大、政府、政协

主要领导任主任的“社会治理委员会”，组建“执纪问责、法治教育、行政执法、公正司法、以德治理、群众自治、民情疏导”七个专项组，分别由组织、宣传、政法、民政等相关职能部门牵头负责。治理委员会横向统筹 16 个党群部门、5 个政法部门、17 个政府部门，纵向贯通县、镇、村、网格、网格员五级治理网络，会聚融合 1.3 万余名乡村治理人才队伍，解决了“谁来治”的关键问题。针对党员干部存在的“八大机关病”（软骨病、争利病、老爷病、懒散病、世故病、推诿病、享乐病、守旧病），全县 32 名县级领导，100 多个县直部门、21 个镇、306 个村（社区），2.5 万名党员干部，全面开展“亮身份、晒业绩、作表率”全员行动，出台“激励奖励、纠错容错、能上能下、书面提醒”四项制度，建成“全员电子考勤”“全员电子考绩”和“电子政务督察”三大智能管理系统，出台“干部召回锻造”“党员百分制管理”两大制度，强化党员干部监督约束，激发创优担当精神，强化党性修养锻炼，增强群众信任感满意度。在陕西省率先推行“集中行政许可权改革试点”，实行“一厅式办理、一条龙服务、一次办承诺”，全面提升便民服务水平。3 年来，群众对党委政府的满意度逐年提升，2017 年达到 97.8%，位居全市第三位。有效的治理和良好的风气让“民心是最大的政治”这一最高理念得到实践检验，成为巩固基层政权的最牢根基。

（二）三治有效融合，标本兼治推进乡村治理

习近平总书记多次强调指出，社会治理必须坚持以人民为中心，坚持系统治理、依法治理、综合治理、源头治理，切实提高社会治理能力和水平。旬阳县认真贯彻这一战略思想，统筹推进“自治、法治、德治”，有效避免了过去“单打一”治理方式的思路不清、此消彼长、合力不足等弊端，切实推动了乡村治理转型升级。

1. 坚持自治固本，确保乡村治理更有力

自治的内生约束是新时代消解乡村矛盾、激发基层活力、推动共建共治的关键举措，也是社会主义民主下巩固基层政权的“内生动力”。旬阳县坚持以创新“说论亮”道德评议为主线，推动“村民自治”硬起来，实

现村民自我教育、自我管理、自我服务、自我发展，最大限度调动参与乡村治理的积极性、主动性、创造性。

（1）修订村规民约，让村民自治“实”起来

旬阳县把村民自治作为推进基层治理的基本形式和保持农村长治久安的治本之策，坚持“四民主两公开”村级治理制度，深入开展了“群众说、乡贤论、榜上亮”道德评议活动，搭建村民自治平台。通过修订完善村规民约自治规定，实现村民自我教育、自我管理、自我服务。2018 年，全县已有 305 个村通过修订完善村规民约，使村民自治有法可依、有章可循。村规民约的修订和完善，为改变当前农村社会普遍存在的红白事泛滥、环境卫生脏乱、家中儿女不孝、邻里关系不和、人情世故攀比、赌博之风盛行等一些不良风气提供了重要依据，确保了村民自治有法可依、有章可循，接地气、好操作、能管用。

（2）开展道德评议，让自我管理“动”起来

在各村（社区）党组织的领导下，由群众推选德高望重的老党员、老干部、道德模范、“两代一委”等乡村精英，组成道德评议委员会，落实一定报酬待遇，定期召开评议大会，通过“群众说”，摸清群众身边的好人好事和不良问题，确定评论对象和议题；通过“乡贤论”，摆事实、讲道理，明辨是非，论理劝教，褒奖先进，鞭策后进；通过“榜上亮”，“红榜”褒奖弘扬先进模范，“黑榜”曝光鞭挞不良现象，让大家知荣辱、明底线、争先进。同时，针对评议出来的后进对象，落实帮教责任，最大限度帮促转化。这种方式汲取了“好坏大家判、落后大家帮、事事有人管”的自治精髓，大大提高了群众自我管理、自我教育、自我监督、自我发展的能力和水平。近 3 年来，全县共开展“论说亮”道德评议 2742 场次，评议出先进典型 2921 人次、后进典型 2145 件次，设立“善行义举榜”和“曝光台”316 处，帮助转化后进 1597 人。

（3）推进协商民主，让自我服务“活”起来

坚持以创新“学知识、兴家业、当先进”群众教育活动为抓手，以村民委员会、村民代表会、村民小组会为平台，以 269 个服务型社团组织为依托、327 个新型农民讲习所为补充，定期组织召开各类会议，举办各类

公益服务活动，学政策、学法律、学技术，兴家业、兴事业、兴物业，讨论集体事务，协商发展大计，确保“四民主两公开”真正落到实处。

（4）改革监督体制，让自我监督“严”起来

县人大牵头，指导各镇村修订完善村（居）自治章程，加强村务监督委员会建设，规范监督内容、权限和程序，确保民主监督扎实有效，推动村级事务从结果公开向全程公开转变。县纪委监委牵头，大力推进村（居）民监督委员会、镇纪委直管改革，大大强化了村（居）监委会的监督能力，让依规依纪依法治村严起来。

（5）深化争创活动，让自我发展“比”起来

坚持定期组织开展“五好模范家庭”“星级社会治理文明户”“脱贫致富标兵”争创评选表彰活动，通过表彰奖励、红榜宣扬、物质激励，让群众身边的贤达能人、自强典型、致富能手活得有面子、富得受尊敬、贤得有地位，形成浓厚的“比学赶帮超”发展氛围，激发广大群众人人想先进、争先进、当先进，绘就“村强、业兴、家富、院美、人和”的乡村振兴新画卷。

2. 坚持法治保障，确保乡村治理更有序

法治是治国理政的基本方式。法治的刚性约束是新时代乡村基层定分止争、稳定秩序、促进公正的根本保障。旬阳县坚持以“促调打”法治方式为抓手，扎实推进依法治理，推进全民普法，整治不良风气，化解社会矛盾，打击违法犯罪，着力营造办事依法、遇事找法、解决问题用法、化解矛盾靠法的良好社会氛围。

（1）坚持“五位一体”促守法

一是坚持县委中心学习组“一月一学法”、机关干部“一年一考法”、干部提拔守法鉴定、新任领导守法宣誓和村干部“一审三考一承诺”的学法守法制度，确保“关键少数”带头守法。二是大力推行行政执法权责清单制度，对执法权力部门（岗位）进行分事行权、分岗设权、分级授权、定期轮岗、风控管理，真正做到“清权、减权、制权、晒权”，根治社会反响强烈的“选择性执法、逐利性执法、粗暴执法、养鱼执法”，确保政府部门规范执法。严格依规依法明确农村社区工作准入事项，切实规范村

级自治组织权责和义务。三是常态推进“法律八进”，落实部门“板块普法”责任，开办“讲理说法”电视专栏，建成“法治旬阳”“平安旬阳”新媒体，开通24小时法律咨询服务热线，村村选配法律顾问，促进全民守法。四是创新“以案说法”新机制，大力推进“乡村审判”“庭院调解”“普法讲习”，通过以案说法、以法释理、以理教化，审调一案，教育一片。五是建立公民守法诚信档案，把党员干部和公民守法情况纳入评先授奖、入党参军、推选“两代一委”、干部招考、晋职晋级、提拔使用等审查条件，建立违法失信惩戒联动机制。3年来，开展守法情况审查鉴定2320人次，共计实施了132人次资格否决。

(2) 坚持“三力联调”化纷争

建立“三级书记”（县、镇、村）抓调解新体制，构建基层行政力量（镇政府机关领导及干部、县直部门下派的联村包户干部）全程介入、司法力量（法官、警官、检察官、律师、司法助理员）全力协助、道德力量（人民调解组织+乡贤）全程主导的“行政+司法+道德”三力融合的集中统一联合调解模式。调解中，行政调解人员着重从政策规定等方面进行答疑解惑、政策支持，司法调解人员着重从法律规定等方面讲理说法、明辨是非，道德调解人员着重从道德情感等方面进行思想疏导、抚慰劝和，大大增强了调解效力。2018年1—9月，全县共调解案件2123件，调解成功2081件，调解成功率达98.08%，协议涉及金额1.37亿元，其中长达10年以上矛盾纠纷39件、涉法涉诉案件37件、多次赴省进京信访案件81件，成功预防信访、治安、刑事、诉讼及群体事件1711件次。

(3) 坚持“三管齐下”打邪恶

一是以“扫黑除恶”专项斗争为抓手，扎实开展“打五霸”“抓八治”活动，依法严打“盗抢骗”“黑恶邪”“黄赌毒”，深入开展扫黑除恶，坚决打出群众安全感。3年来，共查处涉恶案件49起，抓获犯罪嫌疑人253人，打掉涉恶团伙21个156人，批捕审判197人。二是构建立体社会治安防控体系。县财政千方百计筹措经费1800余万元，建成全市领先的高清化、数据化、智能化社会治安技防体系，重点部位高清视频监控覆盖率达到100%，构筑立体化“环旬防护圈”。选聘治安中心户长和楼院长7300余名，发展“红袖章”平安志愿者5500余人，组建集镇专兼职巡逻队21支、村（社区）兼职巡逻队305支、护校队254支，组建了200人的专业化保安服务公司，着力构建专群结合、群防群治的立体化社会治安防控体系，全县可防性案件同比下降38%。三是深化基层系列平安创建。扎实开展“十个没有”行业系统性平安创建活动，着力打造一批市级以上平安创建品牌。全县86%的镇、82%的村（社区）、92%的家庭、98%的校园、89%的单位分别达到市县平安创建标准，受到命名授牌，基层平安创建覆盖面不断扩大。

3. 坚持德治强基，确保乡村治理更有魂

德治的柔性约束是新时代乡村基层弘扬正气、达成共识、春风化雨的重要支撑，也是巩固基层政权的“思想灵魂”。旬阳县坚持以“新民风”建设为抓手，全面推进以德治理，让群众明事理、分善恶、知荣辱、有敬畏、懂感恩，共同促进社会公德、家庭美德、个人品德的养成，推动社会主义核心价值观落地生根。

（1）大力建设“诚孝俭勤和”新民风

针对少数群众见利忘义、诚信缺失，特别是在脱贫攻坚中“缠访闹”争当贫困户、“等靠要”内生动力不足现象以及社会不同程度存在的攀比奢侈、失信不孝、自私缠闹、迷信赌博等不良风气，旬阳县以践行社会主义核心价值观为主线，紧密结合县情民意，创新推出“诚、孝、俭、勤、和”新民风建设，深化“六大专项行动”，严管2.5万名党员干部“正民风”、紧抓1.6万名工商能人“带民风”、教育5.5万名青年学生“育民风”、发动8万名家庭主妇“兴民风”、激励5万名受保对象“净民风”，有效遏制了农村长期存在的陈规陋习，弘扬了社会正气。

（2）广泛开展“家风家训家规”建设

在全县12万个家庭中，广泛开展“续家谱立家规传家训正家风”活动，继承弘扬已有的“好家规”，寻找、整理和丰富遗失的“老家规”，制定符合时代特点的“新家规”，使得家庭成为涵养美德、陶冶情操的“心灵归宿”。先后挖掘整理了仙河镇“范氏家谱家训”、红军镇“官山陈氏家谱”、甘溪镇“吴氏家谱”等有代表性的家训家规。定期开展“家风家训宣讲进万家”活动，创办“旬阳县国学教育基地”，广泛开展“小手牵大手、家规一起守”家训家规进校园活动，努力营造家家户户建设好家庭、弘扬好家风的浓厚氛围。

（3）大力推进美丽乡村建设

在全县大力推进“十个一”美丽乡村文化建设，即建设乡风文明一条街、建好一个农家书屋、一个广播室、一个文化广场、一个善行义举榜、一支乡贤队伍、一个道德讲堂、一套村规民约、每年评选一次“社会治理星级文明户”、表彰一批道德典型，大力推进“美丽乡村·文明家园”建设，营造浓厚的“文化润德”氛围。

（4）建立道德模范褒奖机制

旬阳县制定出台了《旬阳县道德模范待遇保障暂行办法》，针对“助人为乐、见义勇为、诚实守信、敬业奉献、孝老爱亲、自强励志”六类道德模范，优先保障政治、经济、医疗、就业、教育、住房等相关待遇，切实树立“好人得好报”的社会导向。

（三）致力脱贫攻坚，激发乡村内生发展动力

为充分激发群众脱贫攻坚内生动力，近年来，陕西省把解决“素质贫困”作为贫困群众脱贫的原动力，坚持精神扶贫与物质扶贫同促进，引导贫困群众转变落后观念，唤起脱贫致富斗志。为解决贫困群众脱贫内生动力不足这一问题，陕西在全省开展了“教育引导”法正家风、“行为规范”法立正风、“村规民约”法改民风、“文明创建”法树新风、“公益救助”法促和风、“司法保障”法倡清风的扶贫扶志“六法”，有效破解了部分群众“习惯穷”“争当穷”“无奈穷”等思想顽疾，提升了脱贫攻坚成效。据统计，2017 年以来，陕西省累计开办道德讲堂 3. 2 万场次，各地共创建文明家庭 11. 65 万个，建立孝道基金 761. 15 万元，救助 6329 人次，纠正恶意分户、把负担甩给政府等问题 2770 例，转变懒汉 1967 人。扶志“六法”成为脱贫攻坚的强大助力。

三、治理成效

（一）基层党组织“由软变强”

在探索乡村治理的道路上，全县村级班子得到了全面加强，组织领导村级社会治理能力和水平明显提升，共有120余个镇村党组织先后荣获省市表彰。其中棕溪镇王院村被中共中央授予“全国先进基层党组织”荣誉称号，支部书记陈分新先后当选党的十六大、十九大代表，十一届、十二届全国人大代表，荣膺“全国劳动模范”称号；该村探索推行的“十指联动工作法”被中组部作为党员电教典型案例在全国总结推广。基层党组织是乡村发展的“火车头”，其能力的提升对于农村社区的持续发展具有重要意义。

（二）社会治安“由乱到治”

目前，旬阳县全县社会治安明显好转，实现了“五升五降五无”目标。一是“五升”：社会治安公众安全感2017年为94.48%，位居全省第14位；平安创建知晓率2017年为95.44%，位居全省第12位；矛盾纠纷排查调处率年均增长10.8%；矛盾调解群众满意率2018年上半年达到95.3%，同比提升9.46个百分点；政法队伍群众满意度2017年达到97.31%，位居全省第13位。二是“五降”：刑事案件从2015年的581件下降到2017年的245件；治安案件年均下降8.2个百分点；县以上信访总量连续3年呈下降趋势，实现了赴省进京集体上访“零批次”，2017年进京非访2人次，2018年仅有1人次；负面舆情逐年下降，2018年以来全县负面舆情总量16件次，同比下降31.3%；消防和道路交通等安全事故年均下降23个百分点。三是“五无”：没有发生暴恐案件、没有危害国家安全的政治案件、没有重大群体性事件、没有赴省进京集体访、没有重特大命案。2016年以来，旬阳县先后获得全国“六五普法先进县”“全国法治宣传教育先进县”等荣誉称号，2018年被省委省政府表彰为“2015—2017

年度全省维护社会稳定工作先进县”。

（三）乡村民风“由差到好”

全县先后涌现出“旬阳好人”40 名、“美德少年”36 名，“好婆婆、好媳妇”52 名、“最美家庭”21 户，荣获“安康好人”8 人，安康道德模范 3 人，荣登“中国好人榜”2 人。全县农村滥办酒席、过事收礼事项同比下降 60%，开支下降 40%。农村出现“三多三少”局面，即争当贫困户“等靠要”的少了，自力更生、艰苦奋斗的多了；扯皮耍泼、忤逆不孝的少了，明礼诚信、友善孝亲的多了；攀比奢侈、打牌赌博的少了，遵纪守法、勤劳节俭的多了。2017 年，金寨镇、金寨镇寨河社区、棕溪镇王院村获得“全国文明村镇”荣誉称号，金寨镇党委书记受到习近平总书记的接见。

（四）县域经济“由弱到强”

有效的治理为经济发展营造了良好环境，推动经济社会稳步快速发展。2017 年，旬阳县被省政府授予“陕西省县域经济社会发展争先进位奖”，县域经济社会发展综合竞争力位居全省第 14 位。以“三治融合”理念创新实施的“三新扶志”脱贫攻坚先进经验在全省得到总结推广，得到国家扶贫办高度肯定，并在 2018 年 9 月举办的全国第四期贫困县（市区旗）党政正职脱贫攻坚专题研讨班上，县委书记梁涛应邀为全国 110 多个县（市区旗）党政主要领导交流传授工作经验。2017 年，全县完成规模工业产值 202.02 亿元，增长 26.4%；财政总收入 15.9 亿元，城镇、农村居民人均可支配收入分别达到 30155 元和 9305 元，年均分别增长 10%和 11%。全县生产总值达到 159.87 亿元，经济实力位居陕西省第 14 位、安康市第 2 位。

旬阳县的发展证明党建工作和“三治融合”在目标指向上具有高度一致性，而这也恰恰揭示出了中国特色社会主义社会治理体系和治理能力现代化所应走的路径和应有的方向。通过旬阳县的例子，应当认识到以下几点：一是必须坚持“党建+”系统思维，系统谋划，统筹推进。党的领导是我国各项社会事业取得成功的关键。旬阳县始终坚持把“党建引领”作为推进乡村治理的核心和关键，坚持“党建+”系统思维，推动形成“党委领导、政府负责、社会协同、公众参与、法治保障”的工作格局，解决部门精力分散、职能分立的问题，汇聚强大合力，彰显系统治理的最大效应；狠抓作风建设，出重拳刹歪风，以党风政风大转变带动社风民风大好转。二是必须坚持“三治融合”立体思维，多管齐下，综合发力。乡村治理是一项系统工程，必须全面发力、立体推进。旬阳县“党建引领三治融合”乡村治理，以“法治”增强了全民法治意识，运用法治思维和法治方式解决问题，保障社会公平正义；以“德治”弘扬了正能量、贬斥了假丑恶，促进社会公序良俗；以“自治”让群众动起来，成为乡村治理体系中的重要主体，实现共建共治共享。三者既相辅相成又相互依托，既相互补充又相互融合，实现乡村治理方式从“单向管理”向“双向互动”转变，由“单一治理”向“综合治理”转变。三是必须坚持“以人为本”民本思维，依靠群众，为了群众。在乡村治理中必须以群众需求为导向，主动回应和满足群众最关心、最直接、最现实的利益诉求，才能赢得群众的认可和支持，善于把群众热情和力量引导、凝聚到乡村治理上来，促进乡村善治有序、邻里和睦、平安稳定。四是必须坚持“与时俱进”创新思维，不断探索，加快发展。随着经济社会快速发展，特别是信息化、智能化步伐日益加快，在乡村治理中必须紧跟发展形势、不断探索，创新载体、与时俱进，加大现代科技运用，以信息化引领乡村治理体系和治理能力现代化，建立“互联网+乡村治理”工作模式，持续提升乡村治理成效。

（资料整理：范　敏）

政府主导　村民自治　强化服务

——江苏省海安市曲塘镇农村社区治理经验

摘要：曲塘镇按照江苏省海安市统筹城乡社区建设的总体要求，始终把农村社区建设作为“达小康、促和谐”的重要抓手，不断探索农村社区治理的有效机制及路径，坚持政府主导、村民自治，积极推进农村社区治理工作全覆盖。在政府主导方面，着力完善农村社区治理体制机制，建立了农村社区治理的组织架构、投入机制、建设机制及联动机制。在民主自治方面，坚持村民自治，配强管理主体；明确内容，提升治理水平；政社互动，强化管理效果；群众参与，引领社区发展。在社区服务方面，延伸公共服务，营造舒心环境；创新便民服务，打造和谐环境；搭建载体平台，优化文化环境；加强社会治理，构建安居环境。曲塘镇逐渐形成了政策扶持力度大、社会保障体系强、服务中心功能全、管理运行机制高、工作队伍结构优的农村社区治理体系，逐步推进了农村社区治理能力及水平的提升。

关键词：政府主导；村民自治；全面覆盖

一、治理背景

千年古镇曲塘镇隶属江苏省海安市，生态秀美、文化灿烂、人杰地灵。镇域总面积118.6平方公里，总人口10.6万，建成26个农村社区和2个镇区社区，是南通市首批中心镇、江苏省重点中心镇、全国重点镇。先后获得全国文明镇、全国环境优美乡镇、全国卫生镇、全国农村五保供养工作先进集体、全国农村优秀学习型乡镇、江苏省公共文化服务体系示范区、江苏省小城镇规划建设示范镇、江苏省和谐社区建设示范镇等荣誉。

曲塘镇始于唐，建于宋，因沟塘如网、弯弯曲曲而得名，已有1500多年的光辉历史。新中国成立初设海曲白办事处，1958年成立曲塘公社；1959年设镇。1995年11月，花庄乡并入曲塘镇，全镇面积31平方公里，人口3.7万，辖曲园、曲南、曲东、曲西、双新、镇郊、花庄、纪庄、兴成、长垛、草池、涂庄、於陈、大陈、小陈、野庙、顾庄、贾庄、徐庄、新街20个建制村和民主、虹桥、团结、中心、建设5个居委会；2001年1月，李庄乡并入曲塘镇；2004年，章郭乡、双楼镇、曲塘镇合并为曲塘镇。镇政府设于曲塘镇，面积118.6平方公里，人口10.51万人，辖31个建制村。曲塘镇是一个人口和地域面积相对较大的镇，由于乡镇合并，各地人文风俗有一定的差异性。

近年来，按照省市统筹城乡社区建设的总体要求，曲塘镇始终把农村社区建设作为“达小康、促和谐”的重要抓手，不断探索、拓展社区服务功能，以一流的重视程度、一流的服务设施、一流的服务功能、一流的环境卫生、一流的乡风民风，以及党委政府满意、职能部门满意、广大群众满意的“五个一流和三个满意”为农村社区建设目标，争做农村社区建设工作排头兵，推动农村社区建设全覆盖，在帮“民富”、解“民忧”、促“民享”、保“民安”等多方面进行了有益探索，推进了社会主义新农村建设的进一步发展。

二、治理措施

新形势下，社区日益成为各种利益关系的交汇点、各种社会矛盾的集聚点、社会建设的着力点和党在基层执政的支撑点，做好社区工作，为经济社会发展创造更加良好的社会环境，具有重大的现实意义和深远的历史意义。曲塘镇结合自身的实际情况，主要从以下几方面加强社区建设。

（一）政府主导，着力完善体制机制

1. 建立适应农村社区治理的组织架构

组建社区治理组织架构，是推进社区治理的第一步，是构建社区党组织、社区居委会、社区管理机构的必要路径。组织架构的建立和完善，对社区党组织、社区居委会治理、社区管理机构的任务执行，起到重要的推动作用。因此，明确社区党组织、社区居委会、社区管理机构的职责，理顺三者之间的关系，建立合理的社区治理运行机制，才能有效推进社区治理水平的提升。比如，居委会负责人应主动与社区党组织、社区管理机构建成统一战线，把社区居民的利益放在第一位，做好社区服务工作，有问题拧成一股绳共同解决，以达到社区治理的目的。从 2004 年起，实行区划调整，曲塘镇由 5 个乡镇合并而成，全镇形成 26 个建制村，644 个村民小组。按照便于管理、便于服务、便于居民自治的原则，对建制村实施社区化改造，加快社区职能去行政化进程，厘清社区居委会、社区服务站、社区为民服务中心的职能职责。实行街道、社区负责人考核制度，进一步理顺社区居委会、社区服务站、社区为民服务中心关系。设立 26 个农村社区，平均每个农村社区 4.6 平方公里，1100 余户，2800 人。近年来先后兴建社区居民集中安置小区 15 个，入住 8000 多户，集中居住 24500 多人。农村社区建设工作坚持党委领导、政府主导，构建一体化的镇、村、居三级领导机制。成立农村社区建设领导小组，形成“党政‘一把手’统筹抓，分管领导具体抓，民政部门牵头抓，相关部门协调抓”的工作机制。对社区目前承担的各项工作进行全面梳理，进一步规范社区党组织、居委会和服务站的职能，切实解决长期以来社区职责不清、行政事务负担过重等问题。研究制订切实可行的治理方案，明确总体目标、阶段性目标和具体任务，层层分解，落实责任，一级抓一级，层层抓落实。建立社区治理统一考核机制，减少各部门对社区的多头考核，同时加大对相关部门向社区指派性工作的考核。将直接为群众、企业服务的行政职能授权街道，增强街道的服务力、执行力。镇党委、镇政府把社区治理绩效列入年度工作目标管理和重点考核内容，定期召开会议部署社区治理工作，着力解决社区治理过程中的重点问题。加大执法下沉力度，加强安全、物管、执法等工作人员的配备，减少社区行政性事务，理顺街道公共管理职能，真正行使社区公共服务职能。

2. 建立适应农村社区发展的投入机制

按照“不增加村级负债，不增加农民负担，不动用‘一事一议’资金的原则”，建立健全社区建设管理的经费保障机制，社区建设各项经费发放按照上级要求纳入财政预算。积极鼓励村级组织通过增加村级集体收入、盘活资产、发展三产等方法增加社区投入。近年来，镇财政每年投入新农村建设资金300万元以上，其中60%用于农村社区建设。全程参与到社区设施建设的规划设计、建设审批、工程验收等措施中。落实镇、村、社区的专职工作人员，完善综合性社区服务中心，“一站式”大厅办公面积达标验收，社区服务站设施齐全、功能配套。充分利用现代信息网络资源，建立统一的社区综合服务管理信息平台。规范服务群众工作流程，实现市、镇及社区三级联网。建立社区公共服务项目清单，通过向居委会与社会工作服务中心购买服务的方式解决政府行政性事务的开展问题。以群众需求为导向，为社区居民提供高效快捷的服务。针对居民的公益性需求，通过社工、社会组织提供精神慰藉、法律援助、助学助困等公益性服务。以便民利民为出发点，不断探索为民服务的新机制、新领域。以求助电话、社区服务网站和短信为载体，构建一个覆盖全区、社区的信息服务平台，24小时全天候提供生活类、资讯类、事务类、电子商务类等多项服务，形成横向到边、纵向到底的社区服务救助网络。建立社区服务平台，推行社区卫生室10分钟服务圈，为孤寡老人、空巢老人打造“一对一”帮扶机制。

3. 建立适应农村社区需求的建设机制

一是全力扶持农村社区公共服务中心建设，高标准规划，因地制宜改造，实施社区设施升级，拓展服务功能。对全镇26个农村社区，公共服务中心面积全部达到800平方米以上，社区中心“一站式”服务平台净面积全部超过80平方米；具备“七室四站二栏一校一场所”，集“‘两委’、养老、健身、娱乐、医疗、阅读、培训”等功能于一体，有统一的标识、统一的外观、统一的功能。形成了镇有综合文化站、社区有公共文化服务中心、组有农家书屋的三级公共文化设施网络体系；体育健身设施齐全，所有社区全部建成“二室一场一路径”，社区居民集中居住点全部建有健身活动场地。二是着力提升社区工作者服务能力。立足于社区工作者的专业化、职业化，不断壮大社区工作者队伍，大力提升社区工作者的综合素质和服务能力。明确社区工作者的配备标准，推行网格化管理，按照400户左右划分网格，每个网格配备1—2名网格社工，作为“全科医生”负责收集社情民意、调解矛盾纠纷、服务居民群众等工作。同时提高社区工作者待遇，严格按照街道（社区）管理体制改革的文件要求发放社区工作者的工资，社区工作经费纳入财政预算。不断促进社区工作者职业化和专业化，鼓励社区工作者参加社会工作者职业水平考试，持续提高社区工作者的能力素质，使原有社区工作者更快完成角色转换，更好地胜任新时代社区工作的任务和要求。

4. 建立适应社区服务管理的联动机制

积极推进“三社联动”，形成以社区为平台、社会组织为载体、社会工作专业人才为支撑的互联互补互动的融合机制。一是充分发挥社区的平台作用。由社区党组织牵头，组织村（居）委员会、社区工作站、社区入驻单位、社会组织共同参与社区建设管理，公开承诺服务项目，推进实施工程。通过社区党代表、人大代表、居民代表，了解民意、为民解忧，为居民提供快捷、优质、高效服务，不断优化社区服务管理模式。二是充分发挥社会组织的协调作用。把社区作为建设社会组织的孵化基地，加大扶持力度，实现每个社区社会组织10个以上。社会组织在服务社区群体、调解社会矛盾、维护社会诚信、促进社会稳定等方面发挥了积极作用，为社区服务管理增添生机与活力。三是充分发挥社会工作人才的专业作用。在推进“三社联动”进程中，社工队伍建设是重要支撑。每个社区现有专职社工6—8人，兼职社工6人以上，负责社会保障、卫生计生、环境整治、治安管理、民政慈善、群团事务、全民创业、小区管理等工作，在“两委”领导下广泛开展便民服务、居家养老、文化宣传、法律援助等各类社区服务活动，为实现服务组织社会化、服务管理网格化、参与服务群众化发挥了主力军作用。

（二）民主自治，着力优化社区治理

1. 村民自治，配强管理主体

自治机制，是以居民自治为前提，在社区党委、社区居委会、社区管理机构的领导下运行的一种治理机制。自治机制，是各组织部门引导社区居民有序参与社区治理工作，在民主决策、民主管理、民主监督的机制下，使社区居民自我管理，以达到社区治理的目的。比如，社区党组织、社区居委会、社区管理机构的有关人员把社区居民召集在一起，征求社区居民意见，共同商讨出一条民主决策、民主管理、民主监督的自治机制，并按照该自治机制组织运行，以实现社区治理目标。曲塘镇村委会换届选举自第六届起，全镇村委会换届选举一直坚持以无候选人直接选举为主，并多次放样全省、全市。在农村社区治理工作中，创新推出村民小组长“微自治”模式。作为南通市村民小组“微自治”试点镇，曲塘镇 2016 年对全镇 647 个村民小组长进行了民主公推公选。通过个人自荐、群众举荐、组织推荐等方式，通过差额选举选出基层经验丰富、热心社区工作的同志，为社区建设注入活力、提供助力，实现了村民小组“微自治”全覆盖。同时加大岗前培训力度，明确职责，强化管理，让村民小组长真正成为新农村“五大员”，即党的农村政策宣传员、农村社区信息员、矛盾排查调解员、社区决策监督员、群众事务代理员。同时配强社区服务管理站和村级综合服务中心专职工作人员，每年定期对社区党组织书记和各居（村）委会主任进行集中培训，鼓励社区工作者参与再教育学习，提升社区干部队伍整体素质。建立完善社区后备干部招考制度，2016 年面向社会公开招录 20 名后备干部充实社区队伍。积极吸纳返乡大学生、退伍军人、个体经营者、社会工作专业人才从事社区工作。通过加大政策扶持培育，积极鼓励和支持社会组织的成立，支持社会力量投资兴建和完善社区服务设施，兴办公益事业，并为之提供政策、项目、资金等资源支持。

2. 明确内容，提升治理水平

治理过程中，首先要明确社区治理的内容，清楚社区治理是在社区服

务的工作环节中开展的，了解社区治理的内容，以便更好地对社区进行治理。一般来说，社区治理的内容涉及社区基础设施建设、社区服务、社区管理等，以找到治理的方向。比如，对社区进行治理时，先把社区治理的大类列出来，有社区基础设施建设、社区服务、社区管理。根据大类划分出治理的小类，通过与各部门联手，采取一定的治理措施，从而达到社区治理的最终目标。曲塘镇在社区治理中及时完善规章，建立完善村民小组长考核制度、小组议事决策制度和自我服务制度，制定村民自治章程和村规民约；建立重大事项必议制度，设立村民代表议事室，涉及村民利益的重大事项必须提请村民代表会议讨论表决；同时狠抓有效监督，推进党务、村务、财务"三公开"，组建村务监督小组和民主理财小组，通过议行合一、民主质询等形式，保障居民知情权、参与权和监督权；设置了综治调解室、社区警务室和流动法庭，开展矛盾纠纷调解到户、建设平安和谐村组等活动；配套完善正向激励，设立"村民代表建议奖"和"村民自治创新项目奖"，定期评选"优秀村民代表"，不断推进村级民主政治建设。胡庄村被命名为全国民主法治示范村，刘圩村、罗町村等12个村被命名为江苏省管理民主示范村、江苏省民主法治示范村。

3. 政社互动，强化管理效果

切实转变职能，理顺镇政府与社区以及各类组织之间的关系，"政社互动"机制良性运行，社区"一委一居一站一办"新型服务管理体制实现全覆盖，"权随责走，费随事转"的购买服务机制健全落实。"网格化、扁平化"服务管理机制全面推行，人、财、物等直接下沉到社区并有效整合，寓管理于服务之中。建成社区"一站式"服务大厅，将"党员服务、劳动保障服务、社会救济、最低生活保障、法律援助"等项目统一纳入"一站式"管理。医疗卫生服务站成为社区医疗、预防、保健、康复的中心，有效帮助居民。建立残疾人康复站，配置专业康复器材，为残疾人提供锻炼康复场所。建成一家省级"残疾人之家"，为残疾人就业创业、脱贫解困提供帮助。成立了居家养老服务站，让困难居民不出村就能满足各方面的帮助需求。始终把为群众办实事、解难题作为创建工作的切入点，认真解决群众关注的重点难点问题。镇创建领导小组为社区开展示范创建提供指导帮助，不断跟踪问效，不断强化社区建设管理效果。

4. 群众参与，引领社区发展

曲塘镇依托农村社区服务管理平台，引领和引导群众广泛参与社区建设，助推农村经济社会快速发展。通过招募志愿者，使志愿者成为推进社区发展的生力军，依靠志愿者人员做大量的教育和服务工作，有利于社区工作者专注于组织和管理。另外，引导社区片区的机关、企业为积极参与社区治理，贡献力量。将行业管理、产业培育和市场化运营实施职能划分和有效链接，科学确定社区产业发展项目；建立健全群众积极参与、体现人本服务、居民满意程度等有关信息的采集及工作评估体系，及时破解社区服务发展中的瓶颈制约，保障社区健康发展；整合社区资源，完备农家书屋、农民学校等载体设置，丰富农民文化生活，促进社区文明建设。目前，全镇农村社区已彰显出“党的建设的主阵地、民主自治的大平台、培育农民的大课堂、民政服务的前沿哨、经济发展的服务区、联系群众的新桥梁、爱心慈善的救助站、陶冶身心的好舞台、为民服务的信息窗、利民惠民的便民桥”十大功能，并做到了小病就诊和计生药具服务、购买农资和日用百货、农副产品销售、矛盾纠纷调解、民政政策咨询、生活困难小额救助、看戏看电影、娱乐健身“八不出社区”。

（三）全面覆盖，着力加强社区服务

1. 延伸公共服务，营造舒心环境

坚持把提升社区服务功能作为农村社区治理的落脚点，着力构筑全方位、全覆盖、零距离的服务体系，不断提升群众的获得感和幸福感。坚持把公共服务向农村社区延伸和覆盖，把社会保障、创业就业、医疗卫生、文化教育、人口计生、事务办理、矛盾调处等一系列与群众生产生活息息相关的公共服务项目，全面设置到社区，延伸到社区，覆盖到社区。着力抓好社区综合服务站（“一站式”平台）、社区居家养老服务站、社区卫生服务站三大站点建设。在社区综合服务站，由社区民政协理员、上报协理员为困难群众代理申办低保、五保，并提供民政政策咨询、小额救助、医疗救助等贴心服务。在居家养老服务站，通过政府扶持和邻里互助等形

式，为农村老年人提供精神抚慰、生活照料等服务。组织企业和群众参与组建了慈善超市，让惠民举措落实到位。全镇新型农村合作医疗参保率达100%。城乡社会保险覆盖面达98%以上，农村社区数字电视、网络、监控覆盖率达到100%。组织开展了以“清水工程”为重点的农村社区环境综合整治，各社区全面实现了亮化、硬化、净化、绿化、美化，社区环境长效管理工作一直走在南通市前列。

2. 创新便民服务，打造和谐环境

社区治理的关键环节在社区的基层服务。对社区基层居民进行有效治理，需要对个体居民的情况进行访问，了解他们的生活需求、工作需求、对社区的建设需求、对社区的服务需求等，了解了社区居民的有关需求后，再找解决问题的办法，使社区治理得以见成效。比如，社区党组织、社区居委会、社区管理机构的部门，各自派出一名负责人对社区居民的生活需求、工作需求、社区建设需求、社区服务需求做深入了解，对社会居民提出的意见要认真倾听。合理的建议要予以落实，把社区基层服务工作做到位，以实现有效的社区治理。在全市率先创造了群众事务党员干部代理制，以街道、社区、居民小组为单位，建立代理站、代理点，形成覆盖社区的代理网络。将社区所有在岗在职的党员、社区工作人员、社区居民代表列为群众事务代理员，正常为群众提供诉求代言、事务代办和信访代理服务。通过实施群众事务党员干部代理制度，在服务中完善管理，在管理中融入服务，努力破解社区社会管理难题，有效维护了社区的稳定与和谐。建立“两委”干部联系社区组织责任制。村（居）“两委”成员直接联系各类社会组织，每人至少联系一个，确保了村（居）“两委”对社区社会组织的领导和支持，发挥了社区社会组织促进社区经济发展、和谐幸福的作用。

3. 搭建载体平台，优化文化环境

精心打造“文化送百姓、幸福曲塘人”为主题的社区文化惠民品牌，扎实推动曲塘镇社区公共文化阵地建设，全力打通公共文化服务“最后一公里”。2016年曲塘镇被表彰为“江苏省第五届服务农民、服务基层文化建设先进集体”，这是继“江苏省特色文化之乡”“江苏省书香之镇”“江苏省公共文化服务体系示范区”之后的又一殊荣；健全公共文化服务体系，镇文化中心广场、红学公园、刘圩村农民公园等公共文化休闲场所建成使用，各农村社区也完成了公共文化服务中心建设；精心编制社区公共文化服务计划，每月以文化月历形式公示服务项目。着力推行社区文化体育活动的网格化管理，各村社区明确文化分管负责人和村文化管理员，指导开展形式丰富的群众文化活动。引领全民阅读，打造“书香村居”“书香家庭”。将“乐一天”活动升级为农民“天天乐”，繁荣乡村文化舞台，实现文化服务惠民。积极探索推动社区公共文化服务“三大转变”，即由农民乐一天向天天乐转变，送文化向“种”文化转变，节会文化向文化标准化、均等化转变。

4. 加强社会治理，构建安居环境

为建设文明和谐、居民自治的新型社区，曲塘镇始终坚持以创建“平安社区”为载体，在镇综治办的指导下，联合派出所推出了“居所共建，居警共创”的新机制，将平安创建工作与社区安全建设进行“捆绑”。在居委会专设警务室，社区民警驻街办公，及时收集信息，处理矛盾纠纷。深入开展群防群治，形成了“全民共防、联动织网”的良好格局，实现社区综治工作水平新突破。构筑矛盾纠纷排除调处网络，以社区治保、信访、普法、民调机制为基础，充分发挥居民小组长和民调主任的作用，立足平常，重在防范，从苗头性抓起，于细微处抓起，织密社区平安稳定网络，将问题解决在社区、稳定控制在社区，提升居民“平安幸福感”。加强社区普法、社区调解和法律咨询、援助等工作，及时消除不安定因素，把纠纷和矛盾消灭在萌芽状态。

三、治理评价

（一）政策扶持力度大

加大各级财政补助力度，制定财政奖补政策，拿出一定财力以奖代补，调动镇村干部群众的积极性。加快基础设施向社区延伸、公共服务向社区配套、管理职能向社区下移，让农民不出社区就能办成事、过得好，真正享受到与城市均等的公共服务。

（二）社会保障体系强

只有解决农民后顾之忧，才能真正释放农村消费潜能。加快建立完善农村社会保障体系，探索适合农民特点的养老保险制度，完善新型农村合作医疗和大病医疗救助制度，不断提高对各类贫困人口和困难群体的救助力度，解决养儿防老、靠地保障和因病致贫、因病返贫等问题，让农民群众共享农村改革发展成果。

（三）服务中心功能全

继续加大对农村社区服务中心建设的投入力度，搭建好社区管理服务平台，打造一批设施配套、管理有序、服务规范的社区服务中心示范点。对已竣工社区，大力加强基础设施和公共服务设施配套，完善社区功能，逐步实现以社区服务中心建设为重点的农村社区服务全覆盖。

（四）管理运行机制高

加强对农村社区建设工作的调查研究，重点加强农村社区管理体制、设置模式、服务方式和服务内容等方面的探索，建立以社区党组织为领导核心、村民自治为基础、合作经济组织为利益纽带的新型农村社区治理结构。对于多个村庄合并建成的农村社区，可以采取先组建社区党组织，再合并村组织的办法，逐步建设新的社区基层组织。建立集体资产管理监事会，做好清产核资、股东资格认定、股权设置等工作，推进社企分离，使封闭的集体经济成为开放的股份合作经济组织，促进集体资产保值增值。

（五）工作队伍结构优

结合新一届村“两委”换届，建立健全下属委员会，不断充实社区工作力量，进一步加强农村社区工作者队伍建设。同时，通过考选大学生、镇机关工作人员下移等方式充实社区服务中心人员队伍。不断加强社区养老、医疗、文化、教育、体育、家政等专业服务人员的教育和培训，积极探索实行社区工作者职业资格认证和持证上岗制度，加快社区工作者职业化、专业化步伐，推动社区服务持续、快速、健康发展。

（资料整理：何其芳）

多措并举　激发社区发展活力
——黑龙江省肇州县丰乐镇生活社区治理经验

摘要： 近年来，黑龙江省肇州县丰乐镇生活社区立足村情，充分发挥区位优势，通过搭建社区便民服务平台，推行家庭农场和新型农村种养殖合作社，引进知名本土企业助力乡村发展，实现了村庄优势互补与劣势的转化，逐渐形成了充满活力的社区发展机制，在为民服务、打造幸福家园方面取得了良好的效果。在此过程中，生活社区自治组织的管理能力也得到了明显的增强，为进一步实现社区健康、和谐、绿色发展提供了有力的保障。

关键词： 社区治理；产业发展；公共服务；文化建设

一、治理背景

生活社区位于黑龙江省大庆市肇州县东部，丰乐镇西南部，占地面积27.9平方公里。自然环境方面，生活村属于典型的平原地区，有着比较明显的大陆性气候特征，四季分明。社会环境方面，生活社区下辖11个自然屯，现有943户，共计3856人，全村现有劳动力2852人，年均外出务工700人；空巢老人120人，留守儿童5人。由于外出务工人员的逐年增加，在增加人均收入的同时，也给农业生产及老人和儿童生活带来极大的影响，按照国家精准扶贫标准，全村目前共有贫困户5户11人。从自然与社会环境的整体情况来看，生活社区在改进农村社区治理方面既存在明显的优势，也存在突出的劣势。

（一）生活社区治理改进的优势

其一，人口数量较多，劳动力资源丰富。生活村是丰乐镇所辖 7 个建制村中人口第二多的村，全村 3856 人中，劳动力人口 2852 人（18—65 周岁），占比 74.0%，且老龄化程度不高，全村 65 周岁以上老年人 315 人，占比 8.2%，低于全省超过 10%的平均水平。大多数村民勤劳、朴实、致富愿望强烈，充足的人力资源为村里农业生产和引进企业用工提供了有力保障。

其二，种养殖业基础好，农业发展优势明显。生活村一直以来都有养大鹅和大蒜套种大白菜的传统，村民掌握了基本的种养殖规律，只要加以正确引导，加大政策扶持，发挥党支部带动作用，就能提高种养殖规模和经济效益。此外，村民对这两个项目的市场形势较为看好，认同感强，这就为合作化经营、致富增收减少了阻力。

其三，村干部支持率高，组织凝聚力强。从生活村新一届村委会换届选举来看，选举过程十分顺利，现任村干部都是高票当选，在全村的公信力较高，且该村实现了村党总支书记和村主任“一肩挑”，有利于增强班子凝聚力，为各项村务工作的有序开展提供了较好的群众基础。此外，村干部都是村里土生土长的人，对村情十分了解，对这片土地有感情，带领大家致富的愿望强烈，有利于把群众团结起来，带领大家寻求致富项目。

（二）生活社区治理改进的劣势

其一，村庄地理偏远，且村屯分布不集中。生活村是丰乐镇所辖 7 个建制村中距离镇中心第二远的村，村里人到镇上开展经济活动十分不便，且由于各个自然屯之间距离较远，分布非常分散，导致村民购买力不足，严重制约了村内商业发展，目前村里基本无商业可言。

其二，自然资源匮乏，农业基础欠佳。截至目前，生活村尚未发现能为村里带来经济效益的矿藏，即使探明地下蕴藏石油，但至今储量不明，尚待开发；河流基本是“死水”，无经济价值；草原牧草稀疏，长势不高，不利于大规模发展畜牧业；耕地贫瘠，盐碱地多，粮食产量不均且不适宜种植其他经济作物。自然资源的劣势限制了村集体经济收益，在一定程度上不利于村民生活水平的提升。

其三，产业化程度低，经济基础薄弱。虽然生活村有饲养大鹅和大蒜套种大白菜的传统优势，但由于缺乏组织、推广、宣传和带动，因此尚未形成规模化、合作化、产业化经营的模式，仍以农户自主经营的小农经济为主，不利于整合资源、打造品牌效应，也不利于进行集约化生产经营，提高经济效益。

其四，村民思想陈旧，文化素质较低。生活村村民文化层次较低，思想观念陈旧，不愿意接受新鲜事物，缺乏创新动力。例如，接受高新种植技术能力不强，导致新品种、新技术的推广受到限制。个别村民还会对村“两委”的一些活动不理解和横加阻挠，影响村“两委”工作的正常开展。

近年来，生活社区“两委”在带领村庄发展的过程中逐渐形成了五种认识：一是人口资源的优势若不加以利用，不通过引进企业或是村里自办企业的方式留住本村劳动力，那么将来很可能随着外出务工人员的增加导致村里劳动力的缺失，不利于基础农业的发展；二是良好的种养殖业基础如果再不实施规模化、合作化生产，那么小农经济抵御自然灾害能力差的弱点即将凸显，而且单一的生产初级农副产品也不利于适应市场经济发展；三是虽然生活社区盐碱地较多，但可以通过改善土质或是种植适合盐碱地土壤的作物，使土地得到有效利用，也可低价租赁给企业作为厂房，或是建设农副产品中转储藏仓库，实现经济价值；四是虽然生活社区目前产业结构单一，基本没有商业，但这为将来发展提供了广阔的空间；五是生活社区目前的经济状况导致了村民致富愿望都比较强烈，容易激发他们的创业热情，有利于大家心往一处使，形成合力，带动村域经济发展。因此社区生活一定要结合自身实际，充分利用优势条件，发展致富项目，积极探索创新，转变发展思路，促进劣势向优势的转化。

2014 年以来，生活社区时刻坚持党的领导，以共建幸福社区为目标，结合村情实际，充分利用人口资源、农业传统和组织基础三个方面的优势，大力提高社区公共服务供给水平，采用“农户+企业”、专业合作社等方式大力发展社区产业，农村社区治理取得了良好的效果，村民的幸福感得到了明显的提升。

二、治理措施

（一）突出党建引领，社区治理基础更加夯实

生活社区在推动农村社区治理中，十分注重突出党建引领作用，力争在抓好规定动作的同时，进一步做好自选动作，全力提升社区居民的幸福指数。生活社区现有52名党员，分别被纳入了3个党支部，依托各支部开展党建活动。为了分散灵活方便地调动党员的积极性，生活社区利用其为合并村的特点，创新资源整合，引导河南4个屯、河北7个屯的党员自发组织开展党建活动，形成了河南、河北两个大的党建活动群体。生活社区此种做法不仅有利于突出党建活动的特色，更好地发挥党建引领作用，而且操作性极强，需要集中时则集中，平时田间地头都是党员交流的“战场”和“阵地”。在村“两委”班子建设方面，考虑到村“两委”班子成员老化的现状，生活社区加大了对年轻后备人才的储备，仅2018年一年，就吸纳了5名年轻积极分子入党，成为中共预备党员，两人被纳入村“两委”班子，其中一人专职负责农村党建工作。在党建载体形式上，生活社区也力求创新，规定每月组织一次党建活动，到目前已成功组织了爱国主义教育电影活动月、文化下乡送欢乐等活动，反响热烈。此外，针对外出务工的流动党员，生活社区积极建立了微信交流群，以微信为载体在党员中开展“三会一课”等党建工作的学习。

（二）抢抓各种机遇，大力发展社区产业项目

致富需要项目来拉动，生活社区虽然自然资源禀赋不足，但种养殖业基础不错，当前国家、省、市、县出台了一系列的扶持项目，结合自身实际，生活社区抢先抓早把握时机，争取项目支持，打造了全县绿色农产品品牌之村。

第一，充分利用政策资源，大力发展养殖业项目。肇州县“十三五”

规划提出，要立足打造园区企业原料“第一车间”，大力推进以“一猪一羊两牛三禽”为主的“北纬 45 度”安全肉源基地建设。生活社区以此为契机，将村里张申养猪场生产项目纳入全县“安全肉源”和“两牛一猪”基地建设项目，实现标准化、规模化、集约化养殖。同时，引进黑龙江本土品牌大北农肉猪养殖繁育基地项目，目前一期厂房已建成投用，效益可观，在人员雇佣、产业扶持方面向社区居民倾斜，形成“农户+企业”的规模化、产业化经营模式。同时，生活社区还努力争取到了省级财政扶贫项目资金，充分发挥大鹅养殖合作社的作用，重点打造“种鹅繁育养殖”示范基地，形成了政府扶持、农民参与、基地购销的良好运作模式，目前已成功繁育鹅雏 12 万只。

第二，利用已有的种植优势，提升农业生产规模效益。在适度规模经营上，生活社区实现了家庭农场和粮食种植大户的强强联合，成立了玉米种植合作社、大蒜种植合作社和生活村农机具种植合作社，在不改变土地承包权的前提下，通过土地入股、土地托管、承包经营、联耕联种等方式，在更大规模上实现了土地的统一经营，提高了农业生产的规模效益。在市场化方面，生活社区在丰乐镇的统一安排部署下，重点引进了西葫芦订单种植项目，推行“农户+合作社+龙头企业”的市场化运作模式，即由政府出头成立西葫芦种植合作社，农户通过小额贷款、土地流转等方式集资入股，加入合作社。西葫芦包装加工销售的龙头企业为合作社提供种子、化肥和技术支持，作物成熟后由龙头企业回收深加工，并通过市场进行销售，逐步形成集产、供、销于一体的运行模式。现阶段，生活社区玉米种植面积已达到了 22800 亩，平均亩产量 1100 斤，总产量 2500 万斤左右，大蒜套种白菜种植面积也达到了年均 800 亩左右。

第三，抓住有利契机，发展绿色食品项目。肇州县“十三五”规划期间将大力发展杂粮、果蔬、肉制品等绿色食品产业，扶持发展一批优势明显、带动性强的龙头企业。生活社区紧紧抓住此次发展契机，发挥自身种植玉米、大蒜、白菜等绿色食品的基础优势，采取集体经营形式，发展绿色食品项目。同时，引进有信誉的企业或是村集体自建企业，雇用村民对生产的玉米、白菜、大蒜等农产品进行筛选，分出等次，选择部分优质产品进行精包装，提高产品利润价值空间。此外，生活社区还积极创新延伸大蒜套种和大白菜产业链条，通过深加工，生产辣白菜、酸菜、糖蒜、大蒜素、大蒜粉等下游产品。

（三）争取资金支持，提升公共服务水平

生活社区过去受制于有限的自然条件，基础设施建设力度较慢，群众在出行、医疗、用电、饮水等方面存在很多不便，尤其是特殊困难群体较多，在一定程度上限制了生活社区的发展。“十三五”规划以来，生活社区充分利用争创全国百强社区的契机，不仅完善了涉及水、电、路、网等关乎群众切身利益的硬件设施，还翻建了520平方米的省级农村样板社区。重新修建了文化休闲广场、“一站式”便民服务大厅、办公室、多功能会议室、警务室、司法调解室、日间照料室、救灾物品仓库、慈善超市、卫生所等功能服务区，向全村村民提供服务，有效提升了社区公共服务能力和水平，实现了从贫穷落后村庄到幸福社区的转变。

第一，修缮村庄道路，改善村容村貌。通过镇政府、县发改局与有关部门的积极协调，结合国家对贫困村“三通三有”的硬性指标要求，生活社区在道路修建上陆续争取到许多项目的支持，不仅以前破损的红砖路得到维修，主干道路全部铺设了4.5米宽的白色路面，而且刘青山屯巷道全部铺设了红砖路，主路两侧还修建了排水沟，整齐有序，很好地解决了村民出行难的问题。在村容村貌方面，生活社区结合各村屯的种植习惯，许多村屯或统一部署或自发组织在道路两旁进行了绿化。同时，为了吸引更多的村民来社区休闲娱乐，社区服务中心周围的田间地头、房前屋后或道路两侧也都有规律地栽种了花草和树木。在村庄卫生保持方面，每个村民都负责做好日常自家门前的环境美化和卫生保洁工作，有序摆放秸秆、农机具，及时清理房前屋后和家门口的牲畜粪便，以保持全村环境卫生的干净整洁。

第二，完善水电设施，方便生产生活。为了解决村民生活水电供给难问题，生活社区充分利用农村电网改造升级工程和互联网“村村通”工程等国家政策资源，逐步实现了村庄的电网线路改造和互联网城乡全覆盖。

在电路改造过程中，生活社区多方沟通协调有效提高了供电保障能力，满足了村民快速发展用电的需求。中国移动、联通等多家电信企业目前也已将业务延伸至村屯，多数村民已经实现了“足不出户，便晓天下事”。此外，为了确保群众饮水安全，生活社区还充分利用县里“十三五”规划中的配套政策争取县里资金，完成了11个自然屯的自来水接通工程，解决了自来水通水问题，目前生活社区各村屯自来水均检测合格，由县水务部门出具了水质检测报告。

第三，保障基本民生，关注困难群体。为了帮助困难群众解决生活问题，生活社区村干部建立了结对帮扶责任制度，通过定期走访空巢老人、留守儿童、五保对象、低保对象、优抚军人等特殊困难群体家庭，了解他们的需求，同时积极向有关部门和组织争取扶持，尤其是向一些慈善救助组织争取救助项目，为这些困难群体送去温暖。几年来，先后从大庆市民政局、大庆市残联等部门争取到棉衣棉被、雨靴等防洪救灾物资、残疾人辅助器具、爱心书包等，价值数十万元。对于上级拨发的这些救灾救济资金和物资，生活社区始终坚持准时足额地发放到群众手中，保障他们的基本生活。对于村里的贫困学生，生活社区也积极为他们申报全省扶贫“雨露计划”，帮助贫困家庭学生接受中高职教育。医疗方面，在各级卫生部门的支持下，目前生活社区已设有卫生所2处，村医2名，大庆眼科医院等本市权威医院多次上门义诊、免费发放药品、宣讲医疗卫生知识，有力提升了村级医疗卫生服务水平。

第四，把握政策落实，解决养老问题。一是完善社区老年人日间照料场所。生活社区争取到省级福利彩票公益金扶持资金，完善了社区老年人日间照料场所功能，设立休息、娱乐、康复、医疗等功能区，通过志愿、互助和引进社会组织等方式，为老年人提供照料服务。二是建立乡村互助幸福大院。积极争取上级政府及有关部门政策资金支持，以乡镇敬老院和幸福大院为依托，采取“村级申领、乡镇审批、互助服务、政府支持”的方式，探索符合生活社区实际的乡村互助养老之路，解决社区内老年人尤其是空巢老年人的养老问题。

（四）倡导移风易俗，加强民风村风社风建设

在农村社区的发展进程中，既需要经济硬实力上的提升，也需要文化软实力的增强，这既是农村社区实现长远发展的必要条件，也符合农村发展的实际需要。能否实现社区经济水平与文化软实力的共同提升，关系到社区发展的未来。因此，近年来，生活社区在注重推动社区经济发展的同时，文化建设方面也做了许多行之有效的工作，通过大力实施文化惠民工程，切实改变了社区文化的落后面貌，打造了全镇独具特色的文化之村。

第一，倡导文明风尚，引导村民树立正确的价值观念。生活社区将农村经济发展、基层组织建设、社会治安综合治理、计划生育落实、文化教育进步、乡风文明、村容村貌改变等作为主要内容，制定了村规民约，从正反两方面对村民的言行作出了明确的规定，诠释了小家与大家、你与我的互生共存关系。同时，生活社区还深入开展了文明屯、文明户、五好家庭、优秀共产党员、孝老敬亲好儿媳、婚育新风进万家等丰富多彩的精神文明创建活动，建立起公德簿、光荣榜、评议栏，使好风气、好习惯、好人好事得到表彰奖励，帮助村民在潜移默化中养成文明习惯。此外，村“两委”还积极采取了多种行动，引导农民崇尚科学，抵制迷信，破除陋习，养成文明、科学、健康的生活方式，走生产发展、生活富裕、生态良好的文明发展之路。

第二，实施文化惠民，强化社区文化服务功能。在文化服务设施建设方面，生活社区利用上级政策支持，修建了两处占地1800平方米和1500平方米的文化休闲广场，更好地满足村民文化服务需求。在核心价值观念建设方面，生活社区不仅在刘青山屯文化广场设立了宣传栏，对孝老敬亲、干事创业的典型张榜公示，还在村委会墙体上绘制了文化墙，利用群众喜闻乐见的标语图片来吸引村民驻足品味，全村的大喇叭也会定期播放党的政策及群众喜爱的节目，备受欢迎。在丰富村民文化生活方面，生活社区不仅积极利用党员远程教育活动室建立了乡村电影院，定期播放不同题材、拓宽农村群众思路视野、具有教育意义的影片；还在争取国家农家书屋建设工程资助的基础上，积极与爱心企业、社会团体、在校学生、社

会爱心人士取得联系，通过爱心捐赠扩充书籍品类，持续完善了农家书屋建设，借此培养群众爱读书的好习惯。此外，广场上新组建的秧歌队和村民自发成立的篮球队，也都有力推动了生活社区文化服务功能的提升。

第三，加强先进文化宣传，营造积极向上的文化氛围。长期以来，生活社区的村民始终存在一些不好的生活习惯和思想，例如父母干涉婚姻、唯彩礼论、打麻将成风、“猫冬”“等靠要”等，为了积极改善村民的文化精神面貌，生活社区采取了一系列的措施。一是充分发挥村干部的文化宣传作用，不厌其烦地向问题群众阐明现有政策，让违规者知难而退。二是通过组织“迎新年茶话会”“中秋文艺晚会”“重阳节爱老活动”等形式多样的文化活动，丰富群众业余生活，让老旧思想和不良习惯没有存活壮大的土壤。三是支持鼓励村民成立各类团队，通过开展自娱自乐、互帮互助、为老志愿服务等活动，增进村民间的沟通和联系，增强村民的归属感和认同感。四是通过选树典型，鼓励大家做好人、办好事、创好业，强化正面文化的宣传力度，营造良好的社区文化氛围。

三、治理成效

利用争创全国农村百强幸福社区的契机，生活社区结合经济、社会发展实际，逐步完善了农村社区治理体系，强化了社区治理的绩效，为其他地区改善农村社区治理提供了参考。

一是村级组织治理体系不断完善。生活社区在实施产权制度改革的基础上，逐步建立起了由村党总支、村委会、村务监督委员会、合作社等主体广泛参与的村级治理体系，形成了以村级党组织为领导核心，以村务监督委员会为监督主体，村委会负责组织、引导和协调，村级集体经济组织和合作社等其他主体积极参与的社区治理机制。

二是村“两委”班子队伍建设不断优化。2018 年春，生活社区进行了村“两委”班子换届，选举过程平稳有序，选举产生的村“两委”成员中有女性 1 人，40 周岁以下年轻党员 2 名，他们懂政策、有情怀、爱农村、爱农民，不仅顺利实现了干部队伍的新老交替，而且还进一步提升了村

“两委”的工作能力。作为曾经党组织软弱涣散的村，生活社区通过狠抓党建工作，不仅强化了农村基层党组织的领导核心地位，还激发了村“两委”成员干事奋进的动力。此外，为了进一步强化村干部队伍建设，生活社区还通过对上级文件精神的解读，结合村情研究制定了《生活社区村干部工作管理办法》和《生活社区村干部薪酬待遇实施办法》，从制度层面明确了村干部履行公共服务、进行村务管理工作的职责以及所享受的工作薪酬，进一步规范了村干部集体经济任职管理，有效促进了村级组织工作核心向公共服务的转变。

农村治则地方治，农村兴才有全域兴。围绕农村社区治理工作，生活社区下一步将坚持试点先行、分类推进，确保实验工作扎实有序。从壮大社区经济、提高服务供给、繁荣社区文化、健全治理机制等方面着手，拓展农村社区发展新空间，强化多元主体参与，推动基层民主的长远发展，稳步提升农民的村社共同体意识。生活社区也将始终恪守绿水青山也是金山银山的观念，积极实施美丽乡村升级版行动，建设安居、宜居和适合发展的社区基础环境，充分调动社会资本参与社区建设，努力将生活村建设成为既承得住乡愁，又能有机融合现代生活理念的幸福社区。

（资料整理：唐京华）

幸福村庄铺就幸福路

——内蒙古自治区通辽市科尔沁区红星街道大草房村治理经验

摘要：近年来，内蒙古自治区通辽市科尔沁区红星街道大草房村始终坚持以党的领导为核心，在村“两委”的带动下，以推动村庄产业发展为先导，以完善公共基础设施建设为保障，以加强社区文化建设为灵魂，以增强生态文明建设为保证，推进“幸福社区”建设布局的整体展开。通过大力发展农村特色产业、建设社区便民服务中心、组织社区文化活动、综合整治乡村人居环境等，大草房村农村社区建设取得了良好的成果，社区凝聚力与村民满意度得到了明显提升，农村社区治理的整体水平也有了显著的提升。

关键词：社区建设；产业发展；公共服务；社区文化

一、治理背景

大草房村位于科尔沁区东出口 7 公里处，隶属通辽市科尔沁区红星街道办事处管辖，处于城乡接合部，是红星街道办事处的一个远郊村，辖区总土地面积 5180 亩，全村总人口 1710 人，总户数 457 户，其中党员 36 人，村民代表 20 人。2017 年全村人均收入 1.5 万元，全村农户住房全部砖瓦化。该村主要有两大支柱性产业：一是设施农业，二是运输业。其中从事煤炭运输的车辆有 200 余台，主要从事中短途煤炭运输。

2007 年以前，大草房基础设施落后，全村道路坑坑洼洼，每到雨天道路泥泞、脏水四溅，晴天尘土飞扬十分难走，过往车辆怨声载道，村民苦不堪言。村民娱乐活动单一，酗酒、吵架、赌博等不良陋习较多，生产生活环境比较差，生产生活垃圾随处可见。近年来，伴随着城市版图的不断扩张，大草房村由原来的远郊村屯变成城郊村，随之而来的是人们思想观念、生产生活的不断改变，农村社区居民的服务需求急剧增长。物质条件的提升，让生活在这里的村民对村内的基础设施建设、人居环境有了更高的要求。因而，多年来大草房村党支部、村委会不断加快两个文明建设步伐，将建设幸福村居作为重要目标，依托强有力的组织领导，在“幸福社区”建设的道路上，走出了一条特色发展之路。

二、治理措施

（一）加强组织领导，明确职责分工

农村社区建设关乎数以亿计村民的切身利益，只有积极发挥党组织的核心领导作用和政府的主导作用，才能确保党关于农村社区建设的各项方针政策得到贯彻落实，团结社会各种力量共同参与社区建设，切实有效地推动社区治理水平的提升，大草房村在推进“幸福社区”建设过程中，始终坚持党的领导，不断增强村“两委”工作的领导力和向心力。

第一，为民办事，树立威信。强有力的村“两委”领导班子是推进“幸福社区”建设的前提条件，为了加快推进“幸福社区”建设，大草房村党支部早在 2009 年就做好了五年发展规划，并于当年开始实施。2009 年通过“一事一议”奖补政策，大草房村争取上级财政奖补资金 65 万元、村集体投入 40 万元、村民集资 5 万元修建了村中心街路，并连接到国道 303 线，共计 3.5 公里，实现了交通的畅达。一件件为民实事的落地，让村“两委”班子在群众中树立了较高的威望，得到了百姓的极大认可。村民们开始主动参事议事，踊跃捐资筹资，把村里的公益事业做得有声有色。同时，通过采取自筹一点、上级补一点、个人捐助一点的办法，对全村街巷道路进行修整和改造。一条通往赤峰的省际通道从大草房村擦边而

过，给当地经济发展增添了新的动力。

在村庄发展的良好势头下，大草房村“两委”班子抢抓机遇，加大了对“幸福社区”的建设力度，实现了路通、灯亮与民乐。首先，大草房村2010年通过“一事一议”争取上级财政奖补30万元、村集体投资45万元、群众集资5万元修建5000米砖路，全村所有街路都得以硬化，彻底解决了群众雨天不能出行的问题，实现了路通；其次，2011年通过“一事一议”上级财政奖补10万元、村集资17万元安装路灯30盏，亮化一条中心街道，实现了灯亮；最后，2012年，通过“一事一议”上级财政奖补30万元、村集体投资119万元、村民集资3万元修建了占地23亩、15318平方米的休闲广场一处，解决了群众农闲季节无处娱乐的难题，实现了民乐。

第二，完善组织，强化领导。近年来，大草房村坚持有的放矢，顺利完成五年规划。走进村内，一座1400平方米的二层建筑——村服务中心醒目地耸立，设备齐全；行走在人头攒动的合作社市场，各式商品琳琅满目；平安建设电子监控遍布每个角落，程控电话、宽带、有线电视、移动通信入村入户。在村“两委”的努力下，大草房村基础设施建设取得了明显的进步，村民的幸福感提升显著。为了进一步强化幸福社区建设，2013年，大草房村委会又及时调整了文明村建设领导小组，采取“一把手”负总责的方法，确定了以党支部书记为组长，村委会主任为副组长，“两委”班子成员为组员的大草房村“幸福社区”建设领导小组，下设工作办公室，由村委会主任担任办公室主任，负责全村的“幸福社区”建设工作。同时争得上级各级相关部门领导的指导与支持，广泛征求、采纳多方意见和建议，在项目实施推进中，及时联系群众，做好动员协调等工作，使“幸福社区”建设得以顺利进行，形成了全村齐抓共管的良好氛围。

（二）明确创建目标，稳步推进实施

大草房村依托距离市区较近的区位优势，村“两委”将打造以绿色生态、文化旅游服务为特色的宜居城郊型乡村确定为创建目标，并提出“生态宜居、果蔬强村”的创建口号。根据这一创建目标，2018年初，大草房

村委托通辽至尚装饰工程有限公司对全村进行了“美丽乡村”的规划与编制。该规划从区域角度出发，深入分析村庄发展的现实背景，对村庄进行了合理的区域定位，促进村庄建设体系的协调发展。同时，该规划放眼未来，尊重村庄建设的动态性原则，使规划的长远性和现实性相结合，保持规划的弹性发展，致力于把大草房村打造成为环境优美、产业发展、文化繁荣的“幸福社区”。在规划编制完成的基础上，研究确定了“整体规划、区块建设、分段实施”的创建工作思路，同时以务实的举措推进各项规划落实。

首先，在文明村建设方面，大草房村以生态美、村容美、庭院美、生活美和乡风美“五美”要求为指导，科学规划、强化引领、加大投入，使美丽乡村建设硕果初现。其次，社区是村民共同生活的家园，建设生态宜居的农村社区是美丽乡村建设的重要目标之一，也是改善村容村貌，提高村民生活幸福感，满足村民美好生活需要的重要举措。大草房村在“幸福社区”创建过程中，日新月异的村容村貌、美丽整洁的人居环境、自然资源的有效利用，产业结构更加合理，让村民体会到越来越多的幸福感。到目前为止，全村在基础设施上的投入资金达 1100 万元。共完成道路硬化 5800 延长米，路宽 8 米，加上两侧人行道、沟、树共 4 米，总宽达 12 米，沿路两侧摆放了垃圾箱，使垃圾投放有序并实现当天垃圾当天清理。最后，在乡村环境建设方面，大草房村按照“四季常绿、三季有花”的要求，大力推进村庄道路绿化和庭院绿化建设，见缝插绿，实施岔道和空地整体美化。通过这些创建工程的稳步实施，全村道路得到了逐步的硬化和美化，人行道铺设材料体现农家风情，村内沟渠得到全面整治，达到“流畅、水清、岸绿、景美”的效果。并充分利用村内空闲地，铺石筑径，塑造园艺景观小品，以及配套建设文化娱乐、健身器材等公共设施，形成了协调美观的“路、水、园”的美丽景观。

（三）推动产业发展，提高村民收入

当前在推进实施乡村振兴战略及供给侧结构改革的背景下，农村社区经济发展需要不断转变经济发展方式，优化产业结构，以农村社区特色产

业为支撑，推进农村社区经济发展、产业振兴、村民富裕。大草房村依据本村的资源禀赋、基础条件和人文特色，在推进农村社区建设过程中，积极发展特色农产品、农家乐、生态旅游等特色产业，有力地推动了农村产业的发展。

设施农业是大草房村的支柱产业之一，但以往由于村庄基础设施条件差，大棚蔬菜种植户的生产环境很是艰难。因道路坑坑洼洼不好走，有时优质蔬菜经常被颠簸成次等蔬菜，甚至变成劣质蔬菜，同时由于菜市场距离较远，种植户在凌晨3点多就要出发，直到晚上才能回来，有时还会碰到二道贩菜商恶意压价，造成了菜农蔬菜卖不到好价钱，销售难是大草房村农业发展的一大难题。为了振兴产业，宽慰民心，调整产业结构，2007年11月大草房村在村党支部牵头下，成立了科尔沁蔬菜专业合作社，依托科尔沁蔬菜专业合作社，采取“党支部+合作社”运营模式，吸纳社员300多户，成立了蔬菜销售合作社，并建成两处占地规模为2100平方米和6600平方米的合作社市场。合作社的成立，为村民的蔬菜销售提供了良好的平台，吸引了各地的客商，主要经销红星及周边地区生产的四季蔬菜，目前已辐射东北三省、北京等各大城市，年蔬菜销售量达3000多万斤，实现了产、供、销一条龙服务，为产业结构调整、农民增产增收创造了良好的条件，解决了农民销售蔬菜难的问题，增加了菜农收入。据统计，大草房村目前已建温室大棚720亩，为了提高蔬菜品质，打造高质量品牌，合作社还组建了农药残留检测实验室，购置农残速测仪，加大检测力度，严把蔬菜质量关。菜农郝佳雨说：“合作社的成立让我们的蔬菜销售不再是难题，还能卖上好价钱。”发生在大草房村的变化，使这里的村民们深刻地认识到“发展是第一要务，项目是第一载体”的道理。

生态宜居是提高乡村发展质量的保证。近年来，大草房村还积极支持发展乡村旅游业，计划将生态园区建成有果蔬采摘、花香四溢的生态园区，初步计划果蔬采摘园区30亩地、花卉观赏园区20亩地，以吸引各地游客，让其体会到生态自然环境给予他们的感官享受。此外，一大批具有乡村气息的美丽乡村农家院建设也犹如雨后春笋般脱颖而出，“鸽香满溢”农家院，就是大草房村极具特色的农家小饭店，其口碑远近闻名。

（四）严格建章立制，完善管理规范

宜居宜业是美丽乡村建设的实质所在，在“幸福社区”创建过程中，大草房村把推行村务公开作为一项重要内容来抓。在项目实施过程中，切实做到村务公开“三个到位”，做到村级财务收支逐笔公开，做到让群众放心、让群众满意。在意见征求、决策决议、项目推进等各个程序中，最大限度地实现群众意愿。在此过程中，大草房村还十分注重发挥村民代表会议、财务监督委员会、民主理财小组等作用，不断完善村级组织各项管理规章制度建设，充分保障了项目推进与制度建设两不误和两促进。

此外，大草房村还以社会保险、社会救助、社会福利等为基础，以基本养老、基本医疗、最低生活保障制度为重点，加快完善社会保障体系建设。2012—2017 年大草房村农村合作医疗参保率达到 100%，农村无保障老年人生活补助制度和计划生育家庭奖励扶助制度也得以建立，为了进一步提升老年人的生活水平，大草房村对满 55 周岁女性、满 60 周岁男性，村委会每月定期发放 200 元的生活补助费。不仅如此，大草房村全体村民的农村合作医疗、自来水费用也全部都由村委会承担。社区生活保障水平的提升，不仅大大提高了村民生活的幸福感和获得感，而且还增强了村民的社区共同体意识，村集体的凝聚力和向心力有了大幅度的提高。

（五）完善公共服务，提升村民幸福感

第一，强化村庄公共交通道路建设，提升村容村貌。大草房村从 2009 年开始先后对全村四纵四横 5800 米的延伸道路进行了投资硬化，并安装了路灯，村委会还先后多次平整田间生产道路，以方便农业生产机械通行。经过村“两委”的多方协调筹措，大草房村内再也没有泥泞小路，随处可见的都是宽阔的水泥道，村内卫生环境也随之得到改善。此外，为了充分保证道路交通维持在良好的状态，每年雨季来临之前，大草房村村委会都会出资出力整治排水沟渠、检修排水设备，以保证各条干道顺利度过夏季汛期。大草房村村民陈燕辉说：“村屯路面的硬化、亮化给我们菜农带来了很大的方便。”

第二，加强社区文化建设，丰富村民精神生活。为了进一步改善村庄公共服务水平，大草房村筹资新建了1.4万平方米的文化休闲广场。文化休闲广场每天都有人组织村民跳广场舞、扭秧歌，每年在农闲的时候村委会还会组织一些台球、乒乓球、象棋等比赛，引导村民正确参加娱乐活动，极大地丰富了村民的精神文化生活。此外，村委会还推出了善行义举四德榜、十星级文明户、好媳妇、好婆婆等评比活动，对村庄内部能力品质突出的人和事进行宣传，村民的思想和生活方式也因此发生了极大的转变，封建迷信得以破除，陈规陋习被众人摒弃。婚丧嫁娶大操大办的风气已逐步得到改善，村民们更崇尚科学合理、勤俭节约的生活风气，不攀不比，不讲排场、阔气，生活更加脚踏实地。文化建设是农村社区建设的灵魂，具有整合、导向、维持秩序及传续的功能，大草房村积极发挥社区文化的引领作用，加强农村社区文化服务设施建设，开展形式多样的文化活动，为村民提供丰富的文化服务，增强了村民的文化归属感。

第三，完善服务中心建设，提升公共服务水平。为了方便村民办事，提升服务效率和质量，大草房村新建了1400平方米的草房服务中心，分别设有民政、党员365工作室、代理服务等窗口。针对村民事务办理，大草房村开展了全程代理服务，全程代理服务遵循“便民、公开、依法、高效”的原则，村民只要向工作人员提供所办事项的资料和规定要上交的费用后，就会由村务工作专门人员代理村民到上级办理，村民在家就可以把事办了。每月村“两委”班子成员要走访入户了解民情民意，在走访入户的同时向村民发放社会主义核心价值观的内涵、法律法规等宣传单。此外，村委还在服务中心购置了台球、乒乓球、象棋等娱乐设施以吸引群众，丰富村民的日常生活。

第四，完善卫生设施条件，提升养老服务供给能力。近年来，大草房村人口老龄化趋势明显，村民医疗服务需求不断上升，为了更好地服务村民生活，大草房村不仅筹资新建了500平方米的标准化卫生室，还在村庄的中间地段新建了800多平方米的托老所，以此来解决空巢老人的养老问题。

三、治理评价

党的十九大明确提出，农村社区建设要按照“产业兴旺、生态宜居、乡风文明、治理有效、生活富裕”的总要求展开。大草房村“幸福社区”的建设，从一个经济发展落后、人居环境脏乱差的村庄发展成一个产业兴旺、环境优美的示范农村社区，是大草房村全体村民共同努力的结果，也是党和国家推动农村社区建设的一种有益探索，具有重要的现实意义。现在大草房村不仅实现了经济发展、环境整洁的基本目标，而且全村平安建设电子监控遍布村庄每个角落，电力、自来水普及率早已达到100%，宽带、电话、数字电视等更是无一不通。

“幸福社区”建设工程既是老百姓的向往和期盼，也是实现全面小康社会的必然要求。良好的村风、民风是“幸福社区”建设的条件，在美丽乡村创建过程中，大草房村村民的文化素质有了显著提高，生态、文明的生活方式逐步走进农家。涓涓细流，汇成江海，在大草房村有着现代农业与产业的交融并蓄，美丽与文明的交相呼应，一座既有古道乡愁，又有富裕之景，更富人文情怀的美丽乡村正阔步迈向新时代。

（资料整理：唐京华）

党建引领　坚持“五个不动摇”

——浙江省东阳市南马镇花园村治理经验

摘要：近些年来，浙江省东阳市南马镇花园村面对人才匮乏、产业发展受限、公共服务供给不足、治理不畅和环保压力不断上升的巨大挑战，不断创新社区治理体制机制，农村面貌发生了巨大变化，成为浙江省“农村现代化的榜样”。多年来，花园村坚持党建引领，坚决按照“奉献、公正、公开”的原则，坚持党委领导不动摇、坚持法治治村和民主管理不动摇、坚持为民利民不动摇、坚持发展工业实体经济不动摇、坚持打造中国农村浙江样板不动摇的“五个不动摇”社区治理路径，逐步形成了一条既独具特色，又具有普遍借鉴意义的农村社区治理道路。

关键词：花园村；社区治理；党建引领；服务创新

一、治理背景

花园村位于东阳市南马镇，历经 2004 年和 2017 年两次“一村并九村”，现面积 12 平方公里，4681 户，户籍人口 13879 人，总人口 6.5 万，党员 534 名。花园村先后获得全国先进基层党组织、全国农村幸福社区建设示范单位、中国十大国际名村、全国民主法治示范村等上百项省级以上荣誉称号，被誉为“浙江农村现代化的榜样”。花园村从 1981 年创办服装厂开始，经过广大党员、群众的奋力拼搏、创业创新，把一个“村名花园不长花、草棚泥房穷人家”的穷山村，发展成如今名副其实的花园村；从新中国成立前靠打长工、挑盐卖过日子，到新中国成立后靠抓鱼鳅、搞副业谋生，再到如今实现了全民创业、共同富裕的幸福生活；从500人不到的小村到6.5万人的大村；从1978年的人均年收入87元到2017年的人均年收入16万元；历经二次“一村并九村”，区域面积从0.99平方公里到如今的12平方公里，花园村从未停止新农村建设和先富带后富、共同富裕的脚步。

花园村党委坚持党员干部带头，坚决实行“奉献、公正、公平、公开”的原则，坚持深化依法治村，着力打造和谐花园，在实践“法治浙江”中取得了“三治”成果：法治花园治出了经济发展，法治花园治出了社会和谐，法治花园治出了百姓幸福。花园村做到了37年矛盾不上交、纠纷不出村、选举不拉票、村民零上访。全村村民享有31项福利，“生活教育靠集体，发家致富靠自己”在花园村得到了充分体现。

花园村之所以能取得又好又快的可持续发展，主要是坚持做到了“五个不动摇”：坚持党委领导、党员带头不动摇；坚持依法治村、民主管理不动摇；坚持发展工业实体经济不动摇；坚持为民利民、惠民富民不动摇；坚持打造中国农村浙江样板不动摇。如今的花园村，家家是新房、户户是小康，人人都保障，基础设施配套完善，公共服务应有尽有。

二、治理措施

近年来，花园村在经济高速发展的同时，不断加强党的领导，坚持以民为本，深化基层治理，实现了“办事不出村、矛盾不出村、创业不出村”，探索出了一条既独具特色又具有普遍借鉴意义的农村社区治理路子。

（一）锻造一个坚强有力的战斗堡垒

坚持抓班子、带队伍，不断提高党组织和党员的战斗力，发挥党的领导核心作用，确保社区治理工作保持正确方向。

1. 建设“奉献、公正、公平、公开”的村“两委”班子

按照“支部建在连上”的要求，不断优化党组织设置，将原有19个支部整合为6个支部，有效破解了宗族宗派问题。村党委坚持每半月一次

集中学习，每月一次党员会议，不断提高党员政治觉悟，开阔眼界。村“两委”干部不管是开会、为村里办事，还是选举，都从不发工资和计报酬。作为村里的领头雁，村党委书记邵钦祥在工作中积累了“五必须”工作法：必须抓经济，带头致富；必须做到奉献、公正、公开、公平；必须把村民的困难当成是自己的困难，把村民的矛盾当成自己的矛盾；必须要辛苦一代人，牺牲一代人的个人利益；必须要有胸怀、情怀和大气。他每年从自己创办的企业利润里拿出一部分用于村庄建设，30 多年累计出资 20 多亿元。在他的表率带动下，村干部们主动奉献。在旧村改造中，村干部带头拆除了自家的庭院、老屋甚至是厂棚。在 2017 年的村党委、纪委和村委会换届选举中，12 名党委委员、5 名纪委委员、7 名村委委员全部全票当选。

2. 建设全心服务的全科党员干部队伍

严格落实党员五星积分管理制，将党员助推中心工作、联系服务群众等内容，作为考评党员的重要依据，每月评分、每季亮分，并将该制度适用范围扩大至村民代表。为有效发挥党员在社会治理、助力“最多跑一次”中的作用，设立党员责任包干区块，全村 534 名党员每人按照网格联系 3 户以上农户，帮助其解决实际困难。全村 19 个网格长、97 名全科网格员，也主要由党员担任。“有事找党员”，已成为花园村村民心中的“自觉”行为。

3. 建立规范的运行机制

村庄大小事务，必须提交村“两委”班子讨论，过半数同意后方可实行，党委书记从不未经集体同意强行实施过一件事情，“会前多交流，会中可讨论，会后不扯皮”在花园村“两委”班子内蔚然成风。在村庄治理上，制定“一分五统”管理办法，“一分”即村企分开，明确了村党委的领导核心地位，“五统”即财务统一管理、干部统一使用、剩余劳动力统一安排、福利统一政策发放、村庄统一规划建设，所有村民同村同待遇。强化决策民主，村里各项事务均按照“五议两公开”程序，经各级会议讨论并通过后方可实施，党委书记与其他成员同票同权，通过民主决策，不仅扩大了工作实施的群众基础，也有利于提升决策的科学化程度。

（二）构筑一套健全完善的服务体系

以群众需求为导向，持续提高服务供给，创新服务途径，让群众有更多的获得感和满意度。

1. 建设功能齐全的便民服务中心，实现“办事不出村”

紧紧抓住“最多跑一次”的改革机遇，把基层治理“四个平台”和便民服务中心有机结合、共同推进，设立民政、户口管理、市场监管、综合业务受理等九大窗口，做到“村前台综合受理，镇、市后台分类审批，统一窗口出件”，实行“一站式”“集成式”服务。目前，村级代办事项由原来的16项增加到164项服务内容，其中，95%的事项实现了“最多跑一次”，可在村直接办理的有57项。同时，加强专职代办员全科化建设，19个小区各配备一名专职代办员，主动上门为老百姓提供全面的政策解答、代为跑腿服务。

2. 着力提高社区服务供给能力，实现“文化娱乐不出村”

花园村不断加大投入，健全教育、养老、医疗、文化等公共服务设施，村民可以就近在省二级幼儿园、与浙江师范大学联合办学的花园外国语学校等免学费完成16年就学，免费观看花园艺术团演出，也享有在二甲医院标准的花园田氏医院就医的便利。建设了花园文化广场、中国农村博物馆、花园游乐园、花园剧院、花园图书馆，村民基本不用出村就能满足文化娱乐需求。同时，社区积极培育社会组织，成立外来人口服务中心、志愿者服务队，统筹发挥社会力量参与社区服务。

3. 提高村民福利待遇，实现村民基本生活得到有效保障

花园村不断建立健全医保、社保和养老等保障体系，村老年人可免费入住老年公寓，村民享有建房补贴、老年人高龄补贴、村民看病自费部分村里支付一半、开通免费公交车、实行16年义务教育等31项福利，实现了“生活靠集体、致富靠自己”。

4. 充分运用“互联网+”，实现社区治理信息化

通过一个门户系统、一个App、一个微信公众号，搭建“智慧花园”

平台。依托平安建设信息系统和浙江政务服务网，率先安装“一窗受理、集成服务”运行系统，集成“4+X”功能，即“四个平台”功能模块加实际需要设置的功能，村民登录系统就可以实现网上办事。一个 App 就是平安通，代办员、网格员可以实现随地办公，通过大数据精准识别群众的需求。利用微信公众号进行重点工作宣传、重要信息传播和群众互动。

（三）建立一个充满活力的共治机制

提高村民的参与自觉性，建立有效的矛盾纠纷化解机制，发挥文化的柔性治理功能，营造和谐有序的社区治理环境。

1. 激发村民主体热情，充分发挥村民自我管理和服务的功能

坚持以“四个民主”为核心，组织村民参与制定村规民约、生态公约、村民道德公约，提高了花园村村民的自律、自治和自我服务能力。村规民约既有禁止性规定，又有处罚具体举措，从社会治安到村风民俗都详细规定。严格执行村务民主管理制度，凡是涉及村庄规划、房屋拆建、工程招标、选举和发展新党员等事务，一律通过公示栏进行公布，并通过党群议事厅等形式吸收村民代表、普通群众的意见。

2. 以矛盾化解为重点，增强村民法律意识

设立社会治安综合治理领导小组和法律事务部，下设治保委员会、人民调解委员会、矛盾纠纷排查调处小组、外来人员管理领导小组和治安联防处警中队、巡逻保安中队、消防中队、民兵营特别中队，发挥了“村级派出所”和“村级法院”的功能。村里发生的矛盾纠纷可以在第一时间找到相应的单位和干部进行处置，一般事件都可以当天处理，最迟不超过两天。实行党员干部带头，开展依法治村和矛盾纠纷化解。处理矛盾纠纷，帮理不帮亲。花园村已经连续 37 年实现纠纷不出村、选举不拉票、村民零上访，无违章建房、无开展封建迷信活动、无辍学儿童、无重大刑事犯罪。

3. 以文化治理为抓手，打造社区文化共同体

发挥党校、文化广场、文化礼堂等文化阵地的作用，邀请省市专家教授授课，提高党员干部群众素质修养；运用村规民约、家规家训、法治故

事等乡风教化资源，潜移默化地影响群众的价值取向和道德观念。发挥基层文化建设多元主体性和交互主体性的作用，按照业余自愿、形式多样、健康有益的要求，定期开展舞龙灯会、文艺演出、体育健身等文体活动，繁荣乡土文化。注重社会主义核心价值观在实践中的可参与性和精神营造功能，每年开展内容丰富的主题大讨论以及组织“五好文明家庭”评比，推进文明村风、家风、民风的形成。

（四）秉持一种改革不息的发展理念

坚持改革创新不停步，在经济社会发展中不断与时俱进、革故鼎新，在发展中解决发展中的问题，在解决问题中把社区治理推向新的台阶。

1. 永不满足的创新精神

花园人坚信“开拓则生、守旧则亡”，改革开放初期，就勇敢地放下裤腿，洗脚上田，从简陋的蜡烛作坊到成立服装厂，走出了以工富农的第一步。20 世纪 90 年代，又乘势而上，花园工贸集团公司被确认为首批国家级乡镇企业集团。进入 21 世纪，再出惊世之举，“无中生有”搞起了高科技，花园高科成为维生素 D_3 行业的全球知名企业，并成功登陆资本市场。以敏锐的嗅觉打造了国内规模最大的红木家具集散中心，被誉为“天下红木第一村”。追根溯源，花园人的创新观体现在三个层面：一是效益是根本。始终把发展作为第一要务，把效益作为第一目标，方向对不对，思路错没错，归根结底看经济有没有发展、群众的腰包有没有鼓起来，而不是盲目扩张，以量取胜。二是敢为天下先。花园人坚信路是人走出来的，从不为已有的做法和经验所局限，也从不为过去的成绩和荣誉而自满，勇于自我颠覆、自我超越，努力走在时代最前沿，走在科学发展最前列。三是认准了就迎难而上。一路走来花园并非一帆风顺，但是花园人坚信经得住风雨，方能见彩虹，对自己认准了的事情，绝不轻言放弃，就比如维生素 D_3 项目，数经波折，十年一剑，最终磨砺成锋。

2. 反哺于民的服务理念

花园村在发展道路上始终坚持以人为本，追求全体村民共同的物质富裕、精神富有。一是为村民创业搭建好平台。在直接给人鱼还是给人鱼竿的选择上，花园村坚定地选择了后者，他们相信激发每一个人的创造性，形成万众创业创新才是共同富裕的不二法门。多年来，花园村一直致力于给村民打造专业市场、特色商业街等各式创业渠道，营造了“人人忙赚钱，家家赚钱忙”的浓厚氛围。在花园村有一句话很流行，就是“花园只有怂人，没有闲人”。二是为村民幸福生活创造良好条件。2005 年开始，花园村每年用于公共服务和村民福利投入 2 亿元以上。从办事、日常生活到文化娱乐，花园村村民不用出村，就可以实现和城市居民一样甚至更好的待遇。

3. 要做就做最好的工作标准

花园村在多年的发展中积累了“最”字精神，追求最大、最好、极致……从发展初期开始，就提出建设社会主义现代化新农村典型的宏伟梦想，进入发展新阶段，又提出把花园从“中国名村”建设成“世界名村”的更高目标。在这种要做就做最好的理念指导下，花园人不断完成一次又一次蝶变。一是提高站位。站在全省、全国乃至世界的高度来审视花园的发展，定位花园发展的坐标，谋划花园发展的方向，规划花园发展的蓝图。二是拉高标尺。有了大胸怀，花园村用高标准来实现，无论是村庄建设还是产业布局，无论是社会治理还是党的建设，建立了一整套参照现代企业经营模式的标准体系。大到一个项目的投产，小到一块鹅卵石的铺装，都有严格的工作标准，处处是精益求精，好上更优。三是高效率。立说立行、真抓实干是花园人的行事风格，定了的事就撸起袖子加油干，“白加黑”“五加二”的花园作风、花园速度层出不穷。

三、治理评价

花园村干部群众通过加强党建引领、促进全民就业创业、优化农村公共服务、建立乡村治理规则、改善生态环境等举措，在破解农村治理五大难题方面，先走一步，成效显著，形成了一整套“花园经验”，对于全国实施“乡村振兴战略”、提升农村基层治理能力和水平，具有很强的参考价值。

（一）全面加强党建，为农村发展打造“火车头”

火车跑得快，全靠车头带。在市场经济大潮中，花园村不但做到了“党建不退步”，反而数十年如一日，不断健全党建体制机制，以党建促进农村治理转型，打造了“党员行动有纲领、党组织配强有创新、党员激励有办法、党员教育有平台”的“四有党建工作法”，培养了一批想干事、会做事、能共事、不出事的高素质农村党员干部队伍。

党员干部必须做到“奉献、公开、公正、公平”，这是花园村村党委的行动纲领，也是花园村党员干部的行动指南。花园村党员干部不管是参加会议、活动还是为村民办事，一律不计报酬，也不发误工补贴。花园村里还有一条虽不成文但长期坚守的规定：要求村民做到的事，党员和村干部首先要带头做到；党员和村干部违反纪律和村规民约，要加倍处理和处罚；党员干部与普通村民吵架，首先受到处理的是党员干部。

村党委班子的核心理念是“一心为公一心为民”。花园村党委书记邵钦祥是个远近闻名的“大能人”，团结带领广大农民群众，拉起手来走市场，共同奋斗奔小康。作为一名农村基层党组织书记，邵钦祥带领农民把一个当年的贫困村变成了人人老有所养、病有所医，处处绿树葱茏，年人均收入16万元的农村新社区。

（二）不断完善农村公共服务，稳步提升农村福利水平

通过“建立一个平台、打造两支队伍、完善三张网络”，实现了村民“办事不出村”目标。便民服务中心设立民政、卫生、人力资源保障、户口管理、市场监管、林产品开证、供电、综合业务受理、法律咨询九大窗口，实行“一站式”“集成式”服务。

2017年7月，花园村建成东阳全市第一个村级“四个平台”系统，率先安装“一窗受理、集成服务”运行系统，实现与市、镇数据联通、信息共享。整个信息系统中用App进行信息收集、问题上报和事件爆料、移动办公；用微信公众号进行重点工作宣传、重要信息传播和实现群众互动。

借助“互联网+”管理系统，在全社区实现了“一网（安全监控）覆盖、智慧联动、网格巡查”，全村 2000 多个治安监控点，实现了安全监控全覆盖。

花园村建立健全村民 31 项福利制度，实现了生活靠集体，致富靠自己。花园村集体通过创办市场、标准厂房出租等，实现了集体经济持续壮大，村集体每年经济收入 2 亿元以上，全村集体资产达 15.43 亿元。雄厚的经济实力，为提高保障和改善民生水平提供了条件。

花园村不把外来人口当“外人”，积极促进外来人口的社会融入。首先，构建“六融合”体制融合新村与旧村。“六融合”，即思想融合、班子融合、管理融合、资产融合、制度融合、目标融合，实现包容发展和共建共享，花园村没有将集体经济进行股份化改造。其次，坚持平等开放原则融合户籍人口与常住人口。通过旧村改造整理出来的部分宅基地，在统一规划、统一规格的基础上，由村集体流转给外来个体工商户建房，并允许入户。鼓励本村村民将自有住房出租给外来人口，共同居住，加快融合，为外来人员生产生活提供良好的社会环境。

（三）因应时代变化，加快构建新时代农村治理新规则

积极倡导现代规则意识和契约精神。花园村引导广大村民用自己制定的村规民约来约束和规范自己的言行，鼓励群众参与基层治理和民主协商。对于违反村规民约的情况，村民委员会可作出批评教育、费用处罚、取消或暂缓村里福利待遇等处分。

不断完善村级治理体制机制。第一，在群众管理服务方面，探索村—小区二级治理机制。花园村将 19 个村改组为“小区”，在村党委统一领导下，小区分头进行贴近式的日常管理服务。第二，在村务决策方面，实行村党委提议、村“两委”商议、党员大会审议、村民代表会议或村民会议决议、群众公开评议“五议”工作法。第三，在村务监督方面，每年进行收付账目清账，邀请审计部门进行审计。设立意见箱和财务公告栏，涉及村庄规划、房屋拆建、工程招标、选举和发展新党员等事宜，一律通过“公示栏”进行公示，充分听取群众意见。

努力创新基层矛盾化解机制。花园村成立了社会治安综合治理领导小组和法律事务部，设立有“村级派出所”和“村级法院”。由于机制有效，处置及时，多数矛盾纠纷实现小组内立即解决，重大矛盾纠纷3天内解决，实现37年村选举不拉票、纠纷不出村、村民零上访。

充分发挥文化对群众生活的引领作用。花园村建成了剧院、图书馆、法治广场等设施，建设了10个小区文化广场，为村民生活创造了良好的公共文化条件。

（四）加强村庄环境整治，持续改善农村人居环境

花园村高度重视新农村建设，以美丽农村、宜居村庄建设为目标，积极推进村庄环境整治，加大以污水处理设施为重点的环境设施建设，开展农村环境突出问题的专项整治，完善人居环境的长效管理和考核监督机制，积极推进垃圾分类处理，提高村民的环境保护意识，使农村人居环境得到了持续改善。

以规划为先导引领环境整治。花园村致力于打造农民美丽乐园，制订了“合理布局、全面规划、整体拆建、分步实施”的新农村建设方案，做到道路硬化、路灯亮化、生态绿化、卫生洁化、饮水净化、环境美化。并村后，继续以农房改造为突破口，统筹规划，分步实施，率先解决无房户和危房户住房问题，加快道路建设以打造环村道路，建造生态公墓，为美丽农村建设提供了良好的基础条件。

多管齐下综合治理水污染。按照浙江省委“五水共治”决策部署，花园村投入10亿多元进行改造提升：一是改造水库和小溪防洪水、排涝水，二是建自来水厂保供水，三是实施雨污分流工程治污水，四是依法严格管理企业排污，五是教育引导群众节约用水，解决了花园村5万多名村民、员工及外来人员的饮用水困难问题。

通过村民自治提高保护环境自觉性。花园村坚持以四个民主为核心，制定了村规民约、生态公约、村民道德公约，提高了花园村民的自律、自治和自我保护能力。花园村党委还积极引导群众参与新农村建设、经济建设、三改一拆、五水共治、环境革命等工作。目前，花园村拥有绿化面积

200多万平方米，绿化覆盖率达41.3%，人均公共绿地412平方米，花园村被评为全国绿化模范单位。

（资料整理：张玉强）

以党建为引领　加强社会治理

——山东省济宁市黄屯街道金色嘉苑社区治理经验

摘要：山东省济宁市高新区黄屯街道金色嘉苑社区是山东省人民政府批准建设的“全街道合一”的大型社区。近年来，黄屯街道坚持“一切为了群众”的思想，把群众的“所急、所盼、所愿”放在工作的重中之重，不断发挥党建引领作用，以“一个楼宇，一个阵地；一名党员，一面旗帜”为主题，突出网格化管理、精细化服务，先后探索出了社区“五级党建管理”“六位一体议事平台”“网格化服务”和“365社区服务体系”等社区治理体制机制，探索出了一条符合黄屯街道发展实际的农村社区治理体制和运行机制。

关键词：金色嘉苑；幸福社区；党建引领；社区治理

一、治理背景

黄屯街道位于济宁、兖州、邹城三市（区）“金三角”的中心地带，是济宁都市区融合发展的中心区域和高新区科技新城的核心位置，也是鲁西南重要的安全装备产业基地。街道面积42平方公里，辖32个村，现有人口2.8万，耕地3.3万亩。地理位置优越、交通发达，327国道、崇文大道、德源路等交通要道穿境而过，距日东高速兖州出口仅5分钟车程，距济宁曲阜机场、曲阜高铁站约40分钟车程。

2017年，地区生产总值19.91亿元，规模工业总产值56.63亿元，固定资产投资74.91亿元，人均可支配收入3.4万余元。黄屯街道依托高新区科技新城建设，正快速向现代小城镇转变。为改善群众的居住环境，街道整合各方资源，建成了全省第一家全街道合一的大型农村社区——金色嘉苑社区。社区总占用建设用地 1280 亩，建筑面积 149 万平方米，投入资金近 30 亿元，建设安置楼房 11078 套 110 万平方米，容纳 29 个村 2.5 万人入住。项目共分三期进行建设，其中一期自 2010 年 7 月开始建设，2012 年底完成建设，建设楼房 77 栋 2436 套，28.81 万平方米；二期项目自 2013 年开始建设，2016 年完成建设，建设楼房 173 栋 7102 套，94.29 万平方米；三期自 2016 年 6 月开始建设，2018 年 9 月完成建设，建设楼房 22 栋 1540 套，20.4 万平方米。剩余 3 个村已完成拆迁，即将开始建设。

为方便群众生产生活，社区建有高标准规范化的社区服务中心 1 处、文化活动中心 1 处、党群活动中心 1 处、各类体验馆 7 处、休闲绿地 1 处、妇女儿童家园 1 处和健身广场 17 处；建有社区卫生机构 8 处，养老中心 1 处；新建商业街 4 条，市场疏导点 1 处，初步建成了“一刻钟生活圈”。目前，社区正积极推进和提升智慧社区、四型社区建设，社区内各类设施一应俱全。社区先后荣获“济宁市创业型社区”“山东省文明社区”“全国科普示范社区”“全国综合减灾示范社区”等荣誉称号。2017 年，金色嘉苑社区作为济宁市唯一代表，经山东省民政厅专家推荐参加首批“全国农村示范社区”评选，并被民政部免审通过。

村庄集体搬迁进入社区后，群众的生活发生了翻天覆地的变化。由于集中居住，打破了村与村的界线，群众变原来“以村为单位的群居”模式为“社区分散居住”，原来的街坊邻居、乡里乡亲一下子分散到社区的各个地方，有些人、有些事瞬间变得陌生起来，群众有问题不知道去哪儿找、找谁、怎么解决，给社区管理带来了一系列难题，比如有的居民在社区私开小菜园、养殖鸡鸭等家禽、乱停乱放、跳广场舞等问题。同时，街道层面也是首次接触社区管理，没有现成的经验可循，只能是“摸着石头过河”。

为顺应新形势、新要求，立足高起点，金色嘉苑提出了“以党建为引领，加强社会治理”的工作思路，将社区治理纳入党建工作的范畴进行重点谋划、重点建设。坚持树立“一名党员，一面旗帜；一个支部，一座堡垒”的工作理念，充分发挥基层党组织和党员的引领作用，在加快硬件建设的同时，突出网格化管理、精细化服务，先后探索出了社区“五级党建管理”“六位一体议事平台”“网格化服务”等工作模式，为社区管理探索出了一条符合黄屯街道发展实际的新思路。通过实施社区综合治理，将社区打造成“管理规范、秩序井然、社会和谐、生活方便、活动丰富”的新兴社区，让群众从内心由衷地感受到住在金色嘉苑社区，农村不比城里差。

二、治理措施

近年来，金色嘉苑社区不断创新机制体制，完善社区设施，丰富社区文化，社区环境明显改善，群众生活和谐有序，实现了社区管理从粗放型到精细化的转变。

（一）建立“六位一体”组织架构，努力搭建社区规范议事平台

为规范有序地解决社区管理问题，金色嘉苑社区成立了由社区党组织牵头，建立了由社区村委会、服务中心、公益中心、业主委员会、物业管理公司参与的“六位一体”组织架构，形成多方参与、共建共享的和谐社区管理模式。其中社区党组织充分发挥领导核心作用，完善社区党建带群建制度，充分发挥党组织在社区管理中的统领全局作用；村委会主导村民自治，积极参加“六位一体”联席会议，共同协商，研究解决社区管理问题；社会组织以社区服务中心为着力点，解决居民的实际需求，实现无缝隙、全方位、零距离的服务体验；业主委员会以实际行动参与社区管理，实现社区管理项目化、常态化、长效化；社区服务中心协助网格做好城市管理创建、环境优化、失地就业等工作，监督和指导物业管理公司工作；物业管理公司随时解决居民遇到的各种难点问题，促使难点变通途。“六位一体”体制的建立充分发挥了各方在社区管理中的功能作用，形成了社区管理、建设和发展的合力，为社区居民提供了优质高效的服务，不断引导居民自治向规范化、法治化方向发展。目前，该议事平台已按照议事会

制度，先后解决了物业管理、车位租赁、绿化美化等10个社区群众关注的问题，受到了社区居民的好评。

（二）实施“一核多元”管理机制，提高社区综合服务管理水平

“一核”是指坚持社区党组织是社区各项工作的领导核心；“多元”是指按照“小街道、大社区，小政府、大社会”的总体要求，切实加强社区工作的组织领导，形成“党委领导、物业负责、部门协同、社会参与”的管理格局，进一步增强社区服务的联动性，提高社区服务的针对性、时效性和快速反应能力。比如，社区消防站、综治监控室、物业保安队等实现互动，既分工明确又互相配合，推动社区管理工作有序开展。尤其是在管理人员机构配置上，坚持明确部门负责人必须是党员，并且所有部门工作人员实行挂牌办公，接受监督。实行社区服务电话公开制，在每个楼道门口，均安放一个设有服务项目、服务电话、服务党员公示牌，群众有问题反映一个电话就搞定。除了专业的服务团队之外，还在每个社区设立了一支由退休党员、退居二线的村干部组成的党员志愿者队伍，只要在社区见到“红马甲”志愿者，无论是清理卫生，还是疏通下水道，他们总是随叫随到，“红马甲”已成为社区一道亮丽的风景线。

（三）做实社区“网格化”管理，推进服务重心向群众家门口转移

根据工作需要和社区情况，及时调整工作重心，将一部分机关干部充实到社区工作，做到职能下沉、人员到位，对下沉的机关人员，保留身份、职级、待遇“三不变”。同时，将村级干部合理配置，全部下沉到网格，形成“管理在网格、服务在网格、发展在网格”的格局，实现“社区管理无盲点、为民服务无缝隙”的目标。一是发挥楼宇党员作用。以小区、楼栋为基础，按每个网格管辖300—500户居民的规模，将社区划分网格29个；对楼道内党员示范户进行挂牌，让大家既有压力做到主动担当，又有动力勇于积极工作。二是强化服务覆盖面。按照“一岗多责、一专多能，以块为主、条块结合，资源共享、综合治理”的运行模式，实行网格管理员分片包干、责任到人、设岗定责、服务到户，切实把服务管理的触

角延伸到每个楼栋、每户居民。三是改革服务大厅服务职能。将服务大厅搬进社区，按照“公共服务、社会服务、市场服务”三大类别，对进驻社区综合服务大厅“党建、政府、文化、体育、教育、就业、救助、法律、维稳、社保、卫生、安全、养老、互助”等服务项目进行整合，所有事项全部实行“一门式”服务、“一站式”办结，特殊情况上门服务，让群众不出社区，就能享受到各种服务。

（四）坚持“让制度说话”，做到社区工作有章可循

社区是个大家庭，必须明确各个服务部门的分工，能细化的细化，能量化的量化，切实做到职能目标明确、清晰，不能“八不管”，也不能“谁都管”，要在社区党组织领导下统一协调、协同作战。金色嘉苑社区健全完善社区规章制度，制定出台了自治章程、居民代表大会制度、社区协商议事会议制度、社区规范化建设意见、社区党建网格化管理工作方案、社区“四社联动”实施方案等 18 项规章制度，使社区管理服务逐步走向标准化轨道，使社区管理和服务工作发展有指导、工作有要求、考核有依据，真正形成管理有办法、操作有程序、过程有监督、责任有追究的良好格局，让每一项工作都有章可循、有理可依。同时，切实把考核结果与部门成员的绩效工资挂钩，充分调动大家的积极性。

（五）打通“最后一公里”，将为民服务延伸到千家万户

为让群众“住得舒心、吃得放心、玩得开心”，金色嘉苑不断加大服务设施建设力度。一是快速推进商业街建设。实施府西路、黄王路两条商业街高标准改造，新开业餐饮美食、商场超市、药店诊所、缴费充值、洗浴保健、美容美发、中介咨询、社区银行、快递外卖等门面 430 余户。二是高标准配套公共设施。与济宁市第一人民医院联合，在社区成立了黄屯分院；中心中学、小学、幼儿园全部达到省规范化配置标准；社区老年公寓达到省级规范标准，免费为社会老人提供医养服务。三是助力群众出行。社区周边设置公交站点 8 处，城际公交、区间公交等线路 6 条，公共自行车、共享电车站点 5 个，社区实现了“一刻钟”便民服务生活圈。四

是加强居民文化活动场所建设。社区设置健身场所 17 处、文化中心 1 处、党群活动中心 1 处、新时代文明实践分中心（站）4 处、生活体验室 1 处、笼式足球场 1 处、篮球场 1 处、大型健身广场 4 处、幼儿园 5 处、四点半学校 1 处、图书室 1 处。社区群众文化活动丰富，每年开展大型文体活动 10 余场，建有社区广场队 15 支、腰鼓队 3 支、文艺演出队 3 支、社会组织 11 个。五是居住环境更加优美。利用现有的国家 4A 级风景区蓼河湿地公园，在社区周边建成街心公园 5 处。近期再次启动景云湖、幸福溪等水系建设，让群众休闲娱乐又多了好去处。六是千方百计增加群众收入。大力引进劳动密集型企业进驻工业园区，累计安置劳动力 5800 余人，扶持创业 1700 余人，平均月收入在 3600 元左右。提高居民生活质量，社区 60 岁以上老人在享受国家老年补贴的基础上，每月再增发 200 元的生活补助。

（六）建立“365”服务体系，让鲜红党旗在社区高高飘扬

金色嘉苑社区不断探索社区党建引领创新，自觉践行“党建+社区管理”模式，总结提炼出“365”社区服务体系，即一年 365 天，党员时刻牢记党的宗旨，时刻以党员的标准严格要求自己，做群众的表率，全心全意为人民群众服务。

一是完善扁平化管理机制。将街道机关职能科室整合成党群服务中心、社会治理指挥中心、社会组织服务（孵化）中心、文体活动中心、养老服务中心、乡情展示中心、卫生服务中心、党建指导中心、应急处置中心、创客中心共 10 大服务平台并下沉到社区，实现集约管理，增大管理幅度，减少纵、横向传递，统一打造全科党员服务队伍，全面对接网格党建服务体系，实现管理服务零层次，全面提升服务效能。二是建立社区五级党建服务体系。按照“一个楼宇，一个阵地；一名党员，一面旗帜”的党建工作总体布局，建立与社区网格匹配的五级网格党建工作体系，成立 3 个社区大党委，29 个网格党支部，252 个楼宇党小组，1400 余个党员中心户，形成黄屯街道大工委—社区大党委—网格党支部—楼宇党小组—党员中心户五级网格党建服务体系，实现党组织建设全覆盖，服务群众零距离。三是实施双轨运行机制。针对目前金色嘉苑社区“由村到城”过渡性

阶段的实际，不断优化和探索社区村委会和网格化“双轨并存”的管理模式。党组织发挥领导核心作用，村党支部和网格党支部双轨运行，各司其职，功能互补，人员交叉，创建了“管理在支部、活动在网格、奉献在双岗”的双轨运行机制，社区管理将党建引领作用充分发挥出来，形成了“一名党员，一面旗帜；一个支部，一座堡垒”的强大组织支撑。

（七）积极推动“六化”融合，全面实现社区管理工作规范化

如何对一个有近3万人的大型农村社区更好地管理，金色嘉苑边摸索边总结，并多次到江浙等地参观学习，结合实际，制定了一系列社区管理制度，将社区管理“六化”积极进行融合，不断完善相关制度。

一是变“信访不信法”为“遵纪守法者”，助推社区管理法治化。认真落实国家信访制度，规范信访办理流程，提高服务水平，实施依法信访制度，加大信访宣传力度，前置信访矛盾排查，将矛盾隐患消灭在萌芽状态。先后举办各类宣传活动20余次，发放宣传册1.5万册，入户排查400余次，走访群众2.3万人次，摸排各类线索200余条。健全社区治安防范组织网络，形成以社区民警为骨干，以社区巡逻队、专职保安队为基础，专业队伍与群众相结合，人防、物防、技防并举的群防群治体系，共同维护社区稳定。构建“调委会+社区志愿者”矛盾调处新模式，通过从专业人士中招募“法律志愿者”等方式，调动专业力量，参与社区矛盾调处。建立定期分类梳理研判、突发事件联勤联动、民事纠纷对接等大调解工作机制，提升调处效果。搭建社区民主监督平台，由“两代表一委员”组成社区工作评议会，以居民满意度和社情民意知晓度为评议导向，对社区治理主体的履职情况、重点事项的决策执行情况等进行评议监督。

二是变“被动服务”为“主动治理”，让社区管理工作群众化。建立四个平台，其中法治共建服务平台依托综治服务中心，建立法律工作志愿者资源库；社区生活服务平台依托党群服务中心和综治服务中心，建设“一中心、一机、一线、一单”为主体的便民平台；社会组织服务平台依托社会组织孵化中心，建立完善“培育、管理、考核、激励”一体化机制；志愿联盟服务平台依托党群服务中心和社会组织孵化中心，建设完善

助老、助小、助残、助困专项服务。

三是变“政府独奏”为“多方参与”，让社区管理工作社会化。社会管理服务与所有人息息相关，需要调动社会各方力量共同参与。街道社会管理在创新推进之初，就把动员社会齐参与作为社区治理措施目标，强化企事业单位、社会组织、人民团体等社会管理和服务的职责，引导社会组织健康有序发展和参与社区管理，充分发挥群众参与社会管理的基础作用。目前，社区治安、保洁、绿化等，全部通过招标方式进行参与。建立“五级党建”管理体系。继续强化党建引领工作措施，设立街道大工委—社区大党委—网格党支部—楼宇党小组—党员中心户“五级党建”管理体系，使党组织服务延伸至各个网格，实现社区党组织服务全覆盖。开展党员亮身份活动，明确党员必须胸戴党徽，机关干部必须挂牌办公，将党员干部的言行举动置于群众的监督之下，达到了网格党支部管理和村党支部管理的有效衔接和良性互动。多元主体参与。建立每月网格联席会议等良性互动机制，激发企业、个体经营户等驻街单位积极参与社会管理服务。实行社区和物业负责人交叉任职，搭建社区与物业联动服务居民的绿色通道等，协同做好小区治理工作。

四是变“粗放管理”为“精细服务”，实施社区管理网格化。机制创新：一张网络实现社区服务全覆盖。街道成立了3个社区大党委、29个网格党支部，把党员纳入街道大工委与社区大党委范畴，形成覆盖每家每户、每个单位、每个区域的一张“大网”，服务对象从街道“面”精确到社区群众“点”。服务创新：干部下沉到网格，实行一线解决问题。将机关四分之三的干部全部下沉到社区，每个人都有一块“责任田”，一岗多责、一专多能，每个人每天都处于“上网上线”状态，每个人都是社区的协管员和实践者。

五是变“事后处置”为“即时应对”，让社区管理工作信息化。信息化服务中心：依托社区服务中心、党群服务中心，实行“全科服务”，40多个服务项目全部实现“一站式”办理，全面提升为民服务效率与质量，群众不出社区就能办理各种服务。区域化可视系统：通过雪亮工程、天网工程、网络信息工程建设，利用多级视频共享机制，联网道路交叉口、居民小区和公共广场出入口、农贸市场、人群密集区等监控探头，实时掌握各种信息。

六是变“突击推进”为“长效保持”，实施社区管理常态化。落实工作督察：建立四个层面督察组，对网格重点难点问题、工作落实整改情况、工作作风建设等进行分组式督察，强化网格分管领导自查自纠，整改到位，完善“全覆盖、深排查、严整改”的督察体系。社会监督：将网格负责人职责、服务承诺、联系方式在社区内居民楼栋上墙，接受群众监督。每半年组织网格内的居民代表、人大代表、政协委员、驻区代表等对网格进行一次述职评议。

（八）创新“五项服务”模式，让社区管理工作更加精细化

五项服务包括组团服务、数字服务、代办服务、定制服务、错时服务。

组团服务：推行“网格化管理、组团式服务”，将网格内所有工作人员组成若干服务团队，结合专长，发挥优势，形成服务合力，为居民提供志愿服务、隐患排查、法律咨询、就业援助、精准扶贫等优质服务。

数字服务：建立了数字党建、人口房屋、民情信息、电子监察、物业管理五大管理系统，提供远程教育、便民缴费、健康干预、居民热线、社区在线、居民邮箱等信息化、精细化服务，使社区服务更快捷、更高效。

代办服务：按照“专人受理、全程代办、按时办结”的要求，居民提供申办材料，社区干部随时受理，全程代办，限时回复，简化办事程序，节省办事时间。

定制服务：公布预约服务项目和服务电话，居民通过“预约单”和“预约电话”预约服务。社区工作人员全天候接受预约，及时答复，使社区服务更加人性化。

错时服务：社区工作人员工作日内正常上班，上、下午下班后轮岗延时服务，周六日轮值服务，保证不出现空岗无人现象，实现社区党组织服务居民不断档，让居民下班或节假日也能享受优质社区服务。

三、治理成效

（一）社区组织体系逐步完善

目前黄屯街道金色嘉苑社区建立了五级党建服务体系，成立了 3 个社区大党委，29 个网格党支部，252 个楼宇党小组，1400 余个党员中心户，形成黄屯街道大工委—社区大党委—网格党支部—楼宇党小组—党员中心户五级网格党建服务体系，实现党组织建设全覆盖，服务群众零距离，成立了社区工、青、妇、志愿者组织，加强了社区网格员工作网络建设，设立网格化服务便民信息栏。建立了网格信息数据库，统一制作便民信息公示牌、民情联系服务卡，形成了全方位、多层次的组织体系。

（二）社区服务设施明显升级

社区按照“省级标准”建立了 1500 平方米的文化活动中心，配备了全市第一个“四点半学校”，解决了社区孩子放学后无人看管的难题，配备了科普室、图书室、心理咨询室、体育活动室、道德讲堂等。建成了全区首个省级健康教育基地，在社区西区建成了 1500 平方米的“黄屯展示馆”，生动再现了黄屯的旧村原貌和未来发展。为更好地服务社区群众，建立了社区服务中心，街道窗口单位全部下沉到社区办公，统一设置劳动保障、计划生育、民政低保、环境卫生等服务窗口，实行专人负责、全程服务的形式，直接受理所办事项和群众反映的各类问题。建立了养老服务中心，与大型医院合作，采取医养结合的模式，解决养老一系列问题。

（三）社区服务水平显著提升

社区建立了就业、社保、文化、教育、卫生、社会事务、治安联防、救困扶贫、党建联谊、行政服务等便民利民的服务平台。成立了社区志愿服务队、党员志愿队、巾帼志愿者服务队，招募各个社区志愿者 1200 余名，组成了以治安巡逻、扶贫助困、助老爱老、文明礼仪等为主要内容的志愿者队伍30余个。同时，设立“爱心超市”“爱心门诊”“爱心家政”“慈善服务社”等服务机构15个，采取无偿、低偿、有偿三种方式对老人及困难群众进行帮扶，较好地解决了社区空巢老人、孤残群体无人照顾的问题。

（四）社区文化活动日益丰富

以社区社会组织孵化中心为依托，先后培育了“王老根法律咨询室”“黄屯书法之家”“舞动青春”“摄影之家”“腰鼓队”“广场舞”等各类文化团队（协会组织）30个，发展社区文艺骨干600余人，增强了居民文化活动的组织力量。文化活动实现了计划上墙，按时开展，每年组织开展一次大型文艺活动，鼓励更多群众参与。积极开展培训活动，邀请市区文艺专家进行培训；每年举办一次“好媳妇、好婆婆”评比活动，让孝老爱亲的事迹传遍大街小巷。

（五）居民收入明显提高

集中居住后，群众种地不再方便，黄屯街道一方面将土地集中起来，向种植大户流转，形成规模种植、特色种植；另一方面，与省内外农业科研院所协作，建立高产优质高效的育种基地。目前，全街道已流转2万亩土地。为鼓励扶持全民创新创业，先后建设了“创业工业园”“创业一条街”和“创业示范街”三大创业载体，针对农民的不同特点，紧跟企业实际需求和辖区优势产业特色，利用街道创业服务中心和高新区创业中心两大平台，免费开展电子商务、计算机、电工、电焊工、中式烹调、风味小吃、家政服务等20余种专业技能培训，帮助农民掌握一技之长，更好地服务于企业发展。截至2017年，全街道注册个体工商户已达1800余家，转移安置8000余名剩余劳动力务工经商，创业增收。

（六）居民生活安全感不断增强

按照“人防、物防、技防”的治安管理要求，社区投资500余万元，建设了社区综治管理平台，与社区及周边附近583个摄像头联网，实现对社区“无缝隙、全覆盖”监控巡视，社区所有出入口都安装了电子卡口，对重点部位、重点区域同时增设了人防队伍。目前，社区现有志愿者治安服务队伍、专职巡逻队伍等共计 300 余人。为方便安保人员巡逻，社区统一配备了警用车辆和警用器械。同时，社区治安平台实现了与公安治安平台联网。社区统一规划了车位，并安装了监控，对停车场实行 24 小时防控。社区建设了安全体验中心，各功能室均实行全天候免费开放，群众可以随时接受安全教育。建成了全市第一家社区消防站，配备了 2 辆消防车和 8 名专职消防员，一旦发生警情，确保 5 分钟内到达现场。

（资料整理：张玉强）

附　录

我国农村社区治理重要文件概览

（2018 年 1—12 月）

一、中共中央、国务院发布《关于实施乡村振兴战略的意见》

意见对乡村振兴战略作出系统部署和规划安排。这是自改革开放以来第 20 个指导“三农”工作的中央一号文件。文件强调“乡村振兴，治理有效是基础”，并明确指出要“推行村级小微权力清单制度，加大基层小微权力腐败惩处力度”。文件从提升农业发展质量、推进乡村绿色发展、繁荣兴盛农村文化、构建乡村治理新体系、提高农村民生保障水平、打好精准脱贫攻坚战、强化乡村振兴制度性供给、强化乡村振兴人才支撑、强化乡村振兴投入保障、坚持和完善党对“三农”工作的领导等方面进行安排部署。

二、中共中央、国务院印发《乡村振兴战略规划（2018—2022 年）》

规划以习近平总书记关于“三农”工作的重要论述为指导，按照产业兴旺、生态宜居、乡风文明、治理有效、生活富裕的总要求，对实施乡村振兴战略作出阶段性谋划，分别明确至 2020 年全面建成小康社会和 2022 年召开党的二十大时的目标任务，细化实化工作重点和政策措施，部署重大工程、重大计划、重大行动，确保乡村振兴战略落实落地，是指导各地区各部门分类有序推进乡村振兴的重要依据。

三、中共中央办公厅、国务院办公厅印发《农村人居环境整治三年行动方案》

方案指出，改善农村人居环境，建设美丽宜居乡村，是实施乡村振兴战略的一项重要任务，事关全面建成小康社会，事关广大农民根本福祉，事关农村社会文明和谐。方案提出基本原则是因地制宜、分类指导；示范先行、有序推进；注重保护、留住乡愁；村民主体、激发动力；建管并重、长效运行；落实责任、形成合力。行动目标是到2020年，实现农村人居环境明显改善，村庄环境基本干净整洁有序，村民环境与健康意识普遍增强。方案提出的重点任务是推进农村生活垃圾治理，开展厕所粪污治理，梯次推进农村生活污水治理，提升村容村貌，加强村庄规划管理，完善建设和管护机制。此外，方案还从发挥村民主体作用、强化政策支持、扎实有序推进、保障措施四个方面作出指导。

四、国务院办公厅印发《关于全面加强乡村小规模学校和乡镇寄宿制学校建设的指导意见》

意见指出，要全面贯彻党的十九大精神，坚持以习近平新时代中国特色社会主义思想为指导，高度重视乡村义务教育，全面加强乡村小规模学校和乡镇寄宿制学校建设和管理，到2020年，基本补齐两类学校短板，进一步振兴乡村教育，基本实现县域内城乡义务教育一体化发展，为乡村学生提供公平而有质量的教育。意见针对两类学校发展滞后问题，提出了五个方面解决措施：一是统筹布局规划。准确把握布局要求，科学制定布局规划，妥善处理撤并问题，坚决防止因为学校布局不合理导致学生上学困难甚至辍学。二是改善办学条件。加强通往两类学校的道路建设，完善交通管理和安全设施，确保学生上下学安全。三是强化师资建设。按照生师比与班师比相结合的方式核定小规模学校教师编制，适当增加寄宿制学校教师编制。四是强化经费保障。教育经费投入向两类学校倾斜，切实落实公用经费补助政策。五是提高办学水平。推进乡镇中心学校和同乡镇的小规模学校一体化办学、协同式发展、综合性考评，实行中心学校校长负责制。

五、六部门联合印发《生态扶贫工作方案》

方案由国家发展改革委、国家林业局、财政部、水利部、农业部、国务院扶贫办六部门联合印发，明确将采取超常规举措，力争到2020年带动约1500万贫困人口增收。方案提出，要大力发展生态旅游业，在贫困地区打造精品森林旅游地、精品森林旅游线路、森林特色小镇、全国森林体验和森林养生试点基地等，带动200万贫困人口实现增收。同时，要基于贫困地区资源优势，发展适合贫困地区的特色林产业与特色种养业，并积极引导贫困人口参与。根据方案，各部门还将加强退耕还林还草、京津风沙源治理、天然林资源保护工程等11项重大生态工程建设，进一步向贫困地区倾斜工程项目与资金，提高贫困人口收益程度。

六、多部门下发《关于大力发展实体经济积极稳定和促进就业的指导意见》

意见由国家发改委、教育部、科技部等17个部门下发。意见提出，全面启动实施新型农业经营主体和新型职业农民培育工程，深入推进新型农业经营主体带头人轮训和农村实用人才带头人培训计划。实施农产品加工业提升行动和农村一二三产业融合发展推动行动，建设一批加工园区和一批农村产业融合发展示范园、先导区，发展壮大吸纳农民就业的新市场主体。鼓励支持各类市场主体创新发展基于互联网的新型农业产业模式，加快培育专业大户、家庭农场、农民合作社、农业企业等新型农业经营主体，扩大职业农民就业规模。

七、财政部、商务部、国务院扶贫办印发《关于开展2018年电子商务进农村综合示范工作的通知》

通知指出，综合示范鼓励各地优先采取以奖代补、贷款贴息等支持方式，通过中央财政资金引导带动社会资本共同参与农村电子商务工作。通知强调，中央财政资金支持农村电子商务，一是促进农村产品上行，中央财政资金支持农村产品上行的比例原则上不低于50%；二是完善农村公共服务体系，公共服务中心建设应坚持实用、节约原则，资金使用比例原则上不得高于15%；三是开展农村电子商务培训，支持对基层党政干部、合作社社员、返乡农民工、农村创业青年、驻村第一书记等实事求是地开展电子商务培训。

八、农业农村部印发《实施农村一二三产业融合发展推进行动》的通知

通知强调，要坚持“基在农业、惠在农村、利在农民”原则，以农民分享产业链增值收益为核心，建设多业态打造、多主体参与、多机制联结、多要素发力、多模式推进的融合发展体系。力争到2020年，主体规模不断壮大，产业链不断延伸，价值链明显提升，企业与农民利益联结机制更加完善，建成一批融合发展先导区和示范园。

九、农业农村部印发《2018年全国农资打假专项治理行动实施方案》

方案要求各级农业部门紧紧围绕“农业质量年”主题，开展“绿剑护农”农资打假专项治理行动，切实做好农资打假和监管工作，依法严厉打击农资制假售假行为，维护农民合法权益。方案明确提出，按照质量兴农、绿色兴农、品牌强农的发展要求，坚持质量第一，不断提高农资产品质量，优化农资市场秩序，完善监管工作机制，从生产源头、流通渠道、消费终端，多管齐下推进农资高质量发展。依法严厉打击侵害农民利益、危及农产品质量安全、破坏市场公平竞争的农资制假售假违法行为，惩治一批违法生产经营主体，建立农资违法失信黑名单制度，公布一批制售假劣农资违法失信企业。

十、农业农村部印发《关于大力实施乡村就业创业促进行动的通知》

通知指出，实施乡村就业创业促进行动，有利于推动政策落实，搭建公共服务平台，引进和培育更多的创业创新主体，建设乡村人才队伍；有利于培育新产业新业态新模式，壮大乡村优势特色产业，促进农村一二三产业融合发展；有利于推动城乡要素双向流动，实现人才、资源、产业向

乡村汇聚，构建城乡融合发展的体制机制。通知强调，乡村就业创业促进行动要坚持自主就业创业，坚持人才优先培养，坚持特色产业带动，坚持产业融合发展。一是培育主体促进就业创业。有针对性地开展创业创新人才培训，培育一批新型农业经营主体和新型职业农民、农村创业创新导师；选拔培育一批优秀创意项目和创业者，对接优质资源要素，激发就业创业热情。二是打造园区促进就业创业。加快建设一批区域特色明显、基础设施完备、政策措施配套、科技创新条件完善、服务能力较强的国家农村创业创新园区（基地）。三是发展特色产业促进就业创业。支持发展农产品初加工、精深加工、综合利用加工、主食加工、休闲旅游、电子商务等优势产业。四是推动产业融合促进就业创业。积极推广农村一二三产业融合新产业新业态新模式，培育一批农村一二三产业融合发展示范园和先导区。

十一、国家发改委印发《关于扎实推进农村人居环境整治行动的通知》

通知要求，以建设美丽宜居村庄为导向，以农村垃圾、污水治理和村容村貌提升为主攻方向，动员各方力量，整合各种资源，强化各项举措，加快补齐农村人居环境突出短板。通知总的要求是经过三年努力，实现农村人居环境明显改善，村庄环境基本干净整洁有序。同时，根据不同地区的基础和条件，提出了分层次的行动目标。其中，东部地区、中西部城市近郊区等有基础、有条件的地区，人居环境质量全面提升，基本实现农村生活垃圾处置体系全覆盖，基本完成农村户用厕所无害化改造，厕所粪污基本得到处理或资源化利用，农村生活污水治理率明显提高，村容村貌显著提升，管护长效机制初步建立。

十二、人力资源和社会保障部、财政部印发《关于建立城乡居民基本养老保险待遇确定和基础养老金正常调整机制的指导意见》

意见要求各地区各部门结合实际认真贯彻落实。意见提出总要求，全面贯彻党的十九大精神，以习近平新时代中国特色社会主义思想为指导，紧紧围绕统筹推进“五位一体”总体布局和协调推进“四个全面”战略布局，牢固树立和贯彻落实新发展理念，坚持以人民为中心的发展思想，按照兜底线、织密网、建机制的要求，建立激励约束有效、筹资权责清晰、保障水平适度的城乡居民基本养老保险待遇确定和基础养老金正常调整机制，推动城乡居民基本养老保险待遇水平随经济发展而逐步提高，确保参保居民共享经济社会发展成果，促进城乡居民基本养老保险制度健康发展，不断增强参保居民的获得感、幸福感、安全感。

十三、财政部印发《财政部贯彻落实实施乡村振兴战略的意见》

意见对财政系统保障乡村振兴战略顺利实施，加快推进农业农村现代化作出全面工作安排。意见强调，要准确把握支持实施乡村振兴战略的总体要求，围绕农业农村现代化的总目标和产业兴旺、生态宜居、乡风文明、治理有效、生活富裕的总要求，坚持农业农村优先发展的总方针，与《乡村振兴战略规划（2018—2022 年）》相衔接，着力构建完善财政支持实施乡村振兴战略的政策体系和体制机制，确保投入保障到位、政策落实到位、机制创新到位、监督管理到位、职能发挥到位。

十四、最高人民法院关于认真学习贯彻《中共中央　国务院关于实施乡村振兴战略的意见》的通知

通知要求各级人民法院妥善审理乡村振兴战略实施过程中的各类案件，为乡村振兴发展提供良好的法治环境。通知强调，要妥善审理涉及农村承包地、宅基地“三权分置”案件，完善农村基本经营制度，促进农村土地制度改革。同时，要妥善审理破坏农村社会秩序、扰乱农业市场秩序、危害农村投融资环境等刑事案件，涉及农村产权保护、基础设施建设、农村科技创新、劳动就业保护等民事商事案件，以及涉及农地征收征用、乡村规划建设、农村经济管理等行政案件。

十五、广西壮族自治区下发《关于开展农民工创业就业补贴工作的通知》

通知提出对农民工创业及带动就业给予奖补、企业及其他社会组织吸

纳符合条件的农民工有社保补贴，明确了农民工创业就业补贴分为三类：农民工创业奖补、创业带动就业奖补、企业及其他社会组织吸纳符合条件的农民工社会保险补贴。

十六、广西壮族自治区党委宣传部联合自治区文化厅、财政厅下发《加强村级综合性文化服务中心管理的通知》

通知进一步明确村（社区）公共文化专管员队伍配置和建设工作，以此加强对村级综合性文化服务中心的管理，使其在“建好”的基础上解决“用好”的问题。根据通知要求，每个建制村至少要配备 1 名公共文化专员，组织开展活动、管理文体设施、组建文体团队等。公共文化专管员实行县聘村用，接受县级文化行政部门、乡镇（街道）综合文化站以及乡镇（街道）、村（社区）的双重管理，并且每年参加不少于 5 天的集中培训，不断提升自身专业技能和服务效率。同时，各市、县（市、区）要将村级综合性文化服务中心管理工作纳入对县级相关部门（单位）和乡镇（街道）年度工作目标责任制的考核内容，有条件的乡镇（街道）和村（社区）可适当增加村级综合性文化服务中心活动经费和公共文化专管员年终绩效考核奖励，激励乡村公共文化的繁荣发展。

十七、河北省印发《农业产业化联合体支持政策创新试点工作方案》

方案提出通过支持政策创新，初步探索支持联合体发展的集金融支持、贴息补助、以奖代补、股权投资等相关政策为一体的有效举措，2018 年重点打造 160 个省级农业产业化示范联合体，带动培育 500 个联合体，聚合 3000 个各类农业经营主体融合发展。

十八、河北省印发《关于加快推进农村改革的意见》

意见提出探索宅基地所有权、资格权、使用权“三权分置”，落实宅基地集体所有权，保障宅基地农户资格权和农民房屋财产权，适度放活宅基地和农民房屋使用权。加强宅基地制度创新，在严禁下乡利用农村宅基地建设别墅大院和私人会馆前提下，重点结合发展乡村旅游，支持农村集体经济组织以出租、合作等方式盘活宅基地，发展农村新产业、新业态。河北将着力破除城乡二元结构的体制机制障碍，为实现乡村振兴提供制度保障。提出到2020年，农村改革关键领域取得重大突破，农村改革的系统性、整体性、协同性显著增强，乡村振兴内生动力基本形成。

十九、河北省印发《河北省农村人居环境整治三年行动实施方案（2018—2020年）》

方案提出，河北省将全面推进农村生活垃圾治理，集中消除历史积存垃圾，彻底解决垃圾“围村”和村内脏乱差问题。建立农村垃圾分类、收集和转运体系，按照每100户设置1名保洁员的标准，配备农村保洁员队伍。农村人居环境整治行动将实行县域统筹规划、乡镇连片推进、村庄整体实施。同时，将建立政府主导、分级负担、集体补充、群众参与、社会支持、多元筹集的投融资机制，推进专业化市场化建设和运行管护，确保建得好、用得上、能持久。从2018年起，河北省实施的农村人居环境整治行动，聚焦于农村存在的垃圾、污水、厕所粪污村容村貌等最突出问题，用三年时间集中攻坚，推动生态宜居美丽乡村建设。

二十、河北省印发《农业产业化联合体支持政策创新试点工作方案》

方案提出通过支持政策创新，初步探索支持联合体发展的集金融支持、贴息补助、以奖代补、股权投资等相关政策为一体的有效举措，2018年重点打造160个省级农业产业化示范联合体，带动培育500个联合体，聚合3000个各类农业经营主体融合发展。按照方案，对农业产业化联合体成员融资，农业银行要推进担保方式创新，积极扩大涉农抵（质）押物选择范围，视情况采取单一抵（质）押、单一保证，或抵（质）押+保证、政府增信+抵（质）押（保证）等组合担保方式，多途径解决担保难问题。对农业产业化联合体办理的各类业务，尤其是融资业务，农业银行实行优先调查、优先审贷、优先放贷；对其融资需求，优先安排信贷规模。对于纳入政府增信、财政补贴、贷款贴息支持范围的，农业银行优先发放贷款。

二十一、河南省下发《关于加强乡村建设规划许可管理工作的通知》

通知要求2018年底前河南省基本实现农村规划全覆盖，2020年所有县（市）要完成县域乡村建设规划编制。河南省将进一步细化乡村建设规划许可适用范围，明确乡村建设规划许可证申领的条件、申请材料、审查程序、审批时限以及监督管理等内容；加强对规划区内农村村民住宅建设管理，对村庄宅基地的标准、布局和建筑高度、建筑密度、建筑风格等作出相应指导；规范乡村建设规划许可证书的审批发放、档案管理、网上录入，建立定期上报和督察制度等，以此全面做好乡村建设规划许可证办理工作。

二十二、河南省发布《关于进一步提高农村贫困人口医疗保障水平的实施意见》

意见提出，从2018年4月1日起至2020年底，河南省城乡居民基本医保将对农村贫困人口门诊慢性病和门诊重特大疾病提高报销比例，使因病致贫、因病返贫问题得到有效解决。农村贫困人口包括：建档立卡贫困人口（含贫困残疾人）、农村低保对象、农村特困人员救助供养对象。其中，针对门诊慢性病，各地城乡居民基本医保要确保本统筹地区城乡居民门诊慢性病病种增加到15种以上，政策范围内报销比例提高到85%。此外，也将进一步加强对医疗机构医疗行为的监管，防止过度医疗。医保定点医疗机构未经患者同意，不得擅自使用医保目录外药品和诊疗项目。

二十三、河南省发布《中共河南省委　河南省人民政府关于推进乡村振兴战略的实施意见》

意见指出，以农业供给侧结构性改革为主线，提高农业综合生产能力，实施质量兴农战略，加快农村一二三产业融合发展，促进小农户和现代农业发展有机衔接，奋力建设现代农业强省。意见要求，深入落实藏粮于地、藏粮于技战略，严守耕地红线，确保国家粮食安全。全面落实永久基本农田保护制度，推进高标准粮田建设，加快建设粮食生产功能区、重要农产品生产保护区。加强农田水利建设，推进小型农田水利设施达标提质。持续推进主要农作物生产全程机械化，推进农机装备产业转型升级，发展高端农机装备制造。发展数字农业、智慧农业，实施“互联网 + 现代农业”行动，加快开展农业大数据应用，推进物联网试验示范和遥感技术应用。

二十四、四川省发布《关于实施乡村振兴战略　开创新时代“三农”全面发展新局面的意见》

意见提出，四川要加快建立乡村优秀文化遗产保护传承机制。加快抢救保护乡村优秀文化遗产，加大对传统村落、乡土建筑和民族特色村镇保护力度，按照“一村一策、一户一策”进行保护修缮，建立健全文物“四有”档案和传统村落“一村一档”。支持各级非遗传承人依托乡土非遗资源优势，因地制宜地开展传承传习活动。在推进城乡基本公共文化服务均等化方面，意见指出，鼓励城市对乡村进行文化帮扶，推进城乡结对子、种文化。在乡村文化产业方面，意见提出，要创造性转化红色文化、历史文化、民族文化、民俗文化、农耕文化等文化资源，塑造具有浓郁四川特色的乡村文化品牌。

二十五、四川省委、省政府印发《关于进一步加强和完善城乡社区治理的实施意见》

实施意见提出，在健全城乡社区治理体系上，明确要着力抓好加强社区党建、突出政治引领，坚持政府主导、厘清权责边界，优化社区布局、深化居民自治，培育多元主体、增强社会协同四个方面的工作。实施意见明确原则上城市按 2000—4000 户、城镇按 700—2000 户、农村按 300—1500 户常住居民的规模设置 1 个社区。在提升城乡社区治理水平上，着力抓好丰富活动载体、增强参与能力，加强设施建设、提高供给能力，强化文化引领、提高文明程度，推进依法治理、建设法治社区，提升化解能力、建设平安社区，强化科技支撑、增强治理能力六方面工作。实施意见明确按照每百户居民 30 平方米的标准，配套建设城乡社区综合服务设施。

二十六、江西省出台意见进一步深化民政领域“放管服”改革

意见提出，按照就近就便的要求，江西省将逐步推动民政服务下沉到村（居），全面开展村（居）代办、帮办等便民服务。意见明确，江西将进一步加强基层民政工作与脱贫攻坚、教育、卫生、乡村振兴等工作的衔接，推进基层现有公共服务资源的优化整合。依法扩大乡镇（街道）民政服务职能和管理权限，能够由乡镇（街道）直接办理的民政服务事项依法授权乡镇（街道）办理。为此，乡镇（街道）民政机构名称统一为“××乡镇（街道）民政所”，保障办公及服务功能用房需求，配置必要的办公设备。每个乡镇（街道）民政机构不少于两名专职行政或事业编制人员，保持队伍的相对稳定。同时，采取政府购买服务的方式解决乡镇（街道）民政机构人力不足问题。

二十七、福建省出台《关于实施乡村振兴战略的实施意见》

意见提出坚持乡村全面振兴，统筹谋划推进农村文化建设，围绕乡风文明，繁荣兴盛农村文化，弘扬八闽优秀传统文化，健全乡村公共文化服务体系。要健全乡村公共文化服务体系，实现乡村两级公共文化服务全覆盖。发挥县级公共文化机构辐射作用，推进基层综合性文化服务中心建设；强化公共文化服务供需对接，实施文化惠民工程，推进乡镇实体书店和数字影院建设，提升建制村农家书屋管理水平，加强乡村广播电视传输覆盖网络建设；支持“三农”题材文艺创作生产，鼓励文艺工作者深入农村、贴近农民，推出具有乡村特色、深受农民欢迎的优秀文化作品和文化产品；活跃繁荣农村文化市场，丰富农村文化业态，加强农村文化市场监管。

二十八、福建省银监局出台《福建银行业服务乡村振兴战略行动计划》

计划就未来 3 年内持续完善农村金融体系、强化金融服务创新、增加乡村金融供给等对辖区内银行业金融机构提出要求。以服务中央提出的乡村振兴战略为核心，计划结合福建区域发展特点，突出支持四大重点领域

发展，即支持特色产业发展、基础环境建设、重点群体发展和乡风文明建设。为提升金融服务水平、加快金融创新步伐，计划提出将通过实行差异化的服务定位、打造智能化的服务网点、构建线上化的服务网络来优化服务体系，在金融服务质量、配套上多管齐下。

二十九、云南省发布《云南省保障农民工工资支付工作考核办法》

办法落实农民工工资支付工作的属地监管责任，预防和解决拖欠农民工工资问题，保障农民工劳动报酬权益。考核办法内容主要包括加强对保障农民工工资支付工作的组织领导，健全解决农民工工资拖欠长效机制，落实农民工工资支付保障制度措施，治理欠薪特别是工程建设领域欠薪工作成效等。

三十、云南省发布《云南省“厕所革命”三年行动计划（2018—2020 年）》

计划推进农村无害化卫生户厕改造建设，在农村地区推广水冲式卫生厕所改造，同步实施厕所粪污治理，有效解决云南农村户厕中旱厕数量较多、无害化卫生户厕普及率低及少数地方无户厕等问题。

三十一、广东省出台《广东省健康扶贫三年行动计划（2018—2020 年）》

计划提出，全额资助低保对象、特困供养人员、建档立卡的贫困人口以及低收入家庭的重度残疾人、重病患者、老年人和未成年人等重点人群参加城乡居民基本医疗保险。广东将开通贫困人口中途参保缴费绿色通道，允许贫困人口中途参保，从参保缴费次月起享受基本医疗保险待遇。针对“大病致贫”“大病返贫”等情况，计划要求，对贫困人口采取降低大病保险起付标准、提高报销比例、不设最高支付限额等方式，提高其大病保险待遇。建档立卡的贫困人口、最低生活保障对象起付标准下降不低于 70%，报销比例达到 70% 以上；特困供养人员起付标准下降不低于 80%，报销比例达到 80% 以上。对经救助后自负医疗总费用仍负担过重、影响基本生活的贫困人口，按规定给予“二次救助”。广东将全额资助低保对象、贫困人口等参加医保，2018 年底前，广东将对贫困人口实现大病专项救治全覆盖，各地级以上市全面开展“二次救助”。

三十二、安徽省文化厅印发《关于繁荣兴盛农村文化推进乡风文明建设的实施意见》

意见提出实施建设繁荣兴盛农村文化、推进乡风文明八大工程，满足人民日益增长的美好生活需要。意见显示，安徽将实施农村文化设施建设工程，推进农村地区公共文化设施扩大覆盖、提档升级，鼓励有条件的地区建设区域性综合文化服务中心，推进村级综合文化服务中心建设，重点加强贫困县区村级综合文化服务中心示范点及行蓄洪区乡村综合文化服务中心建设；实施农村题材艺术创作工程，组织文艺工作者开展“深入生活、扎根基层”采风活动，积极搭建农村现实题材作品展演平台；实施“送戏进万村”工程，开展“订单式”“菜单式”服务，采取公开招标、竞争性谈判等方式，组织各类文艺院团、演出团体深入农村基层开展服务，把乡风文明、移风易俗等重点题材文艺创作、稀有剧种传承保护纳入采购招标内容；实施百馆千村文化结对工程，鼓励采用文艺轻骑兵、乡村春晚等形式，开展送演出、送讲座、送展览、送培训等服务活动，重点加强对新建村级综合文化服务中心的业务辅导。

三十三、青海省卫生和计划生育委员会印发《组团式对口帮扶深度贫困县乡医疗卫生机构 2018 年行动方案》

方案提出，对口帮扶形式向精准帮扶转变，范围向深度贫困县乡转变，方式向组团式帮扶转变，将对口帮扶与健康扶贫相结合、与公立医院综合改革相结合、与医联体建设相结合的“三转变三结合”新要求，精准发力，助力脱贫攻坚。聚焦青海省 2018 年脱贫退出计划，为进一步完善帮扶形式，方案突出强调“组团式”主题，要求三级医院全部“组团”对口帮扶 15 个深度贫困县和 12 个 2018 年脱贫计划摘帽县的 39 所县级医院，以及全省 88 个贫困乡镇卫生院。据了解，对县级医院帮扶主要集中在加强专业人才培训、提升医院管理和学科水平、加快推动远程医疗服务可及性、以“医联体”形式在援受双方之间形成高效分工协作机制、对接健康扶贫政策措施形成推进农村贫困人口大病专项救治长效机制五个方面。对乡镇卫生院，则重点落实团队驻点和巡诊帮扶的方式，让医联体牵头医院的优势资源下沉到基层。为确保工作实效，青海将严格落实“凡晋必下”制度；对口帮扶等服务基层工作将成为省、州级公立医院人员申报职称的必要条件，对口帮扶工作优秀人员在评优提拔时将优先考虑。

三十四、湖北省印发《中共湖北省委　湖北省人民政府关于推进乡村振兴战略实施的意见》

意见提出，着力建设富美乡村，坚持绿色发展，改善农村环境，重塑乡村文明，完善乡村治理，缩小城乡居民生活水平差距。推进“厕所革命”三年攻坚行动计划，到2020年全省农村无害化厕所普及率达到100%；加强农村水环境治理和饮用水水源保护，实施流域环境综合治理；加强农业面源污染防治，推进有机肥替代化肥、畜禽粪污处理、农作物秸秆综合利用、废弃农膜回收利用；全面推行河湖长制；严格环境监察，落实县乡两级环境保护主体责任。此外，在推进乡村绿色发展方面，湖北将统筹山水林田湖草系统治理，加大乡村生态系统保护；大力推进造林绿化，到2020年完成精准灭荒200万亩；深入推进农村环境综合整治；编制并实施农村人居环境整治行动方案，以农村垃圾、污水治理和村容村貌提升为主攻方向，补齐农村人居环境突出短板，实现乡镇生活污水治理3年全覆盖、农村生活垃圾无害化处理全达标。

三十五、湖北省人民政府办公厅出台《全省农民工等人员返乡创业三年行动计划（2018—2020年）》

行动计划提出，加强财政政策支持。对返乡创业人员首次创业办理注册登记、正常经营6个月及以上、带动就业3人及以上的，给予5000元的一次性扶持创业补贴，已享受过其他一次性创业补贴的除外。将返乡创业企业纳入大学生实习实训基地、就业见习基地范围，按规定落实实习实训、就业见习补贴，引导大学生到返乡创业企业实习见习和就业。行动计划明确，对符合条件的个人发放创业担保贷款最高额度为10万元；对符合条件的借款人合伙创业或组织起来共同创业的，可按不超过50万元的额度实行捆绑式贷款；对返乡人员创办的小微企业，可按规定申请不超过200万元的创业担保贷款，财政部门按规定给予贴息。

三十六、湖北省民政厅联合省公安厅、省司法厅等9部门印发《湖北省加强农村留守老年人关爱服务工作实施方案》

实施方案指出，各地要以习近平新时代中国特色社会主义思想和党的十九大精神为指导，以促进农村留守老人安享晚年幸福生活为落脚点，建立健全农村留守老人关爱服务体系，着力完善关爱服务网络，提升关爱服务能力，建立农村留守老人联络人和定期探访制度，推广互助和为老志愿服务活动，使农村留守老人得到基本生活照料和更好关爱服务。实施方案明确，各地要坚持家庭尽责、基层主导、社会参与、突出重点的基本原则，在摸清农村留守老人基本情况的基础上，建立农村留守老人关爱服务体系，落实赡养义务人主体责任和村（居）民委员会基础作用，充分发挥农村老年协会作用，动员社会力量开展关爱服务，建立健全农村留守老人救助保护机制。

三十七、浙江省委、省政府印发《全面实施乡村振兴战略高水平推进农业农村现代化行动计划（2018—2022年）》

行动计划高举乡村振兴大旗，全面开启新时代“三农”发展新征程。计划以实施乡村振兴战略为主题，以高水平推进农业农村现代化为总目标，共10个部分、44条，按照“654”的框架排篇布局，形成了全省乡村振兴战略的“四梁八柱”。“6”，即坚持农业农村优先发展、坚持乡村高质量发展、坚持乡村全面振兴、坚持城乡融合发展、坚持因地制宜特质发展、坚持底线思维和红线意识六大原则。“5”，即以实施万家新型农业主体提升、万个景区村庄创建、万家文化礼堂引领、万村善治示范、万元农民收入新增“五万工程”为基础，全面推动乡村产业振兴、新时代美丽乡村建设、乡村文化兴盛、自治法治德治“三治结合”提升、富民惠民“五大行动”。“4”，即全面加强农村改革、科技创新与人才培育、农村党建引领、组织领导四大保障支撑措施，体系化、系统化推进全省乡村振兴。

三十八、贵州省人民政府办公厅印发《关于扎实推进农村老旧住房透风漏雨专项整治的通知》

通知明确，2018 年底前贵州省将对已脱贫摘帽县和非贫困县完成农村老旧住房透风漏雨专项整治，其他贫困县在申请脱贫摘帽当年完成农村老旧住房专项整治。2020 年底前，将全面消除农村老旧住房透风漏雨现象。

三十九、江苏省发布《中共江苏省委　江苏省人民政府关于贯彻落实乡村振兴战略的实施意见》

实施意见提出，江苏将实施生态河湖建设行动，全面落实河长制、湖长制，推进水环境综合整治、长效管护，开展河湖连通和疏浚清淤，5 年内基本消除农村黑臭水体。同时，江苏省还将实施农村“厕所革命”，3 年内将新建农村无害化卫生厕所 60 万座，推进粪污无害化处理和资源化利用，尽快完成农村户厕无害化建设改造。江苏省还将加快农村污水处理设施建设，推动城镇污水管网向周边村庄延伸覆盖，促进村庄生活污水治理规模化建设、专业化管护，到 2022 年力争实现规模较大的规划发展村庄生活污水治理全覆盖。

四十、江苏省委、省政府出台《关于加强农村社区治理与服务的意见》

意见全面贯彻党的十九大和中央有关文件精神，明确了加强农村社区治理与服务的总体要求，强调要坚持党的领导、健全体制机制；坚持以人为本、服务农民群众；坚持问题导向、注重精准施策 ；坚持改革创新、推进依法治理四项基本原则。结合江苏实际，明确提出到 2020 年，农村社区治理体制机制更加完善，村民委员会依法自治达标率达 98% 以上，网格化服务管理覆盖率达 100% ；农村社区服务体系更加健全，基本公共服务功能配置达标率达95%以上；农村社区人居环境更加优化，农村社区综合文化服务中心覆盖率达98%以上，县级以上文明村占比达60%；农村社区居民生活更加美好，公众安全感达92%以上，农村和谐社区建设达标率达95%等具体目标任务。

四十一、辽宁省出台《辽宁省农村人居环境整治三年行动实施方案（2018—2020年）》

方案要求各地因地制宜，有序推进，加强农村人居环境整治，打赢辽宁省实施乡村振兴战略第一场攻坚战。方案提出了六项重点任务：抓好农村生活垃圾治理，推广农村生活垃圾分类减量试点成功经验，努力做到农村生活垃圾不出户（村），建筑垃圾和农作物垃圾不出村，可再生利用垃圾统一回收，有毒有害垃圾集中处置；抓好农厕改造和粪污治理，以符合国家推行农户卫生厕所标准为前提，鼓励并引导农村新建住宅配套建设无害化卫生厕所，鼓励畜禽养殖业发达地区将农户厕所粪污与畜禽养殖废弃物一并资源化利用；抓好梯次推进农村污水治理，推动城镇污水管网向周边村庄延伸覆盖，并采取综合措施恢复水生态，逐步消除农村黑臭水体；抓好村容村貌提升，重点解决农村道路硬化、生态环境优化、村庄美化绿化、村内主干路亮化等问题，提升乡村品位，保护、保留乡愁；抓好村庄规划管理，重点强化乡村规划引领，有效管控乡村建设，助推新型城镇化建设；抓好建设和管护机制建立，建立长效稳定农村人居环境建设和管护运行机制，长期巩固整治成果。

四十二、宁夏出台《关于加快推进文化小康助力脱贫富民和乡村振兴战略的实施意见》

实施意见明确，宁夏将实施农村电影放映、广电宽带乡村及基础网络完善、城乡电子阅报屏工程等重点项目，建立贫困县县域公共数字文化综合服务平台；对基层公共数字文化服务进行提档升级。此外，宁夏将组织“文化进万家”、全民阅读等公益性品牌活动，每年送戏下乡1600场以上，开展广场群众文艺演出1500场以上，农村电影放映4万场以上；按照每村每年2000元标准，做好农家书屋补充出版物配送工作。除此之外，宁夏还将大力培育挖掘乡土文化人才，重视培养乡土文化能人、民族民间文化传承人和基层文化骨干带头人，建立贫困地区基层艺术团体基础数据库，实施基础性艺术人才培养计划，培养100名艺术基础人才，扶持农村文化大院和民间文艺团队发展。

四十三、山东省出台《山东省省管社会组织社会工作专业力量“双百扶贫行动”实施方案》

实施方案在全省动员招募百家省管社会组织和百名专职社会工作者牵手省派第一书记帮包村，通过参与产业扶贫、就业扶贫、异地扶贫搬迁与黄河滩区脱贫迁建、脱贫能力建设、特定人群帮扶等助力脱贫攻坚工作。扶贫社会工作者主要针对贫困群众实际开展精神慰藉、心理疏导、社会融入、就业辅导、能力提升等服务；扶贫社会组织主要实施专项扶贫项目，为扶贫社会工作者开展服务提供必要的资金支持，有条件的帮助帮包村建立社会工作服务站点，开发公益类就业岗位，促进扶贫开发项目和社会工作扶贫服务项目深度融合，确保参与脱贫攻坚取得成效。对参与“双百扶贫行动”实施且成效评估较好的社会组织，山东省将实行优先注册登记、优先入驻孵化基地、优先享受社会组织扶持政策和优先纳入政府购买扶贫服务范围政策。优先推荐参与行动并表现优异的扶贫社会工作者进入各级和谐使者评选范围。

四十四、山东省出台《关于进一步推进农村闲散土地盘活利用的通知》

通知提出对无建筑物或建筑物已坍塌的废弃宅基地、历史遗留工矿仓储废弃地等目前已形成的农村闲散土地，全省每年盘活20%以上，通过3—5年时间实现全面盘活利用。除了无建筑物或建筑物已坍塌的废弃宅基地、历史遗留工矿仓储废弃地，“农村闲散土地”还包括已撤并乡镇、中小学、集贸市场、商业设施以及布局散乱、利用粗放的其他集体建设用地；历史形成的未纳入耕地保护范围的园地、残次林地，废弃坑塘、沟渠等适宜开发的农用地；村庄周边可开发利用的未利用地等。

四十五、重庆市出台《中共重庆市委、重庆市人民政府关于加强和完善城乡社区治理的实施意见》

实施意见对城乡社区治理作出全面、系统、深入部署，提出“两步走”的目标：第一步，到2020年，基本形成基层党组织领导、基层政府主导的多方参与、共同治理的城乡社区治理体系；第二步，到2030年，城乡社区治理体制更加成熟定型，城乡社区治理能力更为精准全面，为夯实党的执政根基、巩固基层政权提供有力支撑，为推进国家治理体系和治理能力现代化奠定坚实基础。实施意见提出要完善和推广重庆市基层治理“三事分流”工作机制；明确了基层群众性自治组织管辖范围和规模，提出要实现网格化服务管理与基层群众自治在组织架构、工作内容、运行机制上的有效衔接等。结合重庆市实际，实施意见提出逐步构建以区县、街道（乡镇）、社区三级服务中心为主体，城乡社区服务类社会机构和农村综合服务社为补充的“3+N”城乡社区服务机构体系；强化社区精神培育，搭建社区居民互助互动平台，深化社区梦想课堂和市民学校建设等。

四十六、山西省印发《关于整合农村文化建设资金的意见》

意见由山西省文化厅、省财政厅、省新闻出版广电局、省体育局联合印发，引导全省各地市以重大文化项目为平台推进基层文化资金整合和统筹安排，以重大项目建设带动资金整合，以资金整合促进重大项目建设。意见提出，从今年起，山西以县为单位统筹整合中央财政、省市县财政补助的农村公共文化服务专项资金。现阶段主要是对投向相近、目标相似、来源不同的各类专项资金进行有效整合，主要包括一般项目补助资金（主要是以村为单位分配的补助资金）、绩效奖励资金、乡镇文化站免费开放资金、中西部送戏下乡镇资金、“三区”文化人才资金。有条件的县也可将其他渠道安排的财政补助资金纳入整合范围。

四十七、甘肃省出台《农村集体经济组织资产处置操作规程》

规程规定了随着资产处置额度的不同而采用不同的处置程序和方式，

处置全程要建立每一宗资产档案，结果信息在县乡政务公开网站即时公开，全程留痕，接受党政机关、审计部门、新闻媒体、农民群众“四位一体”的立体监督。处置资金则一律交到乡镇“三资”委托代理中心的村级账户，按农村财务管理制度规定进行处置。

四十八、湖南省民政厅出台《湖南省乡村治理三年行动实施方案（2018—2020年）》

实施方案明确，全省乡村治理三年行动的总体目标是力争到2020年，全省基本形成基层党组织领导、基层政府主导的多方参与、共同治理的乡村治理体制，基层党组织领导更加有力，村民自治机制更加健全，村级公共服务更加优质，乡风民风更加文明，基层政权更加巩固，和谐有序、绿色文明、创新包容、开放共享的农村幸福社区不断涌现，全省乡村治理和服务能力全面提升。实施方案提出全省乡村治理三年行动的5项重点任务及其15项子任务：开展村级组织夯实提升行动、选优配强村“两委”班子、健全完善农村综合服务平台、加强村“两委”班子履职能力培训、培育发展农村社区社会组织和专业社会工作机构，到2020年，力争全省每个村平均拥有不少于5个社区社会组织，农村老年协会覆盖90%以上的村，乡镇（街道）社会工作站实现全覆盖，社会工作专业人才占总人口1‰，注册志愿者人数占居民人口13%。开展村级民主制度健全行动，清理规范村规民约、健全“一事一议”制度、完善村务决策和监督机制，到2019年底全省村规民约覆盖率、修订率均要达到100%。开展村级公共服务完善行动，不断完善农村社区服务体系，健全农村特殊群体关爱服务体系，推动实施农村绿色殡葬。开展村民自治实践深化行动，推进村民自治机制创新，弘扬文明新风。开展实验示范单位创建行动，积极开展社区治理创新实验区创建和农村幸福社区示范创建活动。

四十九、湖南省出台《关于全力服务促进乡村振兴的若干意见》

意见从规划统筹农村用地指标、完善农村土地权能、创新农村土地利用政策、服务生态宜居乡村建设、提高乡村振兴服务水平5个方面，明确了20条政策措施促进乡村振兴。意见提出，每年将安排15%左右的新增建设用地计划，重点支持农产品加工、物流仓储、产地批发市场或小微创业园、休闲旅游康养等一二三产业融合发展。

五十、北京市发布《关于加强乡镇政府服务能力建设的实施意见》

意见强调加快乡镇政府职能转变，强化服务功能，健全服务机制，创新服务手段，增强服务意识，提升服务效能，构建差异化的乡镇政府服务职能体系。

（文件资料整理：赵 敏 张慧颖）

后　记

作为《社区治理蓝皮书》丛书之一的《中国农村社区治理报告（2018）》，在2018年出版后，取得了良好的社会反响，成为展示我国农村社区治理阶段性进展的重要出版物之一。通过蓝皮书的形式，系统描述分析2018年中国农村社区治理的总体情况、总结成绩和经验、查找不足和问题、提出对策和建议，能够为科学研究和实践探索提供有益借鉴，应该是一件十分有意义的事情。鉴于此，东北大学城乡社区建设研究院和乡镇论坛杂志社持续合作，组织人员编写和出版了《中国农村社区治理报告（2019）》。

本书由东北大学城乡社区建设研究院孙宏伟副教授和乡镇论坛杂志社续慧杰总编辑担任主编。孙宏伟和续慧杰提出了本书的整体框架和写作思路，并对全书进行统稿和修改。参加本书编写的人员有孙宏伟、满小欧、唐京华、何其芳、张玉强、范敏、陈舒怡、赵敏、张慧颖。乡镇论坛杂志社编辑、记者承担了实地调研和经验材料收集工作。《社区治理蓝皮书》丛书主编、民政部全国基层政权和社区建设专家委员会专家委员、东北大学城乡社区建设研究院院长张雷教授审定了本书的框架和写作思路，并审阅了全书。本书在编写过程中得到了多方的协助和支持，特别是中国社区发展协会、当代基层治理促进委员会给予相关出版资助，在此表示衷心的感谢，感谢本领域的专家学者尤其是参考文献的作者为本书写作奠定的文献基础，感谢八家单位提供的经验报告素材，感谢中国社会出版社相关领导和编辑为本书出版付出的辛勤劳动。由于时间和能力所限，本书中一定还存在诸多不足之处，敬请广大读者提出宝贵的批评意见。